Recht –
schnell erfaßt

AF009768

Springer-Verlag Berlin Heidelberg GmbH

Hermann Fenger

Zivilprozeßrecht

Schnell erfaßt

 Springer

Reihenherausgeber
Roland Leuschel

Autor
Dr. Hermann Fenger
Hedwigstraße 12
D-48149 Münster

Graphiken
Diplom-Designer Reinald Fenke
Graphisches Atelier Fenke
Karlsfelder Straße 36 c
80995 München

ISSN 1431-7559
ISBN 978-3-540-41808-5

Die Deutsche Bibliothek – CIP-Einheitsaufnahme
Fenger, Hermann: Zivilprozeßrecht – schnell erfaßt / Hermann Fenger. – Berlin; Heidelberg; New York; Barcelona; Hongkong; London; Mailand; Paris; Tokio: Springer, 2001
    (Recht – schnell erfaßt)
    ISBN 978-3-540-41808-5   ISBN 978-3-642-56647-9 (eBook)
    DOI 10.1007/978-3-642-56647-9

Dieses Werk ist urheberrechtlich geschützt. Die dadurch begründeten Rechte, insbesondere die der Übersetzung, des Nachdrucks, des Vortrags, der Entnahme von Abbildungen und Tabellen, der Funksendung, der Mikroverfilmung oder der Vervielfältigung auf anderen Wegen und der Speicherung in Datenverarbeitungsanlagen, bleiben, auch bei nur auszugsweiser Verwertung, vorbehalten. Eine Vervielfältigung dieses Werkes oder von Teilen dieses Werkes ist auch im Einzelfall nur in den Grenzen der gesetzlichen Bestimmungen des Urheberrechtsgesetzes der Bundesrepublik Deutschland vom 9. September 1965 in der jeweils geltenden Fassung zulässig. Sie ist grundsätzlich vergütungspflichtig. Zuwiderhandlungen unterliegen den Strafbestimmungen des Urheberrechtsgesetzes.

http://www.springer.de

© Springer-Verlag Berlin Heidelberg 2001
Ursprünglich erschienen bei Springer-Verlag Berlin Heidelberg New York 2001

Die Wiedergabe von Gebrauchsnamen, Handelsnamen, Warenbezeichnungen usw. in diesem Werk berechtigt auch ohne besondere Kennzeichnung nicht zu der Annahme, dass solche Namen im Sinne der Warenzeichen- und Markenschutz-Gesetzgebung als frei zu betrachten wären und daher von jedermann benutzt werden dürften.

Umschlaggestaltung: design & production GmbH, Heidelberg
SPIN 10793087   64/2202-5 4 3 2 1 0 – Gedruckt auf säurefreiem Papier

Vorwort

Zivilprozessrecht - eine schwer zu durchschauende Materie? Zugegeben, auf den ersten Blick ist die Zivilprozessordnung unübersichtlich. Bei näherem Hinsehen entpuppt sie sich jedoch als recht leicht zu handhabendes Instrumentarium, mit dem der geübte Jurist tagtäglich Ansprüche vor Gericht durchsetzt.

Diese Themen sind für StudentInnen der Rechts- und Wirtschaftswissenschaften sowie der Fachhoch- und Berufsschulen sowie für die sich in Ausbildung befindenden Angehörigen des mittleren Dienstes der Justizbehörden, Verwaltungen, Versicherungen und Firmen von Bedeutung. Dieses Buch gibt einen Überblick über die verschiedenen Verfahrensabläufe.

Das Konzept besteht darin, die teilweise verstreuten Bestimmungen über einzelne Verfahrensabschnitte komprimiert darzustellen und zu erläutern. Übersichtliche Schemata und Verweisungen bieten eine zusätzliche Hilfestellung für die Erfassung von Sachverhalten, deren Beurteilung und gerichtlicher Durchsetzung. Das Buch bietet einen schnellen Einstieg in das Rechtsgebiet und hilft gleichzeitig bei kurzfristiger Wiederholung vor Prüfungssituationen.

Anhand von praktischen Fällen und Tipps wird der Verfahrensablauf anschaulich und nachvollziehbar dargestellt.

Ziel des Buches ist, Spaß am Thema zu vermitteln und praktische Hilfen anzubieten. Die eigene Erinnerung des Autors an seinen Einstieg in das Zivilprozessrecht war mit die Motivation, ein solches Buch zu erstellen, um jedem Interessierten zu zeigen, dass man Spaß am Zivilprozessrecht haben kann.

Mein Dank gilt für die hervorragende Betreuung von Verlagsseite besonders Frau Ass. jur. Brigitte Reschke und Frau Silvia Kießling.

München, August 2001   Dr. Hermann Fenger

Zivilrecht	**Öffentliches Recht**	**Internationales Recht**
	Verfassungsrecht Die Verfassung legt die Grundordnung des Staates und die Grundsätze des gesellschaftlichen Zusammenlebens fest	**Europarecht** In West- und Zentraleuropa geltendes inter- und supranationales Recht mit teilweise erheblichen innerstaatlichen Wirkungen
Bürgerliches Recht Das Recht des täglichen Lebens. Es regelt die privaten Lebensverhältnisse aller Personen untereinander	**Verwaltungsrecht** Es bestimmt die Beziehungen zwischen staatlichen Organen (Behörden) sowie zwischen Staat und Bürgern	**Strafrecht** Es regelt Umfang und Inhalt der Strafbefugnisse des Staates gegenüber den seiner Hoheitsgewalt unterstellten Personen
Handelsrecht Das Sonderrecht der Kaufleute und der Handelsgesellschaften. Es regelt die »großen« Geschäfte des Wirtschaftslebens	**Steuerrecht** Es regelt die staatlichen Befugnisse (Finanzamt) der Steuererhebung gegenüber allen steuerpflichtigen Personen	
Arbeitsrecht Das Sonderrecht der Arbeitnehmer. Es regelt die Beziehungen Arbeitnehmer - Arbeitgeber		**Zivilprozessrecht** Es regelt die Durchsetzung bürgerlich-rechtlicher Ansprüche

Inhaltsübersicht

Einleitung 1
■ Zivilprozessrecht - Was ist das? ■ Arbeiten mit dem formellen Recht ■ Die Schritte zur Falllösung ■ Auf den Punkt gebracht ■

Erkenntnisverfahren 21
■ Grundlagen ■ Allgemeiner Verfahrensablauf ■ Prozessvoraussetzungen ■ Parteivortrag ■ Beweisaufnahme ■ Beendigung des Rechtsstreites ■ Rechtsmittel und Rechtsbehelfe ■

Besondere Verfahrensarten 93
■ Urkunden und Wechselprozesse ■ Mahnverfahren ■ Selbständiges Beweisverfahren ■ Schiedsgerichtsverfahren ■ Familiensachen ■

Vorläufiger Rechtsschutz 105
■ Arrest ■ Einstweilige Verfügung ■ Einstweilige Anordnung ■ Durchsetzung der gerichtlichen Verfügungen ■ Rechtsbehelfe ■

Zwangsvollstreckung 117
■ Voraussetzungen von Vollstreckungsmaßnahmen ■ Durchsetzung einer Geldforderung ■ Durchsetzung anderer Ansprüche ■ Rechtsbehelfe ■

Freiwillige Gerichtsbarkeit 161
■ Allgemein ■ Einzelne Angelegenheiten ■ Verfahrensgang ■

Klausurfälle 165
■ Tipps für Klausuren ■ Tipps für Hausarbeiten ■ Ein Fall zum Erkenntnisverfahren ■ Ein Fall aus der Zwangsvollstreckung ■

Register 181

Einleitung

1.	**Zivilprozessrecht – Was ist das?**	2
2.	**Arbeiten mit dem formellen Recht**	4
2.1.	Aufgabe des Zivilprozessrechts	7
2.2.	Systematik der ZPO	9
3.	**Die Schritte zur Falllösung**	10
3.1.	Der Sachverhalt	10
3.2.	Anspruchsnormen	13
3.3.	Gegenvorstellungen	15
3.4.	Rechtliche Prüfung	17
3.5.	Formulieren der Lösung	19
4.	**Auf den Punkt gebracht**	20

Einleitung

1. Zivilprozessrecht – Was ist das?

Der Staat hat das Rechtspflegemonopol

Einen bürgerlich-rechtlichen Anspruch darf grundsätzlich niemand im Wege der Selbsthilfe durchsetzen. Ausnahmsweise ist dies nur etwa im Rahmen der Notwehr oder der Selbsthilfe möglich. Vielmehr nimmt der Staat für sich in Anspruch, das Rechtspflegemonopol allein inne zu haben.

Justizgewährungsanspruch Justizgewährungspflicht

Hiermit korrespondiert die Pflicht des Staates, dem Bürger einen Justizgewährungsanspruch zu geben, damit dieser seine Ansprüche durchsetzen kann. Die Justizgewährungspflicht gibt dem Bürger einen öffentlich-rechtlichen Anspruch darauf, dass Gerichte geschaffen werden und ein wirkungsvolles rechtsstaatliches Verfahren gewährleistet wird.

Oftmals nehmen gerichtliche Verfahren lange Zeit in Anspruch. Es werden nicht unerhebliche Kosten verursacht. Um insoweit eine größere Flexibilität zu erlangen, werden immer häufiger außergerichtliche Wege beschritten, um zivilrechtliche Streitigkeiten zu erledigen.

Schlichtungsstelle

In bestimmten Fällen können außergerichtliche Schlichtungsstellen angerufen werden, wozu jedoch keine Verpflichtung besteht. (vgl. etwa Schlichtungsstellen bei Ärztekammern und Handwerkskammern). Die Parteien können die Einsetzung eines Schiedsgerichts vereinbaren oder einen außergerichtlichen Vergleich mit ihren Anwälten abschließen (Anwaltsvergleich). Ein obligatorisches Schlichtungsverfahren sieht § 15 a EG ZPO vor. Für die Anrufung des Amtsgerichts ist bei vermögensrechtlichen Streitigkeiten bis 1.500,00 DM sowie bestimmte Nachbarschafts- und Beleidigungsstreitigkeiten die vorherige Durchführung eines Schlichtungsversuches erforderlich. Hier gilt die Zivilprozessordnung in allen Fällen.

Immer häufiger wenden sich Parteien an einen Mediator, der als sachkundiger und neutraler Mittler eine außergerichtliche Konfliktlösung zwischen den Parteien herbeiführen soll.

Der Regelfall ist jedoch nach wie vor die Anrufung des zuständigen Zivilgerichts durch Einreichung einer Klageschrift. Hierdurch wird ein Verfahren in Gang gesetzt. Der Staat stellt zur Durchsetzung des Anspruches des Klägers ein ordentliches Gericht zur Verfügung.

Damit erfüllt er den Justizgewährungsanspruch, den jeder einzelne Bürger hat. Allgemein wird der Zivilprozess definiert als das stattlich angeordnete und geregelte Verfahren vor den Gerichten des

Staates zur Feststellung, Gestaltung, Durchsetzung und zum vorläufigen Schutz der privatrechtlichen Rechte des Bürgers.

Die Zivilprozessordnung gilt für die bürgerlichen Rechtsstreitigkeiten. Erfasst werden also alle zivilrechtlichen Streitigkeiten sowie diejenigen Verfahren, die ausdrücklich den Zivilgerichten zur Entscheidung zugewiesen sind.

§ 13 GVG

Das Zivilrecht regelt die Lebensverhältnisse und Beziehungen der Bürger untereinander, gleichgültig ob sie als Privatperson, Kaufmann, Gesellschafter, Arbeitgeber oder Arbeitnehmer tätig sind. Dabei kommt es auf die Abgrenzung zum öffentlichen Recht und dem internationalen Recht an.

Öffentliches Recht findet dann Anwendung, wenn es um die Beziehungen zwischen Bürger und Staat geht und dabei der Staat aufgrund seiner Hoheitsgewalt dem Bürger gegenüber tritt. Das öffentliche Recht dient der Durchsetzung des Allgemeinwohls. Vermietet etwa eine Stadt die in ihrem Eigentum stehenden Immobilien, gilt zwischen ihr und den Mietern das Zivilrecht.

öffentliches Recht

Internationales Recht gewinnt aufgrund der immer größeren Verflechtungen der Staaten enorm an Bedeutung. Es regelt die Privatrechtsordnung bei Sachverhalten mit Auslandsberührung.

Der Staat überlässt es seinen Bürgern, ihre privatrechtlichen Ansprüche selbst durchzusetzen. Deshalb ist der Zivilprozess nach dem Zwei-Parteien-Prinzip geschaffen worden. Danach setzt der Kläger mit den Mitteln der Zivilprozessordnung seinen materiellrechtlichen Anspruch gegen den Beklagten durch.

Die ZPO ist das Handwerkszeug eines jeden im Zivilrecht tätigen Juristen. Sie findet täglich Anwendung. Gleichwohl ist sie für viele Juristen wegen ihrer Unübersichtlichkeit vielfach ein Buch mit sieben Siegeln. Sachzusammengehörende Bestimmungen sind im Gesetz verstreut. Deshalb ist es für den Einstieg in das Zivilprozessrecht wichtig, sich einen Überblick über den Aufbau des Gesetzes zu verschaffen.

Die ZPO ist das Handwerkszeug im Zivilrecht

Das Zivilprozessrecht beinhaltet ferner eine Reihe spezieller Begriffe. Sie sind unvermeidbar. Nach kurzer Zeit sind sie jedoch jedem derart geläufig, dass sie mühelos verwendet werden können. Entscheidend ist, dass Sie sich ohne Scheu und unbefangen die Begriffe mit ihren Definitionen einprägen.

Die besten materiell rechtlichen Überlegungen nutzen nichts, wenn ihr Verfasser nicht in der Lage ist, sie auch prozessual erfolgreich durchzusetzen. Genau das möchte dieses Buch vermitteln.

Damit allein wird sicherlich niemand zum großen Taktiker in einem Zivilprozess werden. Hierzu gehört eine Portion Erfahrung. Sie werden aber sicherlich in der Lage sein, eine Vielzahl prozessrechtlicher Fälle zutreffend lösen zu können.

Deshalb soll Schritt für Schritt aufgezeigt werden, wie prozessrechtliche Fälle angegangen und gelöst werden.

Nachstehende Übersicht vermittelt einen Eindruck über Begriffe, die in der Zivilprozessordnung regelmäßig verwendet werden.

2. Arbeiten mit dem formellen Recht

Anspruchsgrundlage

Um einen zivilrechtlichen Anspruch durchzusetzen, sind zwei Bereiche auseinander zu halten. Zunächst ist der Fall nach dem materiellen Recht zu prüfen. Steht dem Anspruchsteller der geltend gemachte Anspruch tatsächlich zu? Diese Frage beantwortet das materielle Recht (BGB, Handels- u. Gesellschaftsrecht, Wettbewerbsrecht, usw.).

Formelles Recht

Danach muss die Frage beantwortet werden, wie kann dieser Anspruch tatsächlich durchgesetzt werden. Dies beantwortet das formelle Recht (ZPO, ZVG).

Nur mit einer gerichtlichen Entscheidung oder einem vergleichbaren Titel darf ein Anspruch zwangsweise durch eine Partei durchgesetzt werden. Diesem Ziel dient die Zwangsvollstreckung.

Schlüsselbegriffe des Zivilprozessrechts

- Partei - ist der in Wahrheit Klagende oder wer verklagt werden soll.
- Prozessfähigkeit - wirksame Prozesshandlungen vornehmen zu können.
- Prozesshandlung - ist eine auf prozessrechtliche Wirkung zielende Handlung.
- Strengbeweis - verlangt die volle richterliche Überzeugung der Wahrheit von Tatsachen durch bestimmte Beweismittel.
- Freibeweis - ist auf die gesetzlichen Beweismittel nicht beschränkt.
- Säumnis - ist das Nichterscheinen im Termin.
- Vorläufiger Rechtsschutz - gewährt die Sicherung des Anspruches vor endgültiger Entscheidung.
- Rechtsmittel - sind nur Berufung, Revision und Beschwerde. Über sie wird in der nächsten Instanz entschieden.
- Rechtsbehelf - sind unter anderem Einspruch und Erinnerung. Sie bringen den Rechtsstreit nicht automatisch in die nächste Instanz.
- Titel - ist die urkundliche Ausweisung des vollstreckbaren Anspruches.
- Klausel - ist die Bescheinigung über die Vollstreckbarkeit des Titels.
- Zustellung - ist die in gesetzlicher Form zu bewirkende Bekanntgabe von Entscheidungen.
- Vorläufige Vollstreckbarkeit - ermöglicht die Vollstreckung vor Rechtskraft des Titels.
- Sicherheitsleistung - sichert den Schuldner, wenn etwa der Titel nach Vollstreckung durch gerichtliche Entscheidung aufgehoben wird.

Einleitung

Formelles Recht
Materielles Recht

Man unterscheidet daher:

- formelles Recht (gerichtliche Geltendmachung und Durchsetzung)
- materielles Recht (Prüfung des Anspruchsgrundes)

Beispiel: Malermeister Strich wird von Lehrer Schön beauftragt, in dessen Haus Malerarbeiten durchzuführen. Es wird ein Festpreis von 13.000,00 DM vereinbart. Strich erbringt seine Leistung. Schön zahlt nicht.

Ob dem Malermeister Strich der Werklohnanspruch zusteht, bestimmt sich nach dem materiellen Recht, dem Werkvertragsrecht des BGB. Zahlt Lehrer Schön nicht, muss Malermeister Strich seinen Anspruch gerichtlich geltend machen und Klage einreichen. Die Durchsetzung seines Anspruches regelt das formelle Recht, die Zivilprozessordnung.

Das formelle Recht beantwortet also die Frage, wie der Anspruchsteller sein Recht durchsetzen kann. Dieses Verfahren gliedert sich wiederum in zwei Bereiche:

Erkenntnisverfahren
Zwangsvollstreckung

- Erkenntnisverfahren
- Zwangsvollstreckung

Im Erkenntnisverfahren wird die Berechtigung der Klageforderung geprüft und durch ein Urteil für beide Parteien verbindlich festgestellt. Dieses Verfahren gliedert sich ebenfalls in zwei Teilbereiche:

- Zulässigkeit der Klage
- Begründetheit der Klage

Das Gericht hat zunächst darüber zu befinden, ob die Klage zulässig ist. Dies ist der Fall, wenn die Prozessvoraussetzungen vorliegen. Hierzu gehört u.a. die Frage, ob das richtige Gericht angerufen wurde und der Kläger prozessfähig ist. Ferner hat das Gericht zu prüfen, ob eine ordnungsgemäße Klageschrift vorliegt.

Schlüssigkeit

Zur Begründetheit der Klage prüft das Gericht, ob der geltend gemachte Anspruch materiell-rechtlich begründet und nicht mit Einreden behaftet ist.

Im Zwangsvollstreckungsverfahren wird dieser gerichtlich festgestellte Anspruch gegenüber dem Schuldner durchgesetzt.

Für unseren kleinen Eingangsfall bedeutet dies: Malermeister Strich muss für den Fall, dass Lehrer Schön trotz einer Mahnung nicht zahlt, Klage vor dem örtlich zuständigen Landgericht erheben und somit auf gerichtlichem Wege die Zahlung seines Werklohnes geltend machen.

Spricht ihm das Gericht das Bestehen seiner Werklohnforderung zu, oder schließen die Parteien einen Vergleich, wonach Lehrer Schön einen bestimmten Betrag zu zahlen hat, erhält Malermeister Strich einen vollstreckungsfähigen Titel. Zahlt Lehrer Schön hierauf nicht, muss Malermeister Strich im Wege der Zwangsvollstreckung seinen Anspruch realisieren (versilbern).

Dies zeigt, dass niemand selbst darüber entscheiden kann, wer in einer rechtlichen Auseinandersetzung im Recht ist oder nicht. Dies entscheiden die staatlichen Gerichte. Deren Entscheidung wiederum kann der Bürger ebenfalls nicht selbst durchsetzen. Die Ausübung von Zwang steht ausschließlich dem Staat zu. Diese Staatsgewalt übt im Fall der Zwangsvollstreckung der Gerichtsvollzieher bzw. das Vollstreckungsgericht bei Immobilien aus.

2.1. Aufgabe des Zivilprozessrechts

Das Zivilprozessrecht hat die Aufgabe, den Zivilprozess als das staatlich angeordnete Verfahren vor staatlichen Gerichten in bürgerlichen Rechtsstreitigkeiten zu regeln.

<small>Das Zivilprozessrecht regelt vor staatlichen Gerichten bürgerliche Rechtsstreitigkeiten</small>

Das Erkenntnisverfahren, das auch Klage- oder Urteilsverfahren genannt wird, dient der Rechtsfeststellung. Das gesamte Verfahren einschließlich des Urteils richtet sich auf die gerichtliche Aufforderung an den Beklagten, zu leisten. Durch das gerichtliche Urteil wird die Leistungsverpflichtung festgeschrieben.

<small>Das Erkenntnisverfahren dient der Rechtsfeststellung</small>

Beispiel: Lehrer Schön schuldet dem Malermeister Strich 13.000,00 DM. Weil Schön nicht zahlt, verklagt ihn Strich auf Zahlung, also eine Leistung. Schön wird antragsgemäß verurteilt, da das Gericht seine Verpflichtung zur Zahlung im Urteil feststellt und ihn damit zur Leistung von 13.000,00 DM verpflichtet.

Das Verfahren kann sich auch auf eine bloße Feststellung beschränken. Das Gericht spricht dann die begehrte Feststellung durch Urteil aus.

Beispiel: Koch bestreitet, dass Berger Eigentümer einer bestimmten Sache ist. Berger klagt daher gegen Koch auf Feststellung seines Eigentums. Das Gericht prüft die Rechtslage und spricht die Feststellung durch Urteil aus, dass Berger Eigentümer ist.

Durch ein Urteil kann auch ein Rechtsverhältnis gestaltet werden.

Beispiel: Lose beantragt die Scheidung seiner Ehe mit Frau Lose. Die Ehe wird durch das Scheidungsurteil antragsgemäß geschieden.

<small>Weitere Aufgabe des Zivilprozessrechts ist, Leistungsverpflichtungen durchzusetzen</small>

Eine weitere Aufgabe des Zivilprozessrechts besteht darin, die im Erkenntnisverfahren festgestellte Leistungsverpflichtung durchzusetzen. Kommt der Beklagte seiner ausgeurteilten Leistungspflicht nicht nach, darf der Kläger nicht etwa selbst im Wege der Selbsthilfe seinen Anspruch umsetzen. Vielmehr muss er sich der Zwangsvollstreckung bedienen, damit so der gerichtliche Leistungsbefehl auch tatsächlich umgesetzt wird.

Beispiel: Hätten sich in unserem Ausgangsfall Strich und Schön auf einen Vergleich verständigt, wonach Schön statt der geforderten 13.000,00 DM nur 9.000,00 DM zahlen müsste, kann Strich bei Nichtzahlung des Vergleichsbetrages aus dem Vergleich, der ebenfalls ein Leistungstitel ist, gegen Schön die Zwangsvollstreckung betreiben.

<small>Sicherung künftiger Rechtsdurchsetzung

Regelung gefährdeter Rechtsverhältnisse</small>

Die Zivilprozessordnung sieht neben den Verfahren zur Feststellung und Durchsetzung von Rechten auch die Sicherung künftiger Rechtsdurchsetzung und zur einstweiligen Regelung gefährdeter Rechtsverhältnisse vor. Dies sind die Verfahren des Arrestes und der einstweiligen Verfügung.

Beispiel: Schön beginnt damit, sein Vermögen zu verschleudern. Strich will deshalb schon jetzt die künftige Zwangsvollstreckung wegen seines Werklohnanspruches sichern. Er kann deshalb gegen Schön einen Arrest erwirken und mit dessen Hilfe Vermögen des Schön für die künftige Zwangsvollstreckung beschlagnahmen lassen.

Beispiel: Berger verbreitet über Koch ehrenrührige Behauptungen. Dies kann dem Berger auf Antrag des Koch durch einstweilige Verfügung verboten werden.

<small>Regelung des Prozessablaufes

Bestimmt die Rechte der Verfahrensbeteiligten</small>

Das Zivilprozessrecht regelt exakt den Prozessablauf und bestimmt die Rechte der Verfahrensbeteiligten. Dazu gehört eine gewisse Formstrenge. Von besonderer Bedeutung sind hierbei die Vorschriften über die Form der Prozesshandlungen (Klage, Rechtsmittel, Urteil). Entsprechendes gilt für die Fristen zur Vornahme von Prozesshandlungen. Ohne feste Regelung wäre ein geordnetes Verfahren undenkbar.

Einleitung

2.2. Systematik der ZPO

Der Zivilprozess gliedert sich in drei grosse Bereiche:

*Erkenntnisverfahren
Vorläufiges Verfahren
Zwangsvollstreckungsverfahren*

Das Erkenntnisverfahren:

Dieses Verfahren hat das Ziel, durch Urteil den Anspruch festzustellen. Er soll in einen durchsetzbaren Leistungsanspruch verwandelt werden. Dabei kann das Erkenntnisverfahren ein besonderes, auf bestimmte Arten von Ansprüchen zugeschnittenes und besonders geordnetes sein, wie der Urkunden- und Wechselprozess oder das Familienrechtsverfahren.
Geregelt ist dieses Verfahren im ersten bis siebten Buch der ZPO.

Ziel ist, Ansprüche festzustellen

Das vorläufige Verfahren:
Das summarische Verfahren will einstweilige Sicherung oder Regelung von Rechten und Rechtsverhältnisse durch einen Arrest oder eine einstweilige Verfügung erreichen.
Es ist im achten Buch der ZPO geregelt, obwohl es sich um ein vorläufiges Erkenntnisverfahren mit Besonderheiten für die Zwangsvollstreckung handelt.

Einstweilige Sicherung oder Regelung von Rechten und Rechtsverhältnissen

Das Zwangsvollstreckungsverfahren:
Es dient der zwangsweisen Durchsetzung des titulierten Anspruches durch staatliche Vollstreckungsorgane.
Dieses Verfahren ist im achten Buch der ZPO sowie im ZVG als Teil der ZPO geregelt.

Dient der Durchsetzung der Ansprüche

§ 869 ZPO

Insgesamt besteht die ZPO aus 10 Büchern:
- Allgemeine Vorschriften §§ 1 bis 252
- Verfahren im ersten Rechtszug §§ 253 bis 510 b
- Rechtsmittel §§ 511 bis 577 a
- Wiederaufnahme des Verfahrens §§ 578 bis 591
- Urkunden- und Wechselprozess §§ 592 bis 605 a
- Verfahren in Familiensachen §§ 606 bis 660
- Mahnverfahren §§ 688 bis 703 d
- Zwangsvollstreckung §§ 704 bis 945
- Aufgebotsverfahren §§ 946 bis 1024
- Schiedsrichterliches Verfahren §§ 1025 bis 1066

3. Die Schritte zur Falllösung

Probleme sind dazu da, dass sie erkannt, angegangen und gelöst werden. Dies gilt auch für die Bearbeitung juristischer Fälle. Fast immer hilft hierbei die Beachtung der gleichen Schrittfolge. Entscheidend ist nicht, dass man zum richtigen Ergebnis kommt, sondern wie man zum richtigen Ergebnis kommt. Ein juristisch einwandfreier Lösungsweg in den Schritten 1. - 2. - 3. - 4. - 5. wird verlangt.

1. Ausgangspunkt einer Falllösung ist es, den Sachverhalt zu erfassen und die Fragestellung herauszuarbeiten. Die Fragestellung zielt meist auf die Ansprüche der Beteiligten.
2. Im Hinblick auf die Fragestellung sind geeignete Anspruchsnormen in der ZPO und im ZVG zu suchen. Die Frage muss sein: Aus welchen Normen können sich die gesuchten Rechtsfolgen ergeben?« Werfen Sie dabei gleichzeitig schon ein Auge auf die besonderen handelsrechtlichen Normen.
3. Im nächsten Schritt ist nach »Haftungsnormen« zu suchen. Damit sind Normen gemeint, die klarstellen, gegen wen ein Anspruch geltend gemacht werden kann.
4. Schließlich müssen die ausgewählten Anspruchsnormen in Verbindung mit den »Haftungsnormen« dem Sachverhalt zugeordnet werden. Dieses Vorgehen bezeichnet man als Subsumtion. Es ist also zu prüfen, ob die tatsächlichen Voraussetzungen im Sachverhalt den gesetzlichen Voraussetzungen entsprechen. Nur wenn Übereinstimmung gegeben ist, ist der Anspruch begründet.
5. Erst am Ende wird ein Ergebnis im Gutachtenstil formuliert.

Subsumtion

3.1. Der Sachverhalt

Vor der Erstellung eines Gutachtens ist zunächst der Fall gedanklich zu lösen. Dazu muss der Sachverhalt vollständig erfasst und die Fragestellung der Aufgabe verstanden sein. Dabei ist es ratsam, zunächst den Bearbeitervermerk in einer Prüfungsaufgabe zu lesen. Unter Beachtung der Fragestellung muss der Sachverhalt dann vollständig erfasst werden. In einer Prüfungsaufgabe darf man davon ausgehen, dass jede Information wichtig ist.

Vorgehensweise im Zivilprozessrecht

Die Methodik der Fallbearbeitung

1. Schritt	Sachverhalt analysieren	Sachverhalt erfassen und Fragestellung erarbeiten
2. Schritt	Normensuche »woraus«	Welche Paragraphen könnten für einen möglichen Anspruch die gesetzlichen Grundlagen bieten?
3. Schritt	Normensuche »gegen wen«	Welche Paragraphen bestimmen, gegen wen ein bestehender Anspruch geltend gemacht werden kann?
4. Schritt	Rechtliche Prüfung	Prüfen, ob alle tatsächlichen den gesetzlichen Voraussetzungen entsprechen (Subsumtion)
5. Schritt	Ergebnis formulieren	Formulieren der Lösung im Stil eines Gutachtens

Es empfiehlt sich daher, den Sachverhalt mehrmals zu lesen, wobei es wichtig ist, sich beim ersten Lesen sofort einen Überblick zu verschaffen. Danach sind die Probleme, die der Fall aufwirft zu suchen und zu lösen.

Skizzen erleichtern den Überblick

Bei umfangreicheren Sachverhalten und Beteiligung mehrerer Personen ist es hilfreich, eine graphische Skizze mit den Beziehungen zwischen den Personen anzufertigen. Bezieht sich der Sachverhalt auf einen längeren Zeitraum, empfiehlt es sich, den Sachverhalt chronologisch aufzulisten.

Zahlenangaben sind besonders zu beachten. Die Angabe von Daten lässt den Schluss zu, dass Fristen oder die Frage der Verjährung besonders geprüft werden müssen.

Sachverhalt

Beispiel: Kurz klagt gegen Bach mit dem Antrag, Bach zur Zahlung von 2.500,00 DM Zug um Zug gegen Rückgabe des Fernsehers Modell A zu verurteilen. Zur Begründung trägt er vor, dass er von Bach einen Fernsehapparat aus einer bestimmten Jahresserie gekauft habe und hierfür 2.500,00 DM bezahlt habe. Bach habe jedoch einen Fernseher aus der vorherigen Jahresserie geliefert. Dieser Fernseher weiche von dem Neueren in technischen Einzelheiten ab. Dies rügt er und macht Wandelung geltend.

Bach beantragt Klageabweisung. Er bestreitet, dass die Lieferung aus einer bestimmten Jahresserie vereinbart wurde. Er beruft sich dabei auf den Zeugen Hansen. Dieser sei bei Vertragsabschluss anwesend gewesen.

Wie wird das Gericht entscheiden?

Folgende Punkte sind zu beachten:
- Wer sind die am Verfahren Beteiligten?
- Was ist das prozessuale Begehren?
- Welche Prozesssituation ist gegeben?
- Welche prozessualen Möglichkeiten haben die Beteiligten in der konkreten Prozesssituation?
- Was müssen Sie tun, um den Prozess weiter zu führen oder zu beenden?

In unserem Beispielfall bestehen keine Bedenken hinsichtlich der Zulässigkeit der Klage.

Die Klage ist dann erfolgreich, wenn sie begründet ist. Der Kläger hat alle anspruchsbegründenden Tatsachen darzulegen und unter

Beweis zu stellen. Der Verkäufer Bach hat bestritten, dass die Lieferung aus einer bestimmten Jahresserie vereinbart worden sei. Dies hat der Kläger darzulegen und zu beweisen. Der Kläger hat jedoch keinen Beweis angetreten, so dass der Zeuge nicht gehört werden muss. Das Gericht wird daher die Klage abweisen.

Bei der Prüfung des Sachverhaltes sollten Sie die Fragestellung immer im Auge behalten. Sie grenzt den Prüfungsauftrag ein und gibt Hinweise auf die verlangten Antworten. Die Prüfungsfragen sind in der Reihenfolge zu beantworten, wie sie vorgegeben wurden. Auf die Ansichten der Beteiligten ist einzugehen.

Fragestellung genau beachten

Der Käufer hat in unserem Beispiel eine konkrete Ansicht vorgebracht. Ebenso konkret muss auch die Antwort bei der rechtlichen Prüfung sein. Allgemeine, lehrbuchartige Ausführungen sind zu unterlassen. Vielmehr müssen die erkannten Rechtsprobleme immer »hart am Fall« unter Berücksichtigung der Fragestellung bearbeitet werden.

3.2. Anspruchsnormen

Als zweiter Schritt der Fallbearbeitung ist zu klären, ob durch eine Prozesshandlung eine bestimmte Rechtswirkung eingetreten ist oder welche Rechtsfolge sich bei Vornahme einer bestimmten Prozesshandlung ergeben wird. Es wird nach einer Rechtsfolge gefragt. Daher muss der Bearbeiter die jeweiligen Normen des Prozessrechts ausfindig machen, die diese Rechtsfolge bewirken. Voraussetzung ist also, dass der Bearbeiter die Systematik des Zivilprozessrechtes kennt. Er muss wissen, wo das Gesetz die entsprechende Frage regelt. Die Lösung eines Prozessrechtsfalles unterscheidet sich insoweit nicht von der eines Zivilrechtsfalles.

Ist durch Prozesshandlung eine bestimmte Rechtswirkung eingetreten?

Welche Rechtsfolge ergibt sich?

Beispiel: Schmitz klagt gegen Müller auf Zahlung von Schadensersatz und Schmerzensgeld. Im Termin zur mündlichen Verhandlung erscheint Müller nicht. Schmitz stellt den Antrag auf Erlass eines Versäumnisurteils.

Sowohl die Klage als auch der Antrag des Klägers sind zu bewerten. Zunächst ist die Zulässigkeit der Klage zu prüfen (Vorliegen der von Amts wegen zu berücksichtigenden Prozessvoraussetzungen). Danach wird die Zulässigkeit des Antrages geprüft (§ 335 ZPO). Wird beides bejaht, ist die Begründetheit der Klage zu prüfen (§ 331 ZPO).

Grundsätzlich gilt: Die richtige Ausgangsnorm gefunden zu haben, bedeutet schon »die halbe Miete«. Die Reihenfolge der Prüfung ist immer gleich. Zu prüfen sind:

- Zulässigkeit der Klage
- Begründetheit der Klage

Ist die Klage zulässig?

Sachurteilsvoraussetzungen

Bei der Prüfung der Zulässigkeit der Klage sind die einzelnen Sachurteilsvoraussetzungen zu untersuchen. Hier empfiehlt sich folgende Vorgehensweise (Checkliste):

- Ordnungsmäßigkeit der Klageschrift
- Parteifähigkeit
- Prozessfähigkeit
- Vertretungsmacht
- Prozessführungsbefugnis
- Örtliche Zuständigkeit
- Sachliche Zuständigkeit
- Ordentlicher Rechtsweg
- Deutsche Gerichtsbarkeit
- Einrede des Schiedsvertrages
- Entgegenstehende Rechtshängigkeit
- Entgegenstehende Rechtskraft
- Rechtsschutzbedürfnis
- Einrede der fehlenden Kostenerstattung
- Einrede der mangelnden Kostensicherheit
- Besondere Voraussetzungen
  (Urkunds- oder Wechselprozess; Widerklage)

In der Niederschrift werden aber nur die Punkte angesprochen, die irgendwie bedenklich sein könnten. Also: Die Prozessfähigkeit einer Partei wird nur angesprochen, wenn sich aus dem Sachverhalt Bedenken ergeben.

Hauptantrag
Hilfsantrag

Ergibt der Sachverhalt, dass ein Haupt- und ein Hilfsantrag vorliegen, ist zunächst die Frage zu beantworten, ob dem Hauptantrag stattzugeben ist. Erst wenn diese Frage verneint wird, ist der Hilfsantrag zu prüfen. Wird der Hauptantrag bejaht, darf der Hilfsantrag nur geprüft werden, wenn ausdrücklich danach gefragt ist. Wird der Hauptantrag verneint, muss der Hilfsantrag geprüft werden. Für beide Anträge ist zunächst die Zulässigkeit und dann die Begründetheit zu untersuchen.

Die Prüfung der Begründetheit einer Klage richtet sich nach dem materiellen Recht. Die wichtigsten Anspruchsnormen sind:

- Vertragliche Primäransprüche
- Vertragliche Sekundäransprüche
- Vertragsähnliche Ansprüche
- Dingliche Ansprüche
- Ansprüche aus ungerechtfertigter Bereicherung
- Ansprüche aus unerlaubter Handlung

Ist die Klage begründet?

3.3. Gegenvorstellungen

Im dritten Schritt zur Fallbearbeitung ist zu prüfen, in welcher Form der Beklagte sich gegenüber der Klage zur Wehr setzt. Der Beklagte kann dabei sich sowohl gegen die Zulässigkeit der Klage wehren als auch gegenüber der Begründetheit.

Bei den dargestellten Voraussetzungen der Zulässigkeit kann der Beklagte zu den einzelnen Punkten Stellung nehmen und Vortrag halten. Dieser ist dann im entsprechenden Aufbau darzustellen und zu prüfen.

Bei der Untersuchung der Begründetheit der Klage sind Einwendungen und Einreden zu prüfen.

Prüfung der Einwendungen und Einreden

Man unterscheidet:

- Rechtshindernde Einwendungen
- Rechtsvernichtende Einwendungen
- Rechtshemmende Einwendungen (Einreden)

Rechtshindernde Einwendungen lassen einen Anspruch von vornherein nicht entstehen. Dies ist etwa der Fall bei fehlender Geschäftsfähigkeit.

Rechtsvernichtende Einwendungen bringen einen entstandenen Anspruch wieder zum Erlöschen. Dies ist etwa der Fall bei einer Anfechtung.

Rechtshemmende Einwendungen (Einreden) berühren den Anspruch selbst nicht. Sie verhindern jedoch die Durchsetzung des Anspruches. Dies ist etwa bei der Verjährung der Fall.

Einwendungen (Normen aus dem BGB)

Rechtshindernde Einwendungen

Fehlende Geschäftsfähigkeit
- dauernde Geschäftsunfähigkeit § 105 I
- vorübergehende Geschäftsunfähigkeit § 105
- beschränkte Geschäftsfähigkeit §§ 106 ff.

Bewusst fehlender Wille
- Mangel an Ernstlichkeit § 118
- Scheingeschäft § 117
- geheimer Vorbehalt § 116

Verstoß
- gegen eine Formvorschrift § 125
- gegen ein gesetzliches Verbot § 134
- gegen die guten Sitten § 138

Unmöglichkeit
- anfängliche Unmöglichkeit einer Leistung § 306

Rechtsvernichtende Einwendungen

Gläubiger- oder Schuldnerwechsel
- Abtretung einer Forderung § 398
- Gesetzlicher Forderungsübergang § 412
- Schuldübernahme §§ 414 ff.

Anfechtung
- Irrtum § 142 I i.V.m. § 119 I, II
- falsche Übermittlung § 142 I i.V.m. § 120
- arglistige Täuschung oder widerrechtliche Drohung § 142 I i.V.m. § 123

Rücktritt
- Rücktritt vom Vertrag § 346

Unmöglichkeit
- nachträgliche, nicht zu vertretende Unmöglichkeit einer Leistung §§ 275, 323

Wegfall der Geschäftsgrundlage
- die Erbringung der Leistung ist nicht mehr zumutbar § 242 analog

Erlöschen des Schuldverhältnisses
- Erfüllung durch Leistung § 362
- Erfüllungssurrogate §§ 364 ff.
- Aufrechnung gleichartiger Leistungen § 389
- Erlass § 397 I

Rechtshemmende Einwendungen (Einreden)

Verjährung
- allg. Verjährung §§ 195 ff. i.V.m. § 222
- kurze Verjährung bei Gewährleistung:
  - Kauf § 477 i.V.m. § 222
  - Miete § 558 i.V.m. § 222
  - Werk § 638 i.V.m. § 222
- besondere Verjährung bei unerlaubter Handlung § 852 i.V.m. § 222

Leistungsverweigerung
- Leistungsverweigerungsrecht § 320
- Zurückbehaltungsrecht des Schuldners § 273
- Zurückbehaltungsrecht des Besitzers § 1000
- Einrede des Schenkers § 519
- Einreden des Bürgers §§ 770, 771
- Arglisteinrede § 853
- Bereicherungseinrede § 821

3.4. Rechtliche Prüfung

Wenn alle einschlägigen Vorschriften gefunden wurden, ist man auf dem besten Wege zu einer »sauberen« Lösung. Vor der Niederschrift sollte die gefundene Lösung noch einmal überprüft werden. Die Normen müssen in logischer Reihenfolge auf Übereinstimmung mit den Fakten des Sachverhaltes überprüft werden. Es ist darauf zu achten, dass die gestellten Fragen beantwortet werden. Oft findet sich unter dem Sachverhalt die Frage, welchen Rat der Rechtsanwalt erteilt. Dann ist zu prüfen, wie das Gericht im Fall einer Klage entscheiden wird. Der Fall ist damit jedoch noch nicht endgültig gelöst. Vielmehr muss überlegt werden, ob der Anwalt bei der zu erwartenden Entscheidung zu einer Klage raten kann oder nicht.

Normen müssen in logischer Reihenfolge auf Übereinstimmung des Sachverhalts geprüft werden

Es empfiehlt sich, die Gedankenführung bei Einzelproblemen noch einmal kurz zu überprüfen. Es muss darauf geachtet werden, dass kein Problem übersehen wird oder ähnliche miteinander verwechselt werden. Liegt etwa der Beitritt einer Partei vor, so darf dies nicht unter der Problemstellung des Parteiwechsels erörtert werden. Vielmehr muss vom Parteibeitritt ausgehend geprüft werden, ob die für den Parteiwechsel geltenden Grundsätze auch für den Parteibeitritt anzuwenden sind.

Bei der Bearbeitung von Zivilrechtsfällen orientiert sich das Ergebnis an den rechtlichen und wirtschaftlichen Auswirkungen der gefundenen Lösung. Vielfach wird überlegt, ob die gefundene Lösung im Hinblick auf den zu bearbeitenden Sachverhalt gerecht erscheint. Dies ist bei der Bearbeitung von Zivilprozessrechtsfällen anders. Es ist zu berücksichtigen, dass Form- und Fristvorschriften eine besondere Rolle spielen. Deshalb kann das Ergebnis bei der Bearbeitung dieser Fälle auf den ersten Blick ungerecht erscheinen. Das Ergebnis dient jedoch letztlich der Rechtssicherheit.

Beispiel: Die V-Bank verklagt Schulz und Braun als Gesamtschuldner. Schulz ist der Schuldner. Braun hat gebürgt. Die Forderung beläuft sich auf 26.000,00 DM. Es ergeht antragsgemäß das Urteil, welches für vorläufig vollstreckbar gegen Sicherheitsleistung in Höhe von 30.000,00 DM erklärt wurde. Das Urteil gegen Schulz wird rechtskräftig. Braun hat Berufung eingelegt. Die V-Bank erbrachte die Sicherheitsleistung und ließ zustellen. Braun zahlte unter ausdrücklichem Vorbehalt seiner Rechte die Klagesumme nebst Kosten an die V-Bank.

Einleitung

Während des Berufungsverfahrens betreibt die V-Bank die Zwangsvollstreckung aus dem rechtskräftigen Urteil gegen Schulz. Dieser klagt gegen die V-Bank vor dem Prozessgericht und beantragt, die Zwangsvollstreckung aus dem Urteil für unzulässig zu erklären. Zur Begründung führt er aus, dass durch die Zahlung des Braun seine Schuld der Bank gegenüber erloschen sei.

Wie hat das Gericht zu entscheiden?

Fragestellung

Fragestellung:
Hat die von Schulz erhobene Vollstreckungsgegenklage (§ 767 Abs. 1 ZPO) Aussicht auf Erfolg?

Zulässigkeit der Klage:
Die von Schulz gegen die V-Bank vor dem Prozessgericht erhobene Klage ist als Vollstreckungsgegenklage zulässig. Schulz wendet sich gegen eine drohende Zwangsvollstreckung.

Begründetheit der Klage:
Die Klage ist begründet, wenn der titulierte Anspruch nachträglich durch die Zahlung von Braun erloschen ist (§ 767 Abs. 2 ZPO).
Die Schuld des Schulz kann Braun gem. §§ 267 Abs. 1, 362 Abs. 1 BGB zum Erlöschen gebracht haben, wenn er als Dritter eine fremde Schuld erfüllen wollte. Nach § 765 Abs. 1 BGB schuldet Braun als Bürge jedoch selbst. Wegen der drohenden Zwangsvollstreckung gegen Braun ist davon auszugehen, dass dieser wegen seiner eigenen Verpflichtung zahlen und nicht die Schuld des Schulz erfüllen wollte.

Gesamtschuld

Der Anspruch der V-Bank gegen Schulz kann gem. §§ 422 Abs. I Satz 1, 362 Abs. I BGB erloschen sein. Braun müsste dann als Gesamtschuldner gezahlt haben. Bürge und Hauptschuldner sind nicht aus dem gleichen Grund verpflichtet. Daher liegt eine unechte Gesamtschuld vor. § 422 BGB greift nicht ein.
Der Anspruch der V-Bank gegen Schulz könnte gem. § 774 Abs. 1 Satz 1 BGB auf Braun übergegangen sein, wenn die V-Bank durch die Zahlung befriedigt wurde. Braun hat jedoch unter Vorbehalt gezahlt. Die Forderung der V-Bank kann erst dann als befriedigt angesehen werden, wenn Braun rechtskräftig zur Zahlung verurteilt worden ist. Bis dahin hat die V-Bank lediglich eine Aussicht auf Befriedigung durch Braun.

Ergebnis:

Da die titulierte Forderung der V-Bank gegen Schulz noch besteht, ist die Vollstreckungsgegenklage als unbegründet abzuweisen. Die Kosten des Rechtsstreites hat Schulz gem. § 91 ZPO zu tragen.

3.5. Formulieren der Lösung

Im fünften und letzten Schritt ist die gefundene Lösung zu formulieren. Das Ergebnis der rechtlichen Prüfung ist mit den gebotenen Fachausdrücken und unter Zitieren der einschlägigen Vorschriften niederzuschreiben.

Aus der Technik der Subsumtion ergibt sich der Gutachtenstil. Dieser steht im Gegensatz zum richterlichen Urteilsstil. Ausgehend von der ausgewählten Norm ist zu beurteilen, ob die jeweiligen Tatbestandsvoraussetzungen gegeben sind.

Gutachtenstil

Die hierfür zu wählende Sprache mag dem Ungeübten merkwürdig erscheinen. Man beginnt bei der Prüfung mit dem sog. Obersatz, immer im Konjunktiv »... könnte Aussicht auf Erfolg haben ...« Im Laufe der Falllösung werden Zwischenergebnisse festgestellt. Logisch weiter folgernd wird durch Formulierungen wie »deshalb«, »daraus folgt« der Leser zum Endergebnis geführt. Dieses wird am Schluss mit einem kurzen Satz im Indikativ zusammengefasst.

Obersatz
Schlusssatz

Der Stil des Gutachtens:
- Übersichtlich gegliedert
- Von der Hypothese zur Feststellung
- Geordnet nach rechtlicher Wichtigkeit
- Klare und verständliche Sätze

Im Beispielsfall der Vollstreckungsgegenklage beginnt man mit einem Obersatz. Danach wird der Lösungsweg der Prüfung formuliert, um abschließend im Schlusssatz das Ergebnis mitzuteilen.

Obersatz:

Die Vollstreckungsgegenklage des Schulz müsste zulässig und begründet sein.

Schlusssatz:

Die zulässige Vollstreckungsgegenklage des Schulz gegen die V-Bank ist unbegründet und daher abzuweisen.

4. Auf den Punkt gebracht

Die vorangegangene Einführung hat aufgezeigt, wie die meisten Probleme aus dem Zivilprozessrecht prinzipiell gelöst werden.

Der Ausgangspunkt jeder Bearbeitung eines Zivilprozessrechtfalles hat sich an der Fragestellung zu orientieren. Diese ist während der gesamten Bearbeitung zu beachten.

Gehen Sie bei der Bearbeitung in fünf Schritten vor:
1. Der Sachverhalt ist genau zu erfassen. Bei Beteiligung mehrerer Personen fertigen Sie sich eine Skizze.
2. Suchen Sie die maßgebenden Paragraphen aus. Die für das formelle Recht maßgeblichen Vorschriften finden Sie in der ZPO, diejenigen für das materielle Recht finden sich im Wesentlichen im BGB.
3. Prüfen Sie sorgfältig die Einwendungen des Beklagten.
4. Der Sachverhalt wird der Anspruchsnorm untergeordnet.
5. Danach ist im Gutachtenstil zu formulieren. Das Ergebnis ist am Ende in einem Satz zusammenzufassen.

In den folgenden Kapiteln sind die wichtigsten Paragraphen wörtlich abgedruckt (wobei teilweise auf weniger wichtige Passagen verzichtet wurde).

Beispiele sind am kursiven Druck zu erkennen. Allerdings können geringe Änderungen im Sachverhalt zu einem ganz anderen Prüfungs- und Lösungsweg führen. Deshalb klammern Sie sich nicht an diese Beispielsfälle.

Beherzigen Sie diese Grundüberlegungen bei der Bearbeitung eines Zivilprozessrechtsfalles, werden Sie zu einer vernünftigen Lösung des Falles gelangen. Auch kompliziert anmutende Fälle lassen sich so in den Griff bekommen.

Viel Spaß beim Durcharbeiten dieses Buches und Erfolg in Ihren Prüfungen.

Erkenntnisverfahren

1.	**Grundlagen**	**22**
1.1.	Verfahrensgrundsätze	22
1.2.	Aufbau der Zivilgerichtsbarkeit	32
2.	**Allgemeiner Verfahrensablauf**	**37**
2.1.	Klageerhebung	39
2.2.	Vorbereitung des Termines zur mündlichen Verhandlung	41
2.3.	Die mündliche Verhandlung	44
2.4.	Das Urteil	46
2.5.	Die Rechtskraft	46
2.6.	Die Kostenfestsetzung	46
3.	**Prozessvoraussetzungen**	**47**
3.1.	Zulässigkeitsvoraussetzungen	49
3.2.	Sachurteilsvoraussetzungen	49
4.	**Parteivortrag**	**58**
4.1.	Notwendiger Klageinhalt	58
4.2.	Klagearten	58
4.3.	Klageänderung	60
4.4.	Einlassung des Beklagten	61
4.5.	Streitgenossenschaft	65
4.6.	Nebenintervention	66
4.7.	Streitverkündung	66
4.8.	Parteiwechsel	67
5.	**Beweisaufnahme**	**69**
5.1.	Beweisbedürftigkeit	69
5.2.	Beweismittel	70
5.3.	Durchführung der Beweisaufnahme	72
5.4.	Beweislast	73
5.5.	Selbständiges Beweisverfahren	73
6.	**Beendigung des Rechtsstreites**	**74**
6.1.	Versäumnisverfahren	74
6.2.	Beendigung durch die Parteien	76
6.3.	Urteil	80
7.	**Rechtsmittel und Rechtsbehelfe**	**83**
7.1.	Allgemeines	83
7.2.	Die Rechtsmittel im Einzelnen	84
7.3.	Die Rechtsbehelfe	89

1. Grundlagen

Art. 20 Abs. 3 GG
Art. 6 EMRK

Die Leitgedanken des Zivilprozessrechtes ergeben sich überwiegend aus dem Gesetz. Hierzu gehört auch das Grundgesetz, das den Prozess beherrscht. Ferner ergeben sich die Leitgedanken aus der Natur des Zivilprozesses. Dieser soll die privatrechtlichen Lebensbeziehungen der Bürger im Rahmen der staatlichen Gemeinschaft regeln. So ist das Gebot der Rechtstaatlichkeit eines Verfahrens auch in der Europäischen Menschenrechtskonvention grundgesetzlich geregelt. Eine entsprechende Regelung findet sich

Europäische Menschenrechtskonvention

Außerdem ist der Zivilprozess geprägt durch die allgemeinen, nachstehend beschriebenen Grundsätze.

1.1. Verfahrensgrundsätze

Die Parteien bestimmen, worüber gestritten wird und das Gericht zu entscheiden hat.
Die Maxime wird Verfügungsgrundsatz genannt.
Offizialmaxime

Dispositionsmaxime

Die Parteien (Kläger und Beklagte) sind die Herren des Verfahrens. Sie bestimmen den Streitgegenstand und können über ihn verfügen. Deshalb wird diese Maxime auch Verfügungsgrundsatz genannt. Das genaue Gegenstück zur Dispositionsmaxime ist die Offizialmaxime. Hierbei erfolgt die Einleitung eines Verfahrens und die Bestimmung des Verfahrensganges von Amts wegen (vgl. etwa im Strafprozessrecht).

Die Parteien bestimmen darüber, ob ein Verfahren in Gang kommt oder die nächst höhere Instanz durch die Einlegung eines Rechtsmittels in Anspruch genommen wird. Dies geschieht durch die Einreichung entsprechender Schriftsätze, die konkrete Anträge enthalten. Ohne einen Antrag einer Partei kommt kein Verfahren in Gang.

Durch den Inhalt der Anträge bestimmen die Parteien den Umfang der Tätigkeit des Gerichtes.

§§ 308, 536, 559 ZPO

Das Gericht darf über die Anträge der Parteien nicht hinausgehen. Es darf nicht mehr und nichts anderes zusprechen, als die Parteien beantragt haben.

§ 308 Abs. 1 ZPO

Das Gericht kann jedoch weniger zusprechen, als von einer Partei beantragt wurde. Einer Klage wird dann nur zum Teil stattgegeben und im übrigen abgewiesen, wenn sie nur teilweise begründet ist.

Auch während des Verfahrens haben die Parteien die Verfügungsherrschaft über den Streitgegenstand. Sie können das Verfahren beenden durch Klagerücknahme, Rücknahme eines Rechtsmittels. Eine Beendigung des Rechtsstreites tritt auch durch Abschluss eines Vergleiches durch die Parteien ein.

§ 269 ZPO
§§ 515, 566 ZPO

Parteien können durch einen Vergleich den Rechtsstreit beenden

Ferner können die Parteien den Streitgegenstand durch eine Klageänderung verändern.

§ 263 ZPO

Der Rechtsstreit wird einer Prüfung durch das Gericht seitens der Parteien entzogen, wenn sie die Hauptsache für erledigt erklären, einen Verzicht oder ein Anerkenntnis erklären.

§ 91 a ZPO
§§ 306, 307 ZPO

Eingeschränkt wird die Dispositionsmaxime durch besondere öffentliche Interessen:

- In Ehesachen können die Parteien keinen Prozessvergleich schließen oder einen Scheidungsantrag anerkennen. Eine Ehe kann nicht durch Vertrag aufgelöst werden, so dass die Parteiherrschaft in einem Scheidungsverfahren eingeschränkt ist.

§ 617 ZPO

- Sozialpolitische Erwägungen zum Schutz eines Mieters führen ebenfalls zur Einschränkung der Parteiherrschaft. Hier kann das Gericht ohne entsprechende Antragstellung einer Partei festlegen, für welche Dauer und unter welchen Änderungen der Vertragsbedingungen ein Mietverhältnis fortzusetzen ist, wenn bestimmte Voraussetzungen vorliegen.

§ 308 a ZPO

Erkenntnisverfahren

- Die Parteien können im Zivilprozess keine Rechtsfolge herbeiführen, die nach materiellem Recht unzulässig ist. So kann beispielsweise weder durch Anerkenntnis noch Prozessvergleich die Eintragung eines Mietrechts im Grundbuch erreicht werden.

Verhandlungsmaxime

Jeder entscheidet selbst, was er dem Gericht vorträgt.

Da die Parteien Herren des Rechtsstreites sind, bestimmen sie auch den tatsächlichen Prozessstoff. Dieser wird allein durch die Parteien beigebracht. Sie allein entscheiden, welcher Tatsachenvortrag in den Rechtsstreit eingeführt wird. Das Gericht darf in einem Urteil nur die von den Parteien vorgetragenen Tatsachen zugrunde legen.

§§ 138 Abs. 3, 288 ZPO

Von beiden Parteien vorgetragene oder zugestandenen Tatsachen werden unstreitig. Das Gericht hat diese Tatsachen grundsätzlich ohne Nachprüfung des Wahrheitsgehaltes zu berücksichtigen.

Die Parteien entscheiden, ob sie für beweisbedürftige Tatsachen Beweis antreten wollen. Das Gericht hat nur solchen Beweisantritten nachzugehen, die von einer Partei gemacht werden.

Einschränkungen erfährt die Verhandlungsmaxime durch folgende Grundsätze:

§ 138 ZPO

Wahrheitspflicht

(1) Die Parteien haben ihre Erklärungen über tatsächliche Umstände vollständig und der Wahrheit gemäß abzugeben.

Vor Gericht darf nicht gelogen werden

Die Parteien und ihre Prozessbevollmächtigten haben danach die Pflicht, ihr Vorbringen wahrheitsgemäß und vollständig vorzutragen. Gemeint ist damit, dass bewusstes Lügen oder der Vortrag wider besseren Wissens untersagt ist.

Nur vermutete Tatsachen dürfen vorgetragen werden, wenn sie nicht willkürlich sind. Behauptungen »ins Blaue hinein«, denen jegliche tatsächliche Anhaltspunkte fehlen, dürfen nicht aufgestellt werden.

§ 290 ZPO

Eine Verletzung der Wahrheitspflicht führt dazu, dass diese Tatsachen unberücksichtigt bleiben. Dies gilt auch für übereinstimmend von beiden Parteien vorgetragene unwahre Tatsachen, etwa bei kollusivem Zusammenwirken der Parteien zwecks Schädigung eines Dritten. Eine Partei ist an ein bewusst falsches Geständnis gebunden.

Ein Verstoß gegen die Wahrheitspflicht kann eine Strafverfolgung wegen Prozessbetruges oder eine Schadensersatzpflicht wegen unerlaubter Handlung nach sich ziehen.

§ 263 StGB
§§ 823 Abs. 2 BGB, 263 StGB, 826 BGB

Zulässigkeitsvoraussetzungen (Prüfung von Amts wegen)
Das Gericht hat von Amts wegen Zulässigkeitsvoraussetzungen eines Verfahren zu prüfen. Entsprechendes gilt für die Zulässigkeit von Rechtsmitteln und Rechtsbehelfen.

§§ 56, 88 Abs. 2, 341 ZPO

Untersuchungsgrundsatz in besonderen Fällen
Bei Verfahrensarten mit besonderem öffentlichem Interesse an der Feststellung des wahren Sachverhaltes gilt der Untersuchungsgrundsatz.
Dies ist insbesondere in Ehe- und Kindschaftssachen der Fall.

Untersuchungsgrundsatz
§§ 616, 640 ZPO

Dem Gericht obliegt eine Fürsorgepflicht.

Fürsorgepflicht

§ 139 ZPO

(1) Der Vorsitzende hat dahin zu wirken, dass die Parteien über alle erheblichen Tatsachen sich vollständig erklären und die sachdienlichen Anträge stellen, insbesondere auch ungenügende Angaben der geltend gemachten Tatsachen ergänzen und die Beweismittel bezeichnen. Er hat zu diesem Zwecke, soweit erforderlich, das Sach- und Streitverhältnis mit den Parteien nach der tatsächlichen und rechtlichen Seite zu erörtern und Fragen zu stellen.
(2) Der Vorsitzende hat auf die Bedenken aufmerksam zu machen, die in Ansehung der von Amts wegen zu berücksichtigenden Punkte obwalten.

Die Vorschrift dient der Verwirklichung des sachlichen Rechtes. Dabei sind Gerechtigkeitsstreben und Unparteilichkeit zu koordinieren. Sie ist das Kernstück der richterlichen Pflichten und wird als Magna Charta des Zivilprozesses bezeichnet. Zwar wird der Verhandlungsgrundsatz eingeschränkt, nicht jedoch durchbrochen. Reagiert eine Partei auf die Anregung des Gerichts nicht, ist dieses an den bisherigen Vortrag der Partei gebunden.

Die Fürsorgepflicht ist Kern der richterlichen Pflicht
Sie ist die Magna Charta des Zivilprozesses

Von folgenden Grundsätzen ist auszugehen:
- Das Gericht hat darauf hinzuwirken, dass die Parteien über alle erheblichen Tatsachen sich vollständig erklären.

§§ 273, Abs. 1, 136 Abs. 3 ZPO

Erkenntnisverfahren

§ 278 Abs. 3 ZPO

- Das Gericht hat darauf hinzuwirken, dass sachdienliche Anträge gestellt und Beweismittel benannt werden.
- Das Gericht hat mit den Parteien das Sach- und Streitverhältnis in tatsächlicher und rechtlicher Hinsicht zu erörtern.
- Im Beweisverfahren ist der Verhandlungsgrundsatz weitgehend zurückgedrängt.

Keine Klageabweisung oder Verurteilung ohne Vorwarnung

Diese Hinweis- und Aufklärungspflicht bezieht sich auf den Vortrag der Parteien. Das Gericht hat auf Unvollständigkeiten, Unklarheiten und Bedenken hinzuweisen. Dies gilt auch für den Fall der Unschlüssigkeit einer Klagebegründung. Hier hat das Gericht nicht ohne weiteres die Klage abzuweisen sondern zuvor entsprechende Hinweise zu erteilen. Dabei muss den Parteien Gelegenheit gegeben werden, auf die erteilten Hinweise reagieren zu können. Unter Umständen muss ein neuer Verhandlungstermin anberaumt werden, um der Partei unter Fristsetzung ergänzenden Vortrag zu ermöglichen.

Das Gericht darf nicht auf völlig neue Angriffs- oder Verteidigungsmittel hinweisen. Ebensowenig darf es zur Abgabe einseitiger Willenserklärungen auffordern, um die materielle Rechtslage zu verändern (Erklärung von Anfechtung, Rücktritt oder Kündigung).

Oftmals deckt sich der unterbreitete Tatsachenvortrag nicht mit dem gestellten Antrag. Dann hat das Gericht darauf hinzuwirken, dass sachdienliche Anträge gestellt werden. Dies ist etwa dann der Fall, wenn die im Tatsachenvortrag genannten Beträge eine andere Addition ergeben, als im Klageantrag gefordert.

Das Gericht hat seine tatsächlichen und rechtlichen Überlegungen den Parteien darzulegen. Ihnen soll Gelegenheit gegeben werden, sich auf diese Einschätzung des Gerichts einstellen zu können.

Regeln der Beweisaufnahme

§§ 373 ff. ZPO

Der Verhandlungsgrundsatz gilt nur noch für den Zeugenbeweis. Ein Zeuge kann nur vernommen werden, wenn dies von einer Partei beantragt wurde.

§ 144 Abs. 1 ZPO

§ 448 ZPO

§§ 142
273 Abs. 2 ZPO

Im Rahmen der Prozessförderungs- und Aufklärungspflicht kann das Gericht nach eigenem Ermessen Sachverständigenbeweis oder Augenscheinseinnahme erheben. Entsprechendes gilt für die Anordnung einer Parteivernehmung. Ebenso kann das Gericht die Vorlage von Urkunden veranlassen.

⇒ Rechtliches Gehör

Dieser Grundsatz ist in der ZPO nicht ausdrücklich formuliert. Er wird als selbstverständlich vorausgesetzt, da er verfassungsrechtlich garantiert ist.

Jede Partei hat Anspruch auf Anhörung, bevor eine Entscheidung zu ihrem Nachteil ergeht. Demnach hat jede Partei das Recht, sich zum Sachverhalt zu äussern und Rechtsansichten vorzutragen. Zu Behauptungen und Beweisantritten des Gegners ist die andere Partei zu hören. Entsprechendes gilt für das Ergebnis einer Beweisaufnahme. Alle entscheidungserheblichen Tatsachen müssen die Parteien zur Kenntnis nehmen und nachprüfen können.

Das Gericht hat die Ausführungen der Parteien zur Kenntnis zu nehmen und wesentliches Parteivorbringen in der Entscheidung zu berücksichtigen.

Das Gericht ist verpflichtet, mit den Parteien ein gezieltes Rechtsgespräch zu führen. Dabei sind sowohl die tatsächlichen als auch die rechtlichen Aspekte zu erörtern und auf entscheidungserhebliche Umstände hinzuweisen. Dies folgt aus der Pflicht zu einem fairen Verfahren. Überraschungsentscheidungen sind unzulässig.

Nur ausnahmsweise ist rechtliches Gehör dann nicht zu gewähren, wenn eine vorherige Anhörung im Verfahren zuwider liefe. Dies gilt beim vorläufigen Rechtsschutz im Arrest- und einstweiligen Verfügungsverfahren.

Hier soll der Betroffene die Möglichkeit haben, im Rahmen eines Rechtsbehelfs gehört zu werden.

	Art. 103 Abs. 1 GG
	Art. 6 Abs. 1 EMRK
	Keine Entscheidung ohne Anhörung der Parteien
	§ 278 Abs. 2 ZPO
	§ 278 Abs. 3 ZPO
	§§ 921 Abs. 1, 937 Abs. 2 ZPO

⇒ Mündlichkeit

Grundsatz der Mündlichkeit § 128 ZPO

(1) Die Parteien verhandeln über den Rechtsstreit vor dem erkennenden Gericht mündlich.

Die Parteien haben ihre Anträge und den Tatsachenvortrag in der mündlichen Verhandlung vorzubringen. Nur der Streitstoff, der in der mündlichen Verhandlung vorgetragen wurde, wird Grundlage der Entscheidung. Hierdurch soll ein unmittelbarer Eindruck vom Streitstoff seitens des Gerichts erlangt werden.

Nur das mündlich Vorgetragene wird Grundlage der Entscheidung

Allerdings verliert dieser Grundsatz oft an Bedeutung, da in den mündlichen Verhandlungen vorwiegend auf Schriftsätze nur Bezug genommen wird.

Mehrere Verhandlungstermine in einem Rechtsstreit bilden zusammen die mündliche Verhandlung. Es gilt der Grundsatz der Einheit der mündlichen Verhandlung. Entscheidungsgrundlage wird danach der gesamte Prozessstoff, der sich aus mehreren Terminen ergeben kann.

⇒ Unmittelbarkeit

§ 309 ZPO
Richter

Erkennende Richter

Das Urteil kann nur von denjenigen Richtern gefällt werden, welche der dem Urteil zugrundeliegenden Verhandlung beigewohnt haben.

§ 355 Abs. 1 ZPO

Die mündliche Verhandlung hat vor dem erkennenden Gericht stattzufinden. Nur Richter, die an der mündlichen Verhandlung teilgenommen haben, können am Urteil mitwirken. Auch eine Beweisaufnahme hat grundsätzlich vor dem erkennenden Gericht stattzufinden.

§ 361 ZPO
§ 362 ZPO

In einigen Fällen kann die Durchführung der Beweisaufnahme einem beauftragten Richter des erkennenden Gerichts oder einem ersuchten Richter im Wege der Rechtshilfe übertragen werden.

§ 310 ZPO
Urteil

Urteilsverkündung

(1) Das Urteil wird in dem Termin, in dem die mündliche Verhandlung geschlossen wird, oder in einem sofort anzuberaumenden Termin verkündet. Dieser wird nur dann über drei Wochen hinaus angesetzt, wenn wichtige Gründe, insbesondere der Umfang oder die Schwierigkeit der Sache dies erfordern.
(2) Wird das Urteil nicht im Termin, in dem die mündliche Verhandlung geschlossen wird, verkündet, so muss es bei der Verkündung in vollständiger Form abgefasst sein.

⇒ Öffentlichkeit:
Grundsätzlich sind Verhandlungen öffentlich.

Öffentlichkeit § 169 GVG

> Die Verhandlung vor dem erkennenden Gericht, einschließlich der Verkündung der Urteile und Beschlüsse ist öffentlich. Ton- und Fernseh-Rundfunkaufnahmen sowie Ton- und Filmaufnahmen zum Zwecke der öffentlichen Vorführung oder Veröffentlichung ihres Inhaltes sind unzulässig.

Öffentlichkeit setzt voraus, dass im Rahmen der tatsächlichen Gegebenheiten des Sitzungssaales für eine beliebige Anzahl von Zuhörern die Möglichkeit des Zutrittes gegeben ist.

Jeder kann an Gerichtsverhandlungen als Zuhörer teilnehmen

Fernseh- und Rundfunkaufnahmen aus Zivilprozessen sind unzulässig. Nichtöffentlich sind Familiensachen.

§ 170 GVG

In besonderen Fällen kann die Öffentlichkeit ausgeschlossen werden, etwa zum Schutz von Persönlichkeitsrechten oder wegen Gefährdung der öffentlichen Ordnung oder Sittlichkeit. Diskutiert wird auch, dass Verfahren in Arzthaftpflichtsachen auf Antrag nicht öffentlich verhandelt werden.

§§ 171 BGB, 172 GVG

In allen Fällen sind die Urteilsverkündungen öffentlich.

⇒ Konzentrationsmaxime

Beschleunigungsgrundsatz

- Dem Gesetzgeber schwebt vor, dass ein Verfahren möglichst in einem einzigen Verhandlungstermin, der entsprechend umfassend vorbereitet wurde, erledigt werden kann.

Ein Verfahren soll möglichst in einem Verhandlungstermin erledigt werden können

Beschleunigungsmaßnahmen durch das Gericht
- Termine sollen unverzüglich bestimmt werden.
Terminsverlegungen oder Vertagungen sind nur bei erheblichen Gründen zulässig.

§§ 216 Abs. 2, 278 Abs. 4 ZPO
§ 227 Abs. 1 ZPO

- Richterliche Aufklärungs- und Fragepflicht.
Das Gericht ist gehalten, durch Erörterung des Sach- und Streitstandes die wesentlichen tatsächlichen und rechtlichen Gesichtspunkte mitzuteilen und auf eine beschleunigte Beibringung etwaig fehlender Tatsachen hinzuwirken.

§ 139 ZPO

Beweiserhebungen sind vor dem Termin zur mündlichen Verhandlung möglich.

§ 358 a ZPO

Das Gericht kann Fristen für das Vorbringen von Angriffs- oder Verteidigungsmitteln setzen. Bei deren Nichteinhaltung droht eine Zurückweisung wegen Verspätung.

§ 273 ZPO — Vorbereitung des Verhandlungstermines

(2) Zur Vorbereitung jedes Termins kann der Vorsitzende oder ein von ihm bestimmtes Mitglied des Prozessgerichtes insbesondere

1. den Parteien die Ergänzung oder Erläuterung ihrer vorbereitenden Schriftsätze sowie die Vorlegung von Urkunden und von anderen zur Niederlegung bei Gericht geeigneten Gegenständen aufgeben, insbesondere eine Frist zur Erklärung über bestimmte klärungsbedürftige Punkte setzen;
2. Behörden oder Träger eines öffentliches Amtes um Mitteilung von Urkunden oder um Erteilung amtlicher Auskünfte ersuchen;
3. das persönliche Erscheinen der Parteien anordnen;
4. Zeugen, auf die sich eine Partei bezogen hat, und Sachverständige zur mündlichen Verhandlung zu laden sowie eine Anordnung nach § 378 treffen.

⇒ Prozessförderungspflicht der Parteien

§ 282 ZPO — Rechtzeitiges Vorbringen

Nachlässigkeit beim Vortrag kann einer Partei schaden

(1) Jede Partei in der mündlichen Verhandlung hat ihre Angriffs- und Verteidigungsmittel, insbesondere Behauptungen, Bestreiten, Einwendungen, Einreden, Beweismittel und Beweiseinreden so zeitig vorzubringen, wie es nach der Prozesslage einer sorgfältigen und auf Förderung des Verfahrens bedachten Prozessführung entspricht.

Einlassungsfrist

(2) Anträge sowie Angriffs- und Verteidigungsmittel, auf die der Gegner voraussichtlich ohne vorhergehende Erkundigung keine Erklärung abgeben kann, sind vor der mündlichen Verhandlung durch vorbereitenden Schriftsatz so zeitig mitzuteilen, dass der Gegner die erforderliche Erkundigung noch einzuziehen vermag.

(3) Rügen, die die Zulässigkeit der Klage betreffen, hat der Beklagte gleichzeitig und vor seiner Verhandlung zur Hauptsache vorzubringen. Ist ihm vor der mündlichen Verhandlung eine Frist zur Klageerwiderung gesetzt, so hat er die Rügen schon innerhalb der Frist geltend zu machen.

§ 296 ZPO

Prozessförderungspflicht

⇒ Zurückweisung verspäteten Vorbringens

Wenn eine Partei erst nach Ablauf der ihr gesetzten Frist Angriffs- oder Verteidigungsmittel vorbringt, ist sie mit ihrem verspäteten Vorbringen grundsätzlich ausgeschlossen. Das Vorbringen ist nur noch zulässig, wenn dadurch eine Verzögerung des Rechtsstreites nicht eintritt oder die Partei die Verspätung genügend entschuldigt. Rein praktisch wird darauf abgestellt, dass die eingetretene Verzögerung auch bei rechtzeitigem Vortrag eingetreten wäre. Wenn der Rechtsstreit voraussichtlich auch nicht früher erledigt wäre als bei Zulassung des verspäteten Vortrages, liegt keine Verzögerung vor.

Eine Zurückweisung von Angriffs- oder Verteidigungsmitteln kommt bei Verletzung der allgemeinen Prozessförderungspflicht in Betracht.

§ 296 Abs. 2, 282 Abs. 1 u. 2 ZPO

Hier besteht für das Gericht die Möglichkeit, entsprechendes Vorbringen zurückzuweisen. Voraussetzung ist jedoch eine grobe Nachlässigkeit der vortragenden Partei. Bei seiner Entscheidung hat sich das Gericht davon leiten zu lassen, ob die zu treffende Entscheidung noch in einem vernünftigen Verhältnis zu dem dann zu erwartenden Ergebnis steht. Die sachliche Richtigkeit geht hier der Schnelligkeit der Entscheidung vor.

Die Zurückweisung von Parteivorbringen als verspätet setzt voraus,

- dass der Termin nicht ein sogenannter »Durchlaufertermin« sein soll. Dies ist der Fall, wenn erkennbar nur Anträge gestellt werden sollen und das Gericht einen Beweisbeschluss erlassen wird. Unweigerlich kommt es dann zu einem neuen Termin. Der Rechtsstreit würde nicht verzögert.
- Das Gericht muss seine Vorbereitungs- und Aufklärungspflicht erfüllt haben.
- Das Gericht darf nicht die Möglichkeit haben, die Verzögerung durch zumutbare Maßnahmen ausgleichen zu können.
- Wird etwa ein Zeuge verspätet benannt, ist dies unschädlich, wenn der Zeuge rechtzeitig noch zum Termin geladen werden kann.

Eine Zurückweisung verspäteten Vorbringens erfolgt im Endurteil. Rein praktisch wird eine Zurückweisung verspäteten Vorbringens dadurch umgangen, dass entweder die Klage zurückgenommen und neu erhoben wird. Dabei ist freilich darauf zu achten, dass durch die Klagerücknahme keine Verjährung eintritt. Das häufigste Mittel in diesen Fällen ist die »Flucht in die Säumnis« mit anschließendem Einspruch. Hier ist darauf zu achten, dass nicht eine Entscheidung nach Lage der Akten erfolgt.

»Flucht in die Säumnis«

Erkenntnisverfahren

§ 251 a ZPO ⇒ Nachgereichte Schriftsätze

§ 283 ZPO **Frist für Erklärungen zum Vorbringen des Gegners**

> Kann sich eine Partei in der mündlichen Verhandlung auf ein Vorbringen des Gegners nicht erklären, weil es ihr nicht rechtzeitig vor dem Termin mitgeteilt worden ist, so kann auf ihren Antrag das Gericht eine Frist bestimmen, in der sie die Erklärung in einem Schriftsatz nachbringen kann; gleichzeitig wird ein Termin zur Verkündung einer Entscheidung anberaumt. Eine fristgemäß eingereichte Erklärung muss, eine verspätet eingereichte Erklärung kann das Gericht bei der Entscheidung berücksichtigen.

Auch hier wird seitens der Gerichte großzügig verfahren. Eine Zurückweisung wegen Verspätung erfolgt in den seltensten Fällen.

1.2. Aufbau der Zivilgerichtsbarkeit

Gerichtsbarkeit

§ 1 GVG **Unabhängigkeit der Gerichte**

> Die richterliche Gewalt wird durch unabhängige, nur dem Gesetz unterworfene Gerichte ausgeübt.

§ 2 EG GVG
§ 4 EG GVG

Dies bezieht sich auf die ordentliche streitige Gerichtsbarkeit. Hiervon zu unterscheiden ist die Justizverwaltung.

Ordentliche Gerichtsbarkeit

§§ 12, 13 GVG
§ 13 GVG

Hierunter wird die Gerichtsbarkeit in Zivil- und Strafsachen verstanden. Das Gegenstück hierzu ist die Verwaltungsgerichtsbarkeit.

Es gilt der vierstufige Gerichtsaufbau:

- Amtsgerichte,
- Landgerichte und
- Oberlandesgerichte als Gerichte der Länder;
- der Bundesgerichtshof als Gericht des Bundes.

Vor die ordentlichen Gerichte gehören die bürgerlichen Rechtsstreitigkeiten. Ferner die Strafsachen und die Angelegenheiten der freiwilligen Gerichtsbarkeit. Ausgenommen sind arbeitsrechtliche Streitigkeiten.

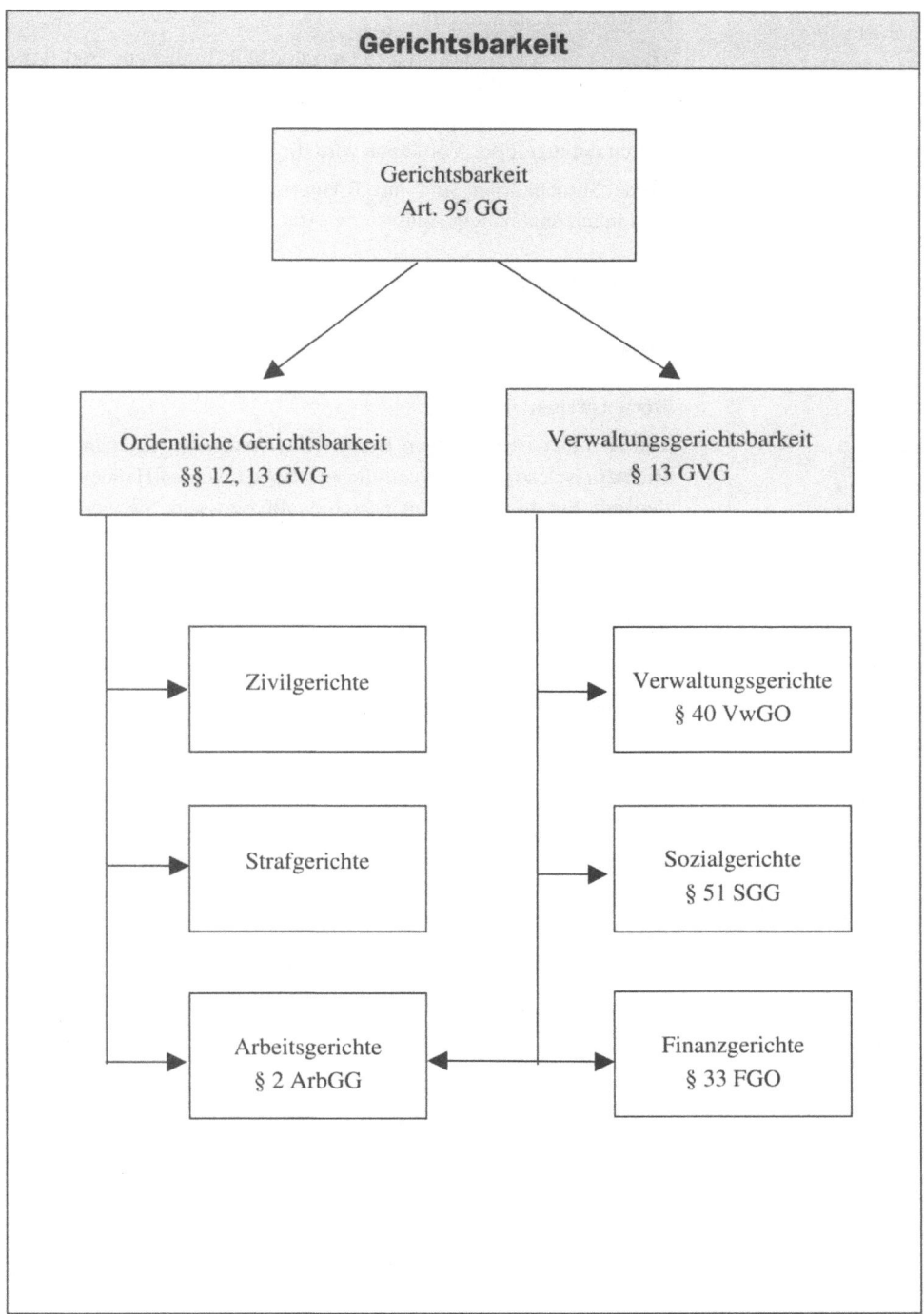

Erkenntnisverfahren

Gerichte und Spruchkörper

§ 13 GVG

Die einzelnen Gerichte sind organisatorische Einheiten. Dort wiederum sind einzelne Spruchkörper eingerichtet. Sie sind das Prozessgericht, also das erkennende Gericht. Vor ihnen wird das Verfahren durchgeführt. Von ihnen wird die Entscheidung gefällt.

Art. 97 GG,
§ 1 GVG

Diese Spruchkörper sind mit Richtern besetzt, die sachlich und persönlich unabhängig sind.

§ 95 GVG
Kammern für Handelssachen sind Spezialkammern für Handelssachen

Eine Besonderheit sind die Kammern für Handelssachen. Diese sind insbesondere zuständig bei Streitigkeiten aus beiderseitigen Handelsgeschäften, Streitigkeiten aus Gesellschaftsprozessen, Wettbewerbsangelegenheiten, Streitigkeiten nach dem Aktiengesetz sowie Börsenstreiten.

§ 105 GVG
§ 45 a DRiG
§ 109 GVG
§ 108 GVG

Die Kammer ist mit einem Berufsrichter und zwei ehrenamtlichen Richtern besetzt. Die ehrenamtlichen Richter werden Handelsrichter genannt. Sie müssen kaufmännisch qualifiziert sein. Sie werden auf Vorschlag der Industrie- und Handelskammer für die Dauer von vier Jahren bestimmt.

Instanzenzug

§§ 23, 23 Nr. 2 GVG

In erster Instanz ist entweder das Amtsgericht oder das Landgericht zuständig. Das Amtsgericht ist zuständig bei Streitigkeiten mit einem Streitwert bis einschließlich 10.000,00 DM sowie in besonderen Fällen. Dies gilt insbesondere für Mietstreitigkeiten. Ferner ist das Amtsgericht als Familiengericht in Familiensachen zuständig.

§ 71 GVG

Das Landgericht ist für alle anderen Streitigkeiten zuständig. Dies gilt also für Streitigkeiten mit einem Streitwert ab 10.000,00 DM sowie für Klagen aus Amtshaftung.

§ 72 GVG
§ 119 Abs. 1 Nr. 1 GVG
§ 119 Abs. 1 Nr. 3 GVG

In zweiter Instanz zuständig ist das Landgericht für Berufungen gegen Entscheidungen des Amtsgerichts. In Familiensachen ist das Oberlandesgericht zuständig. Für die Berufungen gegen erstinstanzliche Urteile des Landgerichts ist das Oberlandesgericht zuständig.

§ 133 Nr. 1 GVG

In der dritten Instanz ist der Bundesgerichtshof zuständig für Revisionen gegen Berufungsurteile der Oberlandesgerichte.

§ 566 a ZPO
Sprungrevision

In Ausnahmefällen ist eine Sprungrevision gegen erstinstanzliche Urteile des Landgerichts zum Bundesgerichtshof möglich.

Erkenntnisverfahren

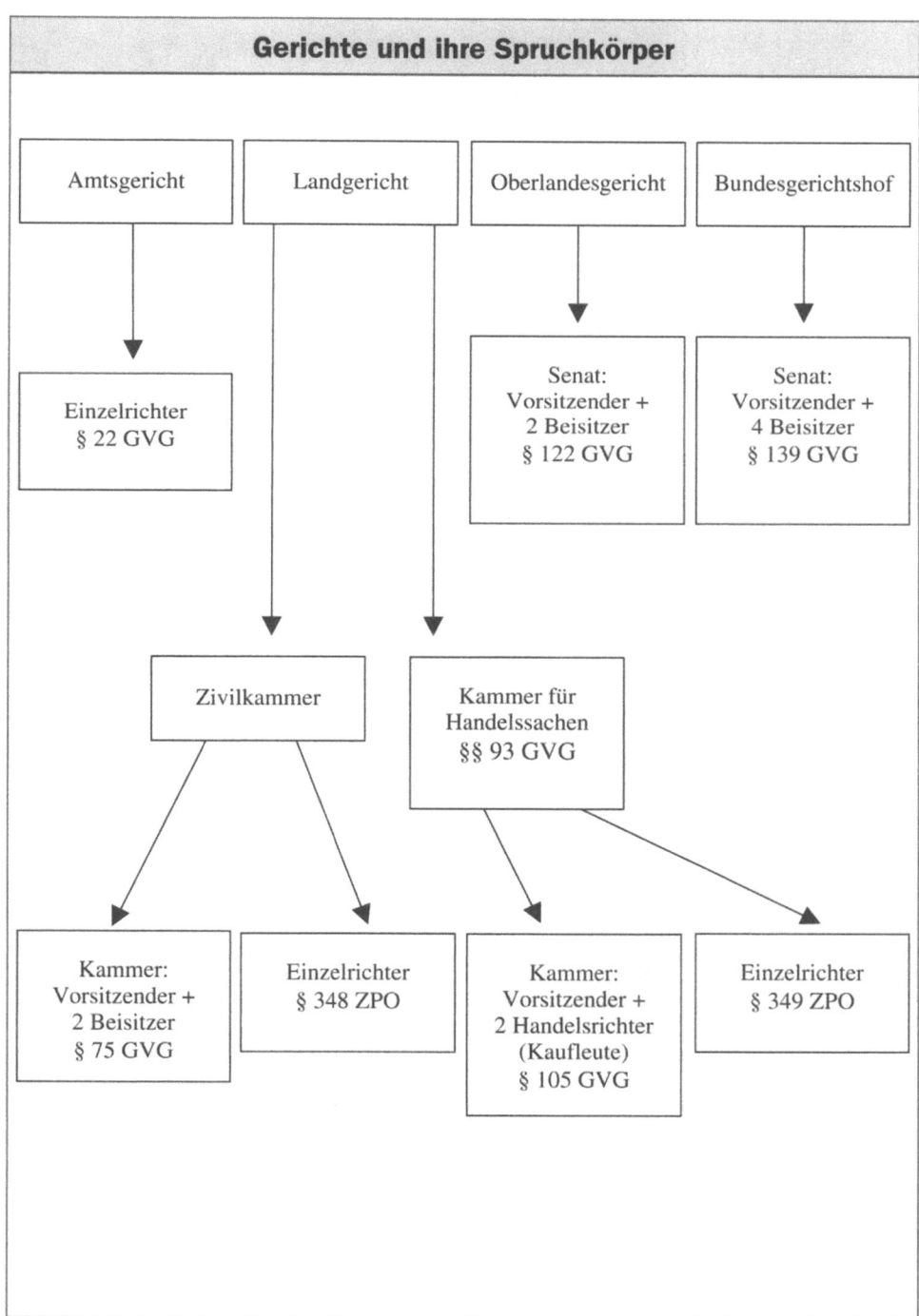

Instanzenzug

1. Instanz
- Eingangsgericht -
(Zuständigkeit)

2. Instanz
- Berufungsgericht -

3. Instanz
- Revisionsgericht -

Amtsgericht

bei Streitwert bis
10.000,00 DM
§ 23 GVG

Wohnraummiete
und § 23 GVG Nr. 2

Familiensachen
§ 23 a GVG

Landgericht

Zivilkammer
§ 72 GVG

Kammer für
Handelssachen
§ 100 GVG

Bundesgerichtshof

Zivilsenat
§ 133 GVG

Landgericht

bei Streitwert über
10.000,00 DM
§ 71 I GVG

Klagen aus
Amtshaftung
§ 71 II GVG

Oberlandesgericht

Familiensenat
§ 119 I
Nr. 1 u. 2 GVG

Zivilsenat
§ 119 I
Nr. 3 u. 4 GVG

2. Allgemeiner Verfahrensablauf

Wer einen Zivilrechtsstreit anstrebt, hat zunächst rechtliche und wirtschaftliche Vorüberlegungen anzustellen. Rechtlich hat er zu überlegen, ob überhaupt eine hinreichende Chance auf den Gewinn des Prozesses besteht. Voraussetzung hierfür ist, dass eine Klage
- zulässig ist, also alle Prozessvoraussetzungen gegeben sind, und
- begründet ist, also sein Klagebegehren auf einem bestehenden, materiell-rechtlichen Anspruch begründet ist (Schlüssigkeit der Klage) und dies im Bestreitensfall durch den Gegner auch bewiesen werden kann.

Jede Klage muss zulässig und begründet sein, soll sie Erfolg haben

Wirtschaftlich ist das Kostenrisiko abzuwägen. Im Unterliegensfall trägt der Kläger gem. § 91 ZPO sämtliche Kosten des Verfahrens, wozu auch die des Gerichts und des Gegners gehören.

Abwägen des Kostenrisikos

Zu den wirtschaftlichen Vorüberlegungen gehört auch die tatsächliche Durchsetzung des ausgeurteilten Anspruches, also muss die Vollstreckungsaussicht bedacht werden. Ein titulierter Anspruch nutzt dem Kläger wenig, wenn der Beklagte über keinerlei Vermögen verfügt, in das vollstreckt werden könnte. Der Kläger hat dabei zu berücksichtigen, dass er als Zweitschuldner auch im Fall des Obsiegens für Gerichtskosten, die beim Beklagten nicht realisiert werden können, einzustehen hat.

Zweitschuldner

§ 49 GKG

Dieses Kostenrisiko kann umgangen werden, wenn
- der Rechtsuchende eine Rechtsschutzversicherung abgeschlossen hat. Diese prüft vor Geltendmachung des Anspruches deren Eintrittspflicht. Diese hängt von den Versicherungsbedingungen ab;
- durch Prozesskostenhilfe
- Neuerdings bieten Firmen ihre Hilfe bei der gerichtlichen Durchsetzung von Ansprüchen an. Diese finanzieren die Prozesskosten gegen eine Beteiligung an der durchzusetzenden Forderung.

§ 144 ff. ZPO

§ 114 ZPO

Auch eine arme Partei kann klagen

Prozesskostenhilfe

Eine Partei, die nach ihren persönlichen und wirtschaftlichen Verhältnissen die Kosten der Prozessführung nicht, nur zum Teil oder nur in Raten aufbringen kann, erhält auf Antrag Prozesskostenhilfe, wenn die beabsichtigte Rechtsverfolgung oder Rechtsverteidigung hinreichende Aussicht auf Erfolg bietet und nicht mutwillig erscheint.

All diese Überlegungen wird der juristische Laie selten allein anstellen können. Deshalb bedient er sich der Hilfe eines Rechtsanwaltes. Ist das Landgericht als erstinstanzliches Gericht zuständig, muss er ohnehin einen Rechtsanwalt beauftragen. Hier besteht Anwaltszwang.

§ 78 Abs. 1 ZPO
Postulationsfähigkeit

Nur Rechtsanwälte können dort wirksam Prozesshandlungen vornehmen. Sie handeln in Vollmacht des Mandanten.

§ 675 BGB

Der Anwalt muss sich im Vorfeld mit dem Sachverhalt und den Erfolgsaussichten auseinandersetzen

Zwischen dem Rechtsuchenden und dem Rechtsanwalt wird im Innenverhältnis ein Dienstvertrag, der eine Geschäftsbesorgung zum Gegenstand hat, abgeschlossen. Danach ist der Rechtsanwalt zur sorgfältigen Prüfung der Rechtslage unter Beachtung der Rechtsprechung verpflichtet, ferner zur umfassenden und erschöpfenden Beratung des Mandanten über Erfolgsaussichten und Prozessrisiken unter deutlichen Hinweisen auf Zweifel und Bedenken und zur sorgfältigen Prozessführung, wobei er bei verschiedenen Möglichkeiten immer den sichersten Weg zur Erreichung des Prozesszieles vorzuschlagen und einzuhalten hat.

Grundlage der Vergütung ist die BRAGO

Der Vergütungsanspruch des Rechtsanwaltes richtet sich nach der BRAGO. Dieser Anspruch ist streitwertabhängig. Honorarvereinbarungen sind zulässig. Die Vereinbarung eines Erfolgshonorars ist nichtig. Die Vertretungsmacht des Rechtsanwaltes im Aussenverhältnis ergibt sich durch die erteilte Prozessvollmacht.

§ 81 ZPO

Umfang der Prozessvollmacht

Die Prozessvollmacht ermächtigt zu allen den Rechtsstreit betreffenden Prozesshandlungen, einschließlich derjenigen, die durch eine Widerklage, eine Wiederaufnahme des Verfahrens und die Zwangsvollstreckung veranlasst werden; zur Bestellung eines Vertreters sowie eines Bevollmächtigten für die höheren Instanzen zur Beseitigung des Rechtsstreites durch Vergleich, Verzichtleistungen auf den Streitgegenstand oder Anerkenntnis des von dem Gegner geltend gemachten Anspruches; zur Empfangnahme der von dem Gegner oder aus der Staatskasse zu erstattenden Kosten.

2.1. Klageerhebung

Führen die vorstehend genannten Kriterien zur Erfolgsaussicht, wird Klage erhoben. Dies geschieht in zwei Schritten:
- durch Einreichung der Klageschrift beim zuständigen Gericht wird der Rechtsstreit anhängig;
- durch die Zustellung dieser Klage an die beklagte Partei gilt die Klage als erhoben. Der Rechtsstreit wird hierdurch rechtshängig.

Anhängigkeit

§§ 253 Abs. 1, 261 ZPO

Rechtshängigkeit

Das Gesetz sieht zwingend für eine Klageschrift vor:
- Bezeichnung der Parteien.
- Bezeichnung des Gerichtes.
- Bestimmte Angabe des Gegenstandes und des Grundes des erhobenen Anspruches.
- Ankündigung eines bestimmten Antrages.
- Unterschrift.

§§ 253 Abs. 4, 129, 130 ZPO

Zwingende Formalien einer Klageschrift

Dabei reicht ein Telefax aus, wenn dieses eigenhändig unterschrieben ist. Dies gilt nicht bei eingescannter Unterschrift.

In unserem eingangs geschilderten Beispiel, in dem Malermeister Strich von Lehrer Schön beauftragt wurde, wird Strich Klage erheben müssen, wenn Schön nicht zahlt. Diese Klageschrift ist nachstehend beschrieben.

Zustellung der Klage erfolgt erst, wenn der Gerichtskostenvorschuss durch den Kläger eingezahlt ist. Deshalb empfiehlt es sich, bereits bei Einreichung der Klageschrift einen Verrechnungsscheck in entsprechender Höhe beizufügen. Die Höhe der Gerichtskosten ergibt sich aus dem Gerichtskostengesetz und seinen Anlagen.

Zugestellt wird eine beglaubigte und eine einfache Abschrift der Klageschrift. Das Original verbleibt bei den Gerichtsakten. Die Zustellung selbst erfolgt durch amtlich handelnde Zustellungsorgane, die sich der Post bedienen. Zuzustellen ist an den Adressaten oder an dessen Vertreter.

§§ 211, 193 ZPO
§§ 171, 208 ZPO

Eine Ersatzzustellung an Familienangehörige, Vermieter, Mitbewohner ist zulässig. Ist eine derartige Zustellung nicht möglich, kann durch Niederlegung zugestellt werden. Bei unbekanntem Aufenthaltsort des Beklagten ist die öffentliche Zustellung möglich.

§ 182 ZPO
§ 203 ff. ZPO

Klageschrift

Rechtsanwälte Dr. Witzig und Kollegen
Bellevue Platz 1
48100 Münster

Münster, den 25.08.2000

Landgericht Münster
Am Stadtgraben 6-9

48143 Münster

Klage

des Malermeisters Erwin Strich, Hindenburgplatz 1000, 48100 Münster

-Kläger-

Prozessbevollmächtigte: Rechtsanwälte Witzig und Kollegen, Bellevue Platz 1, 48100 Münster

gegen

den Lehrer Berthold Schön, Steinfurter Str. 999, 48100 Münster

-Beklagter-

wegen Werklohnforderung
Streitwert: 13.000,00 DM

Namens und in Vollmacht des Klägers erheben wir Klage und bitten um Anberaumung eines Termines zur mündlichen Verhandlung. Wir werden beantragen:

1. den Beklagten zu verurteilen, an den Kläger 13.000,00 DM nebst 9 % Zinsen seit Rechtshängigkeit zu zahlen;
2. für jeden Fall der Sicherheitsleistung dem Kläger nachzulassen, diese durch unbedingte, unbefristete und selbstschuldnerische Bürgschaft einer im Gebiet der Bundesrepublik Deutschland als Zoll- oder Steuerbürgin zugelassenen Bank oder Sparkasse zu erbringen.

Begründung:

Der Kläger wurde vom Beklagten am 20.01.96 beauftragt, im Haus des Beklagten Malerarbeiten durchzuführen. Es wurde ein Festpreis in Höhe von 13.000,00 DM vereinbart.

Der Kläger hat seine Leistungen ordnungsgemäß erbracht. Die Abnahme der Arbeiten durch den Beklagten ist erfolgt. Mängelrügen sind nicht erhoben worden.
Der Kläger stellte seine Leistungen mit Schreiben vom 30.11.96 in Rechnung.

Beweis: Vorlage der Rechnung vom 30.11.96 als Anlage in Kopie beigefügt

Der Beklagte wurde mehrfach schriftlich zur Zahlung angemahnt. Zahlungen unterblieben, so dass der Kläger auf die Erhebung der Klage angewiesen ist.

Der Kläger nimmt einen die Klageforderung übersteigenden Bankkredit zum im Klageantrag genannten Zinssatz in Anspruch.

Beweis im Bestreitensfalle: Vorlage einer Bankbescheinigung

Dr. Witzig
Rechtsanwalt

2.2. Vorbereitung des Termines zur mündlichen Verhandlung

§§ 276, 272 Abs. 1 ZPO

Mit der Zustellung wird dem Beklagten mitgeteilt, innerhalb welcher Frist er auf die Klage zu erwidern hat und ob das schriftliche Vorverfahren veranlasst oder bereits ein bestimmter Termin zur mündlichen Verhandlung anberaumt worden ist.

Der Leitgedanke ist, dass der Rechtsstreit möglichst in einem Verhandlungstermin erledigt werden soll:

Wahl des Verfahrensganges

§ 272 ZPO

(1) Der Rechtsstreit ist in der Regel in einem umfassend vorbereiteten Termin zur mündlichen Verhandlung (Haupttermin) zu erledigen.
(2) Der Vorsitzende bestimmt entweder einen frühen ersten Termin zur mündlichen Verhandlung (§ 275) oder veranlasst ein schriftliches Vorverfahren (§ 276).
(3) Die mündliche Verhandlung soll so früh wie möglich stattfinden.

Der Richter hat zwei Möglichkeiten, das Verfahren zu beginnen

Haupttermin

Um dieses Ziel zu erreichen, hat das Gericht zwei Möglichkeiten:
- das Gericht kann einen frühen ersten Termin zur mündlichen Verhandlung bestimmen oder
- ein schriftliches Vorverfahren veranlassen.

Für welche Variante sich das Gericht entscheidet, ist eine nicht überprüfbare Ermessensentscheidung. Zweckmäßigerweise wird das Gericht sich für ein schriftliches Vorverfahren entscheiden, wenn aus der Klage bereits entnommen werden kann, dass beide Parteien umfangreich werden vortragen müssen. Das Vorverfahren dient der Auf- und Vorbereitung des gesamten Prozessstoffes.

Das Vorverfahren sammelt den gesamten Prozessstoff

Wird ein früher erster Termin bestimmt, so muss die Klage zugestellt werden verbunden mit der Aufforderung an den Beklagten, binnen einer festzusetzenden Einlassungsfrist auf die Klage zu erwidern. Ferner sind die Parteien zum Termin zu laden.

Ladung

Die Geschäftsstelle führt die entsprechenden Verfügungen des Gerichts aus, indem sie die Zustellung der Klage veranlasst und die Ladungen und die gerichtlich verfügten Aufforderungen, Fristsetzungen und Belehrungen verschickt.

§§ 129, 130 ZPO	Die Parteien haben sodann zur Vorbereitung des Termines vorbereitende Schriftsätze einzureichen.
§ 273 ZPO	Das Gericht hat den Termin zur mündlichen Verhandlung vorzubereiten. Dabei hat es zu überlegen, welche Vorbereitungsmaßnahmen ergriffen werden müssen.

Diese Entscheidung hängt davon ab, wie der Sach- und Streitstand nach den bislang gewechselten Schriftsätzen der Parteien sich entwickelt hat. Auf der nachfolgenden Seite ist abgebildet, wie der Schriftsatz der vorstehenden Klage für den Beklagten eingereicht worden sein könnte.

Das Gericht hat sich in diesem Vorbereitungsstadium zur mündlichen Verhandlung mit dem Streitstand in tatsächlicher und rechtlicher Hinsicht auseinanderzusetzen.

Die Zulässigkeit der Klage ist zu prüfen	Dabei ist zunächst die Zulässigkeit der Klage zu prüfen (hierzu vgl. nachstehend Ziffer 3).
Das Gericht hat die Schlüssigkeit der Klage zu prüfen	Ferner hat das Gericht die Schlüssigkeit der Klage zu prüfen. Eine Klage ist dann schlüssig, wenn die vom Kläger vorgetragenen Tatsachen den vom Kläger geltend gemachten Anspruch nach dem materiellen Recht ergeben. Dabei werden die von ihm behaupteten Tatsachen zunächst als wahr unterstellt. Ist die Klage nicht schlüssig, ergibt sich aus dem Vorbringen des Klägers kein Anspruch. Die Klage ist dann unbegründet.

In unserem Beispielsfall ist die Klage zunächst schlüssig. Auf die Einrede der Verjährung muss sich der Beklagte ausdrücklich berufen. Dies hat der Beklagte durch seinen Schriftsatz des von ihm eingeschalteten Rechtsanwaltes getan. Sein Vorbringen ist daher erheblich. Die Verjährung steht dem vom Kläger geltend gemachten Anspruch entgegen.

Das Gericht wird daher in unserem Fall einen nahen Termin zur mündlichen Verhandlung anberaumen und die Klage durch Urteil abweisen, wenn der Kläger sie zuvor nicht zurücknehmen sollte.

Klageabweisung

Rechtsanwalt
Paul Schlau
Hafenweg 15
48000 Münster

Münster, 15.09.2000

Landgericht Münster
Am Stadtgraben

48143 Münster

In dem Rechtsstreit

Strich

gegen

Schön

Az.: 4 O 200/00

zeige ich an, dass ich den Beklagten vertrete. Im Termin zur mündlichen Verhandlung werde ich beantragen:

Die Klage abzuweisen

Begründung:

Es ist richtig, dass der Kläger für den Beklagten in dessen Haus Malerarbeiten durchgeführt hat. Die Leistungen sind auch erbracht worden.

Gegenüber der Forderung wird jedoch die Einrede der Verjährung erhoben.

Nach § 196 Abs. I Nr. 1 BGB verjähren Ansprüche der Handwerker in zwei Jahren. Nach § 641 BGB beginnt die Verjährung mit der Abnahme. Diese war im Sommer 1996, so dass die Forderung des Klägers gem. § 201 BGB zum 31.12.1998 verjährt ist.

Schlau
Rechtsanwalt

2.3. Die mündliche Verhandlung

Grundsätzlich hat eine mündliche Verhandlung stattzufinden.

§ 128 ZPO **Mündliche Verhandlung**

(1) Die Parteien verhandeln über den Rechtsstreit vor dem erkennenden Gericht mündlich.

Zur Grundlage einer Entscheidung dürfen daher nur diejenigen Tatsachen gemacht werden, die in der mündlichen Verhandlung als Prozessstoff eingeführt werden. Dies geschieht durch Bezugnahme auf die eingereichten Schriftsätze.

§ 220 ZPO
§ 136 ZPO
Der Ablauf der mündlichen Verhandlung gestaltet sich derart, dass nach dem Aufruf der Sache der Vorsitzende die Verhandlung eröffnet und leitet.

§ 137 ZPO
Sodann stellen die Parteien bzw. ihre Prozessbevollmächtigten die Sachanträge.

Die Begründung der Anträge ergibt sich aus den zuvor eingereichten Schriftsätzen. Nur zu besonderen Fragen wird zwischen den Prozessbeteiligten diskutiert.

Das Gericht hat durch umfassende rechtliche und tatsächliche Erörterung und Aufklärung des Prozessstoffes eine sachgerechte Entscheidung herbeizuführen. Diese Pflicht bedeutet:

§ 278 Abs. 1 ZPO
§§ 136 Abs. 3
139 Abs. 1 ZPO
§ 278, Abs. 1,
Satz 2 ZPO
§ 278 Abs. 3 ZPO
§ 139 ZPO
§ 279 Abs. 1 ZPO

- Einführung in den Sach- und Streitstand;
- erschöpfende Erörterung;
- Anhörung der persönlich erschienenen Parteien;
- Hinweis auf rechtlich erhebliche Gesichtspunkte;
- Einwirkung auf die Parteien, dass diese sich über alle erheblichen Tatsachen vollständig erklären und sachdienliche Anträge stellen;
- in jeder Lage des Verfahrens soll das Gericht auf eine gütliche Beilegung des Rechtsstreites bedacht sein.

Müssen Tatsachen aufgeklärt werden, schließt sich eine Beweisaufnahme an, in der etwa Zeugen vernommen werden.

§ 310 Abs. 1 ZPO
Bei Entscheidungsreife kann das Gericht nach dem Termin ein Urteil verkünden oder einen Verkündungstermin anberaumen.

Verhandlungsprotokoll

Öffentliche Sitzung des Landgerichts
4. Zivilkammer
Az.: 4 O 200/00

Münster, 15.10.2000

Gegenwärtig:

Vorsitzender Richter am Landgericht Dr. Blau als Vorsitzender

Richter am Landgericht Grün

Richterin Roth als beisitzende Richter

Justizangestellte Groß, als Urkundsbeamtin der Geschäftsstelle

In dem Rechtsstreit

Strich

gegen

Schön

erschienen bei Aufruf:

1. für den Kläger Rechtsanwalt Dr. Witzig
2. für den Beklagten Rechtsanwalt Schlau

Rechtsanwalt Dr. Witzig stellte die Anträge aus der Klageschrift vom 25.08.00.

Rechtsanwalt Schlau stellte den Antrag aus dem Schriftsatz vom 15.09.00

Die Sach- und Rechtslage wurde erörtert. Der Prozessbevollmächtigte des Klägers wurde darauf hingewiesen, dass die Klageforderung verjährt sei.

Am Schluss der Sitzung wurde folgendes Urteil verkündet:

1. Die Klage wird abgewiesen. Der Kläger trägt die Kosten des Rechtsstreits.

Das Urteil ist vorläufig vollstreckbar.

Dr. Blau Grün Roth

§§ 159 ff. ZPO

Über den Verlauf der mündlichen Verhandlung ist ein Verhandlungsprotokoll zu erstellen.

Im vorliegenden Fall wird dann das Gericht die Klage abweisen und ein entsprechendes Urteil verkünden.

2.4. Das Urteil

§ 313 ZPO

Rubrum

Danach ist das Urteil in vollständiger Form zu schaffen. Es besteht aus dem Rubrum, dem Tatbestand und den Entscheidungsgründen. Das Rubrum führt alle am Rechtsstreit beteiligten Personen auf. Die Beziehung rührt daher, dass es früher in roter Farbe geschrieben wurde.

Verhandlungsprotokoll und Urteil in unserem Fall könnten so aussehen, wie in den Übersichten dargestellt.

In Zivilrechtsstreitigkeiten enthält das Urteil keine Rechtsmittelbelehrung.

2.5. Die Rechtskraft

§§ 317 Abs. 1, 270 Abs. 1 ZPO

Rechtsmittelfristen beginnen mit der Zustellung

Den Parteien wird über ihre Anwälte von Amts wegen eine Ausfertigung des vollständigen Urteils zugestellt.

Mit der Zustellung beginnen die Rechtsmittelfristen. Legt die unterlegene Partei ein Rechtsmittel ein, wird der Rechtsstreit in der Rechtsmittelinstanz fortgesetzt. Auch die nur teilweise unterlegene Partei kann ein Rechtsmittel einlegen, soweit der erforderliche Streitwert überschritten ist. Möglicherweise können daher beide Parteien ein Rechtsmittel einlegen.

Kann ein Urteil mit Rechtsmitteln nicht mehr angegriffen werden, tritt die formelle Rechtskraft des Urteils ein. Der Prozess ist dann endgültig abgeschlossen und beendet.

2.6. Die Kostenfestsetzung

In unserem Beispielfall will Lehrer Schön die Kosten von Malermeister Strich erstattet haben, die ihm entstanden sind. Deshalb wird sein Anwalt Schlau einen Kostenfestsetzungsantrag beim Landgericht Münster einreichen.

Kostenfestsetzung § 104 ZPO

(1) Über den Festsetzungsantrag entscheidet das Gericht des ersten Rechtszuges. Auf Antrag ist auszusprechen, dass die festgesetzten Kosten vom Eingang des Festsetzungsantrages, im Falle des § 105 Abs. 2 von der Verkündung des Urteils ab mit vier vom Hundert zu verzinsen sind. Die Entscheidung ist, sofern dem Antrag ganz oder teilweise entsprochen wird, dem Gegner des Antragstellers unter Beifügung einer Abschrift der Kostenrechnung von Amts wegen zuzustellen. ...

Lehrer Schön erhält dann einen Kostenfestsetzungsbeschluss. Dieser ist ein Vollstreckungstitel. Lehrer Schön kann daher die Zwangsvollstreckung aus dem Kostenfestsetzungsbeschluss gegen Strich betreiben.

3. Prozessvoraussetzungen

Für die Ingangsetzung eines Rechtsstreites ist unabdingbare Voraussetzung die Zulässigkeit der Klage. Nur so kommt es zu einer Entscheidung in der Sache selbst. Liegen die Zulässigkeitsvoraussetzungen einer Klage nicht vor, muss diese bereits deshalb abgewiesen werden. Die Zulässigkeitsvoraussetzungen lassen sich wie folgt einteilen:

- Echte Prozessvoraussetzungen.
  Fehlen diese, wird die Klage nicht zugestellt. Ein Prozess entsteht nicht.
- Sachurteilsvoraussetzungen.
  Fehlen diese, kommt zwar ein Prozess zustande. Es ergeht jedoch keine Sachentscheidung. Die Klage wird vielmehr durch Urteil als unzulässig abgewiesen (sog. Prozessurteil).
- Prozesshindernisse.
  Es handelt sich um prozesshindernde Einreden, die auf Rüge des Beklagten zu berücksichtigen sind und zur Abweisung der Klage als unzulässig führen können.

Echte Prozessvoraussetzungen
Sachurteilsvoraussetzungen
Prozesshindernisse

Fehlt eine echte Prozessvoraussetzung, kommt kein Prozess zustande. Fehlt eine Sachurteilsvoraussetzung, ergeht keine Sachentscheidung

Urteil

4 O 200/00

Verkündet a, 15. Oktober 2000

Schulte
Justizhauptsekretärin
als Urkundsbeamtin der
Geschäftsstelle

LANDGERICHT MÜNSTER
IM NAMEN DES VOLKES
URTEIL

In dem Rechtsstreit
des Malermeisters Erwin Strich, Hindenburgplatz 1000, 48100 Münster

-Kläger-

Prozessbevollmächtigte: Rechtsanwälte Witzig und Kollegen, Bellevue Platz 1, 48100 Münster

gegen

den Lehrer Berthold Schön, Steinfurter Str. 999, 48100 Münster

-Beklagter-

Prozessbevollmächtigter: Rechtsanwalt Schlau, Hafenweg 15, 48000 Münster

hat die 4. Zivilkammer des Landgerichts Münster
aufgrund der mündlichen Verhandlung vom 15.10.2000
durch den Vorsitzenden Richter am Landgericht Dr. Blau,
des Richters am Landgericht Grün und
der Richterin Roth
für R e c h t erkannt:

Die Klage wird abgewiesen
Der Kläger trägt die Kosten des Rechtsstreites
Das Urteil ist vorläufig vollstreckbar

Tatbestand

Der Beklagte beauftragte den Kläger am 20.01.1996 mit der Durchführung von Malerarbeiten in dessen Haus Steinfurter Straße 999 in Münster. Dabei wurde ein Festpreis in Höhe von 13.000,00 DM vereinbart.
Der Kläger hat die Arbeiten durchgeführt. Seine Leistungen wurde durch den Beklagten abgenommen. Zu Mängelrügen kam es nicht.
Der Kläger rechnete seine Leistungen mit Schreiben vom 30.11.1996 über 13.000,00 DM ab und verlangt nun seine Werklohnforderung.

Der Kläger beantragt,
  den Beklagten zu verurteilen, an den Kläger 13.000,00 DM nebst 9 % Zinsen seit Rechtshängigkeit zu zahlen.

Der Beklagte beantragt,
  die Klage abzuweisen.
Er beruft sich auf die Einrede der Verjährung.

Wegen der Einzelheiten des Vorbringens der Parteien wird auf den Inhalt ihrer Schriftsätze verwiesen.

Entscheidungsgründe:
Die Klage ist unbegründet. Dem Kläger steht der geltend gemachte Werklohnanspruch nach § 631, 632 BGB nicht zu. Zwar hat der Kläger seine Leistungen ordnungsgemäß erbracht.
Seine Forderung ist jedoch verjährt. Nach § 196 Abs. 1 Nr. 1 BGB verjährt sein Anspruch binnen zwei Jahren. Verjährungsbeginn ist die Abnahme. Nach § 201 BGB beginnt die Verjährung mit dem Schlusse des Jahres, in welchem die Abnahme erfolgt war. Die Verjährung ist daher zum 31.12.1998 eingetreten.

Die Nebenentscheidungen des Urteils folgen aus den §§ 92, 709 ZPO.

Dr. Blau   Grün   Roth

3.1. Zulässigkeitsvoraussetzungen (echte Prozessvoraussetzungen)

Diese Voraussetzungen liegen nur dann nicht vor, wenn keine wirksame Klageeinreichung erfolgt oder die Deutsche Gerichtsbarkeit nicht eingreift.

Grobe Fehler bei Erstellung der Klageschrift lassen keinen Rechtsstreit entstehen

Besonders schwere Mängel einer Klageschrift liegen vor, wenn die Unterschrift fehlt oder die Klage keine vollständige Bezeichnung des Beklagten enthält, so dass die Klage nicht zugestellt werden kann. Entsprechendes gilt für die Einreichung einer Klage beim Berufungsgericht.

Bei behebbaren Einreichungsmängeln wird das Gericht auf den Mangel hinweisen und die Behebung des Mangels ermöglichen.

Die Deutsche Gerichtsbarkeit ist gegeben für alle Beklagten, die innerhalb der Bundesrepublik ihren Aufenthalt haben, unabhängig von ihrer Staatsangehörigkeit. Ausnahmen gelten bei Exterritorialen, wie etwa Diplomaten.

§ 18 ff. GVG

3.2. Sachurteilsvoraussetzungen

Diese sind in jeder Lage des Verfahrens von Amts wegen zu berücksichtigen. Liegen sie nicht vor, ist die Klage durch Prozessurteil abzuweisen. Auf die materiell-rechtliche Rechtslage wird nicht eingegangen. Daher ist die Rechtskraft eines solchen Prozessurteils beschränkt. Sie erstreckt sich nur auf die entschiedene Prozessfrage. Der Anspruch selbst wird nicht geprüft und ausgeurteilt. Der Kläger kann daher nach Abweisung der Klage eine neue Klage erheben, in der der Mangel vermieden wird.

Sachurteilsvoraussetzungen sind die prozessrechtlichen Bedingungen der Zulässigkeit des Verfahrens

Die Sachurteilsvoraussetzungen beziehen sich auf

- die ordnungsgemäße Klageerhebung;
- die Parteien (Partei- und Prozessfähigkeit, Vertretung und Prozessführungsbefugnis);
- den Streitgegenstand (Rechtsschutzbedürfnis, anderweitige Rechtshängigkeit);
- das Gericht (Zuständigkeit und Zulässigkeit des Rechtsweges).

Der Verfahrensablauf im Überblick

I. Ob ein Rechtsstreit begonnen werden soll, hängt von zwei Erwägungen ab:
   - rechtlich: Erfolgsaussicht der Klage vor tatsächlichem rechtlichen und beweismäßigem Hintergrund.
   - wirtschaftlich: Kosten- und Realisierungsrisiko
   Beauftragung eines Anwaltes (ab LG Anwaltszwang) ist zweckmäßig

II. Klageerhebung durch
   1. Einreichung der Klageschrift (notwendiger Inhalt: § 253) führt zur Anhängigkeit,
   2. nach Zustellung tritt Rechtshängigkeit (§§ 253, 261) ein.

III. Verfahrensablauf:
   1. Vorsitzender hat zur Auswahl (Ermessen, Ziel: Entscheidungsreife):
      - früher erster Termin
      - schriftliches Vorverfahren zur Vorbereitung des Hauptterminee.
   2. Vorbereitung des Termines: Schriftsätze der Parteien, Förderungspflicht des Gerichtes durch einzelne Maßnahmen.
   3. Übertragung des Rechtsstreites auf den entscheidenden Einzelrichter (§ 348); dieser tritt an die Stelle der Kammer.
   4. Mündliche Verhandlung
      - Parteien: Pflicht zur Wahrheit und Vollständigkeit (§ 138)
      - Gericht: Erörterungs- und Aufklärungspflicht (§§ 139, 278).
   5. Abschluss des Verhandlungstermines:
      - Beendigung des Prozesses durch Parteierklärung (z.B. Klagerücknahme, Vergleich, Anerkenntnis),
      - bei Entscheidungsreife: Urteil (Inhalt: § 313),
      - bei fehlender Entscheidungsreife: neuer Termin.
   6. Ab Zustellung des Urteils: Lauf von Rechtsmittelfristen.

3.2.1. Klageschrift

Für eine ordnungsgemäße Klageschrift hat das Gesetz eine ausdrückliche Regelung getroffen:

Inhalt einer Klageschrift § 253 ZPO

(2) Die Klageschrift muss enthalten:
1. Die Bezeichnung der Parteien und des Gerichtes;
2. die bestimmte Angabe des Gegenstandes und des Grundes des erhobenen Anspruches, sowie einen bestimmten Antrag.

Die Parteien sind namentlich zu bezeichnen. Ihre ladungsfähige Anschrift ist anzugeben, wobei die Angabe eines Postfaches nicht ausreicht.

Aus der Formulierung des Antrages muss sich für die Beteiligten sicher ergeben, welche Entscheidung der Kläger anstrebt. Bei Zahlungsklagen muss der Betrag genau beziffert werden. Eine Ausnahme gilt bei der Geltendmachung von Schmerzensgeld. Hier hat der Kläger nur seine ungefähre Vorstellung durch Nennung einer Größenordnung bekanntzugeben. Herausverlangte Sachen müssen so bezeichnet werden, dass ein Gerichtsvollzieher diese bei einer späteren Zwangsvollstreckung genau identifizieren und an sich nehmen kann (z.B. VW-Polo, Fahrgestell-Nr.: 123456).

Ausnahmen bei Schmerzensgeld

Unter Angabe des Gegenstandes und Grundes des erhobenen Anspruches wird derjenige Sachverhalt verstanden, aus dem der Kläger sein behauptetes Recht herleitet. Macht er Schadensersatz aus unerlaubter Handlung geltend, hat er die zur Bestimmung und Individualisierung des Streitgegenstandes erforderlichen Tatsachen zu tragen. Hierdurch soll der Prozessstoff festgelegt werden.

Streitgegenstand

3.2.2. Parteifähigkeit

Parteien eines Zivilrechtsstreites sind diejenigen Personen, von denen und gegen die im eigenen Namen Rechtsschutz begehrt wird. Danach ist nicht im Vertretungsfall der Vertreter Partei, sondern der Vertretene, wie etwa der Minderjährige, für den die Eltern den Rechtsstreit führen.

Prozesspartei kann nur sein, wer parteifähig ist

Parteifähig sind alle natürlichen und juristischen Personen wie GmbH oder AG. Juristische Personen des öffentlichen Rechts wie Länder und Kommunen sind ebenfalls parteifähig.

Erkenntnisverfahren

§ 50 ZPO | **Parteifähigkeit**

(1) Parteifähig ist, wer rechtsfähig ist.

Ebenfalls parteifähig sind, ohne juristische Personen zu sein

§§ 124 Abs. 1, 161 Abs. 2 HGB
§ 7 Abs. 2 PartG
§ 3 PartG
§ 50 Abs. 2 ZPO

- die oHG und KG;
- die Partnerschaftsgesellschaft;
- politische Parteien;
- Gewerkschaften;
- ein nichtrechtsfähiger Verein ist passiv parteifähig;
- die Vor-GmbH.

Die BGB-Gesellschaft ist jetzt auch parteifähig

Nach einer neuen Entscheidung des Bundesgerichtshofes ist eine BGB-Gesellschaft parteifähig. Ein Titel gegen einen einzelnen Gesellschafter ist daher nur dann nötig, wenn in dessen Vermögen vollstreckt werden soll.

Nicht parteifähig ist die Firma eines Kaufmannes.

Da die Firma nur ein Name des Kaufmannes, unter dem er klagen und verklagt werden kann, ist, muss Partei der Kaufmann selbst sein.

3.2.3. Prozessfähigkeit und Vertretung

Prozessfähigkeit befähigt zu Prozesshandlungen

Prozessfähig ist also, wer voll geschäftsfähig im Sinne des BGB ist. Es gibt keine beschränkte Prozessfähigkeit als Korrelat zur beschränkten Geschäftsfähigkeit im Sinne des § 106 BGB.

§ 52 ZPO | **Umfang der Prozessfähigkeit**

(1) Eine Person ist insoweit prozessfähig, als sie sich durch Verträge verpflichten kann.

Für bestimmte Bereiche gibt es eine partielle Prozessfähigkeit.

§ 607 ZPO

- In Ehesachen ist ein beschränkt geschäftsfähiger Ehegatte prozessfähig.
- Im Rahmen der §§ 112, 113 BGB ist der auf einem Teilgebiet unbeschränkt Geschäftsfähige entsprechend partiell voll prozessfähig.
- So lange über die Prozessfähigkeit gestritten wird, gilt der betreffende als prozessfähig.

Die prozessunfähige Partei wird zwingend durch ihren gesetzlichen Vertreter vertreten. Wer dies ist, bestimmt das materielle Recht. Die Wirksamkeit der Vertretung ist Sachurteilsvoraussetzung. Bei fehlender Vertretungsmacht ist die Klage als unzulässig abzuweisen. Die Kosten des Rechtsstreites treffen den vollmachtlosen Vertreter, wenn er den Vollmachtsmangel gekannt hat.

Juristische Personen werden durch ihre Organe vertreten (z.B. Geschäftsführer)

Eine nachträgliche Heilung des Mangels ist durch Übernahme des Rechtsstreites durch den Vertretungsberechtigten und seiner Genehmigung der Prozessführung möglich.

3.2.4. Prozessführungsbefugnis und Prozessstandschaft

Unter Prozessführungsbefugnis versteht man die Befugnis, über das behauptete Recht im eigenen Namen einen Rechtsstreit zu führen.

Prozessführungsrecht erlaubt, den Rechtsstreit als richtige Partei im eigenen Namen zu führen

Behauptet der Kläger, selbst Inhaber des geltend gemachten Anspruches zu sein, ist die Prozessführungsbefugnis gegeben. Sie ist zu unterscheiden von der Aktiv- und Passivlegitimation. Diese beantworten die Frage, ob der Kläger nach materiellem Recht Rechtsinhaber und der Beklagte tatsächlich der Verpflichtete ist. Für die Prozessführungsbefugnis kommt es lediglich darauf an, ob der Kläger nach seiner eigenen Behauptung ein eigenes Recht geltend macht.

Aktivlegitimation Passivlegitimation

In bestimmten Situationen ist der Inhaber des materiellen Rechtsanspruches nicht prozessführungsbefugt, da ihm die Verfügungsbefugnis nicht zusteht. Dies ist etwa dann der Fall, wenn über das Vermögen des Klägers das Insolvenzverfahren eröffnet worden ist und er ein zur Insolvenzmasse gehörende Forderung einklagt.

§ 80 InsO

Von einer Prozessstandschaft spricht man, wenn eine Partei im eigenen Namen ein behauptetes fremdes Recht geltend macht. Es handelt sich um eine besondere Prozessführungsbefugnis. Diese kann sich kraft Gesetzes ergeben (gesetzliche Prozessstandschaft); sie kann sich aber auch auf eine spezielle Ermächtigung des Rechtsinhabers stützen (gewillkürte Prozessstandschaft).

Man unterscheidet die gesetzliche von der gewillkürten Prozessstandschaft

Gesetzliche Prozessstandschaft

- Insolvenzverwalter nach § 80 InsO;
- Zwangsverwalter § 152 ZVG;
- Nachlassverwalter § 1984 BGB;

- Testamentsvollstrecker §§ 2212, 2213 BGB;
- Miteigentümer § 1011 BGB;
- Mitgläubiger § 234 BGB;
- Ehegatte bei Rückgängigmachung nicht genehmigter Vermögensverfügung des anderen Ehegatten § 1368 BGB;
- der Miterbe bei Klage auf Leistung an die Erbengemeinschaft § 2039 BGB;
- der Gesellschafter bei der actio pro socio der Rechtsnachfolger nach Veräußerung der Streitsache § 265 ZPO.

Gewillkürte Prozessstandschaft

Die Ermächtigung zur Geltendmachung eines fremden Rechts im eigenen Namen ist unter bestimmten Voraussetzungen zulässig:

- Übertragbarkeit der Verfügungsbefugnis;
- eigenes rechtsschutzwürdiges Interesse, wobei ein nur wirtschaftliches Interesse ausreicht;
- keine unzumutbare Beeinträchtigung des Prozessgegners etwa dadurch, dass eine vermögenslose Person vorgeschoben wird, um Prozesskostenhilfe zu erreichen.

Die gewillkürte Prozessstandschaft ist häufig bei Sicherungszessionen und Forderungsabtretungen sowie Inkassozessionen anzutreffen.

3.2.5. Rechtsschutzbedürfnis

Berechtigtes Interesse, ein Gericht in Anspruch zu nehmen

Das Rechtsschutzbedürfnis besteht insoweit, als sich ein rechtlich schutzwürdiges Ziel nur so erreichen lässt. Es liegt nicht vor, soweit ein anderer prozessualer Weg gleich sicher, aber einfacher möglich ist.

Bei einer Leistungsklage wird von vorliegendem Rechtsschutzbedürfnis ausgegangen

Bei einer Leistungsklage ist vom Vorliegen eines Rechtsschutzbedürfnisses grundsätzlich auszugehen. Es fehlt, wenn der Kläger bereits einen vollstreckbaren Titel gegen den Beklagten besitzt oder für den Kläger ein wesentlich einfacherer, schnellerer, kostengünstigerer und ebenfalls sicherer Weg zur Durchsetzung seines Anspruches besteht.

Dies ist etwa dann der Fall, wenn der Kläger einen Titel gem. § 727 ZPO auf sich umschreiben lassen kann. Dies ist etwa dann der Fall, wenn ein bereits ausgeurteilter Anspruch abgetreten wird.

Bei Gestaltungsklagen liegt das Rechtsschutzbedürfnis grundsätzlich vor, wie etwa bei der Auflösung einer oHG oder den Ausschluss eines Gesellschafters.

Bei Gestaltungsklagen liegt das Rechtsbedürfnis grundsätzlich vor § 133 HGB, § 140 HGB

Problematisch ist das Rechtsschutzbedürfnis bei Feststellungsklagen. Der Kläger muss hier ein rechtliches Interesse an alsbaldiger Feststellung haben. Durch eine derartige Klage soll eine tatsächliche Unsicherheit, die das Rechtsverhältnis gefährdet, durch die begehrte Feststellung beseitigt werden. Ein Rechtsschutzinteresse wird verneint, wenn der Kläger sein Begehren mit einer Leistungsklage durchsetzen kann.

§ 256 ZPO

Nur ausnahmsweise wird in einem derartigen Fall das Rechtsschutzbedürfnis bejaht, wenn zu erwarten ist, dass der Beklagte dem Feststellungsausspruch bereits entsprechen und leisten wird, so dass sich ein zweiter Prozess erübrigt. Dies wird bei öffentlich-rechtlichen Körperschaften regelmäßig angenommen. Entsprechendes gilt für Parteien kraft Amtes, Banken und Versicherungen. Ferner wird ein Rechtsschutzbedürfnis für die Fälle bejaht, in denen ein Anspruch erst teilweise bezifferbar ist, um so den Gesamtstreitstoff zu klären.

Bei einer Zwischenfeststellungsklage ergibt sich das Rechtsschutzbedürfnis aus der Vorgreiflichkeit des Rechtsverhältnisses für den geltend gemachten Hauptanspruch.

Bei der Zwischenfeststellungsklage entsteht Rechtsschutzbedürfnis durch Vorgreiflichkeit des Rechtsverhältnisses § 256 Abs. 2 ZPO

3.2.6. Zuständiges Gericht

Bei der Feststellung der Zuständigkeit sind die funktionelle, sachliche und örtliche Zuständigkeit zu prüfen.

Die funktionelle Zuständigkeit klärt die Frage, welcher im Gesetz genannte Spruchkörper eine dort allgemein genannte rechtliche Angelegenheit zu betreuen hat. So kann etwa beim Oberlandesgericht keine Klage eingereicht werden.

Die funktionelle Zuständigkeit: Welcher Teil eines Gerichtes ist zuständig

Es handelt sich um eine ausschließliche Zuständigkeit, die nicht durch eine Parteivereinbarung geändert werden kann.

Die sachliche Zuständigkeit regelt, welches Gericht erstinstanzlich zuständig ist.

Die sachliche Zuständigkeit ist im GVG geregelt

Das Amtsgericht ist zuständig für Streitigkeiten mit einem Streitwert bis zu 10.000,00 DM sowie für besonders zugewiesene Angelegenheiten wie Mietstreitigkeiten über Wohnraum, Familiensachen.

§ 23 Nr. 1 GVG §§ 23, Nr. 2, 23 a, 23 b GVG

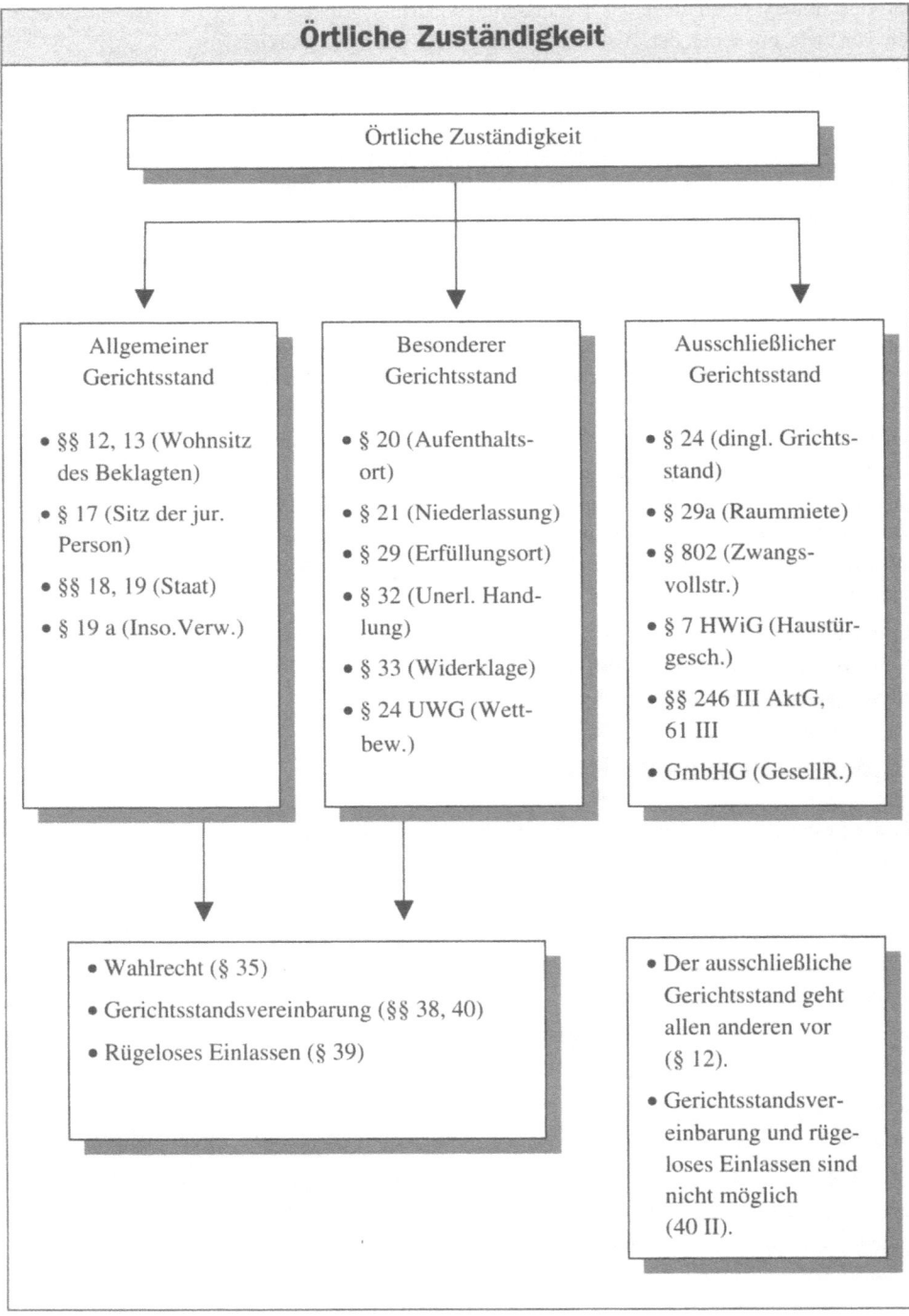

Das Landgericht ist zuständig für alle Streitigkeiten, die nicht den Amtsgerichten zugewiesen sind. Hierher gehören alle Streitigkeiten mit einem Streitwert ab 10.000,00 DM. Ansprüche aus Amtspflichtverletzungen nach § 839 BGB gehören ebenfalls unabhängig vom Streitwert vor das Landgericht.

§ 71 Abs. 1 GVG
§ 71 Abs. 2 Nr. 2 GVG

Die Zuständigkeit der Kammern für Handelssachen beruhen auf einer Geschäftsverteilung innerhalb des Landgerichts und haben nichts mit der sachlichen Zuständigkeit zu tun.

§§ 93 ff. GVG

Die örtliche Zuständigkeit (Gerichtsstand) unterteilt sich in den allgemeinen Gerichtsstand und besondere Gerichtsstände.

Allgemeiner Gerichtsstand

§ 12 ZPO

Das Gericht, bei dem eine Person ihren allgemeinen Gerichtsstand hat, ist für alle gegen sie erhebenden Klagen zuständig, sofern nicht für eine Klage ein ausschließlicher Gerichtsstand begründet ist.

Der allgemeine Gerichtsstand richtet sich nach dem Wohnsitz des Beklagten. Bei juristischen Personen und anderen parteifähigen Gebilden ist deren Sitz maßgebend.

§ 13 ZPO
§§ 17, 18 ZPO

Besondere Gerichtsstände sind: der Aufenthaltsort des Beklagten (§ 20 ZPO); der dingliche Gerichtsstand als ausschließlicher Gerichtsstand (§ 24 ZPO); der Gerichtsstand des Erfüllungsortes (§ 29 ZPO); für Mietsachen gilt der ausschließliche Gerichtsstand nach § 29 a ZPO; für unerlaubte Handlungen greift § 32 ZPO.

Bei mehreren zuständigen Gerichten hat der Kläger die Wahl, wenn nicht ein ausschließlicher Gerichtsstand mit zwingendem Vorwand besteht.

§ 35 ZPO

Eine Zuständigkeitsbestimmung durch das übergeordnete Gericht hat etwa dann zu erfolgen, wenn mehrere Personen, die bei verschiedenen Gerichten ihren allgemeinen Gerichtsstand haben, als Streitgenossen im allgemeinen Gerichtsstand verklagt werden sollen und für den Rechtsstreit ein gemeinschaftlicher besonderer Gerichtsstand nicht begründet ist.

§ 36 Abs. 1 Nr. 3 ZPO

Eine Gerichtsstandvereinbarung ist nur in Ausnahmefällen möglich. Hierzu ist eine schriftliche ausdrückliche Vereinbarung zu treffen, falls kein ausschließlicher Gerichtsstand besteht. Folgende Fälle einer Vereinbarung sind zulässig:

Gerichtsstandsvereinbarung in AGB ist nur selten wirksam

Erkenntnisverfahren

§ 38 Abs. 1 ZPO
§ 38 Abs. 3 Nr. 1 ZPO
§ 38 Abs. 3 Nr. 2 ZPO
§ 39 ZPO

- Wenn die Parteien Kaufleute oder juristische Personen des öffentlichen Rechts oder öffentlich-rechtliche Sondervermögen sind;
- nach Entstehung der Streitigkeit (also auch bei Privatpersonen);
- fehlender allgemeiner Gerichtsstand im Inland;
- rügelose Einlassung des Beklagten zur Hauptsache.

Das Schema gibt einen allgemeinen Überblick.

4. Parteivortrag

Zivilprozess als Zwei-Parteien-Prozess

Der Gesetzgeber hat den Zivilprozess als einen Zwei-Parteien-Prozess vorgesehen. Der Kläger und der Beklagte bestimmen durch ihren Vortrag den Streitgegenstand. Es gilt die sogenannte Parteiherrschaft. Privatrechtliche Ansprüche muss jeder selbst durchsetzen. Dem Vortrag der Parteien kommt damit ganz entscheidende Bedeutung für den Ausgang eines Rechtsstreites zu.

4.1. Notwendiger Klageinhalt

Die Klageerhebung erfolgt durch Zustellung eines Schriftsatzes (Klageschrift). Die Klageschrift muss folgendes enthalten:

§ 253 ZPO

Klageschrift
(2) Die Klageschrift muss enthalten:
1. Die Bezeichnung des Gerichtes und den Parteien;
2. die bestimmte Angabe des Gegenstandes und des Grundes des erhobenen Anspruches, sowie einen bestimmten Antrag.

Das Gesetz unterscheidet:
- Leistungsklage
- Feststellungsklage
- Gestaltungsklage
- Teilklage

Überwiegend verlangt der Kläger Geld zur Erfüllung seiner Forderung

4.2. Klagearten

⇒ Leistungsklage

Der Kläger strebt mit dieser Klage die Verurteilung seines Gegners zu einer Leistung oder Unterlassung an. Deshalb wird sie auch Verurteilungsklage genannt. Der Kläger benötigt zur Durchsetzung seines Anspruches einen Vollstreckungstitel. Die angestrebte Abgabe einer Willenserklärung oder die Beseitigung oder Unterlassung von Störungen sowie die Duldung von Handlungen gehören ebenso zur Leistungsklage wie der begehrte Widerruf einer Behauptung. Nur Leistungsurteile können im Wege der Zwangsvollstreckung durchgesetzt werden.

⇒ Feststellungsklage
Hierdurch wird die Feststellung eines schon vor dem Urteil bestehenden sachlich rechtlichen oder prozessualen Rechtsverhältnisses begehrt.

Klage auf Feststellung § 256 ZPO

(1) Auf Feststellung des Bestehens oder Nichtbestehens eines Rechtsverhältnisses, auf Anerkennung einer Urkunde oder auf Feststellung ihrer Unechtheit kann Klage erhoben werden, wenn der Kläger ein rechtliches Interesse daran hat, dass das Rechtsverhältnis oder die Echtheit oder Unechtheit der Urkunde durch richterliche Entscheidung alsbald festgestellt wird.

Das Feststellungsbegehren muss sich auf ein gegenwärtiges Rechtsverhältnis beziehen, es muss sich also um einen konkreten Lebenssachverhalt handeln.

Kein Rechtsverhältnis sind abstrakte Rechtsfragen, Vorfragen von Rechtsverhältnissen oder einzelne Berechnungsgrundlagen eines Anspruches.

(Beispiel: Klageantrag auf Feststellung, dass ein Mietverhältnis durch eine bestimmte Kündigung nicht beendet worden sei).

Unzulässig ist eine Feststellungsklage gegen eine Bank, dass die erteilte Kreditauskunft unrichtig sei. Hier handelt es sich um eine Tatsachenfeststellung.

Unzulässig ist eine Feststellungsklage über das künftige Erbrecht nach einem noch Lebenden, da es hier um ein erst künftiges Rechtsverhältnis geht.

Der Kläger muss ein rechtliches Interesse an alsbaldiger Feststellung haben. Voraussetzung ist also, dass eine tatsächliche Unsicherheit das Rechtsverhältnis gefährdet und dass die begehrte Feststellung geeignet ist, diese Gefährdung zu beseitigen.

Nach einem Unfall verlangt der Geschädigte die Feststellung, dass sein Gegner für künftige, aus dem Unfall resultierende Schäden, eintreten muss

Erkenntnisverfahren

⇒ Gestaltungsklage

Hier wird ein sachlich rechtlicher Anspruch auf Rechtsänderung eines Rechtsverhältnisses geltend gemacht. Es geht um die Umgestaltung einer bestehenden Rechtslage durch das angestrebte Urteil.

Die wichtigsten Beispiele sind:

§§ 117, 127, 131, 133, 140, 161 HGB
§§ 622, 631 ZPO
§§ 1499 ff. BGB, 640 ZPO
§§ 323, 767, 771 ZPO

- handelsrechtliche Gestaltungsklagen wie Gesellschafterausschluss, Feststellung der Nichtigkeit eines Beschlusses,
- familienrechtliche Gestaltungsklagen wie Scheidungsantrag;
- Anfechtung der Vaterschaft;
- prozessuale und vollstreckungsrechtliche Gestaltungsklagen wie eine Abänderungsklage, Vollstreckungsgegenklage oder Drittwiderspruchsklage.

⇒ Teilklage

Bei rechtlichen fraglichen Ansprüchen wird aus Kostengründen oft nur (erst) ein Teil geltend gemacht

Da der Kläger als Partei den Streitgegenstand bestimmt, kann er nur einen Teil des von ihm behaupteten Anspruches einklagen. Dies geschieht oftmals zur Verminderung des Kostenrisikos. Es besteht jedoch die Gefahr, dass der nicht geltend gemachte Teil des Anspruches während des Rechtsstreites verjährt.

Der Beklagte kann über eine Widerklage als negative Feststellungsklage demgegenüber die gesamte Forderung rechtshängig machen.

Der Kläger kann einen Haupt- und einen Hilfsantrag stellen. Greift der Hauptanspruch nicht, ist über den Hilfsantrag zu entscheiden.

4.3. Klageänderung

Eine Klageänderung liegt daher vor, wenn der Kläger seinen Antag oder den zur Begründung des Antrages vorgetragenen Sachverhalt ändert.

Der Streitgegenstand des Rechtsstreites wird geändert.

§ 263 ZPO

Änderung einer Klage

Nach dem Eintritt der Rechtshängigkeit ist eine Klageänderung zulässig, wenn der Beklagte einwilligt oder das Gericht sie für sachdienlich erachtet.

Keine Änderung einer Klage § 264 ZPO

> Als eine Änderung der Klage ist es nicht anzusehen, wenn ohne Änderung des Klagegrundes
> 1. die tatsächlichen oder rechtlichen Anführungen ergänzt oder berichtigt werden;
> 2. der Klageantrag in der Hauptsache oder in Bezug auf Nebenforderungen erweitert oder beschränkt wird;
> 3. statt des ursprünglich geforderten Gegenstandes wegen einer später eingetretenen Veränderung ein anderer Gegenstand oder das Interesse gefordert wird.

Voraussetzung für eine Klageänderung ist nach Rechtshängigkeit

- die Einwilligung des Beklagten, die bei rügeloser Einlassung unterstellt wird;   § 167 ZPO
- Anerkennung der Sachdienlichkeit durch das Gericht.

Als sachdienlich wird eine Klageänderung immer dann zugelassen, wenn sie die endgültige Beilegung des Rechtsstreites fördert und einen neuen Prozess vermeiden hilft. Dabei darf der Streitgegenstand nicht völlig verändert werden und die Verteidigung des Beklagten nicht unzumutbar erschwert werden.   Sachdienlichkeit einer Klageänderung

Die Entscheidung des Gerichtes ist unanfechtbar. Ergeht sie durch ein Zwischenurteil, ist dieses grundsätzlich nur mit dem Endurteil angreifbar.   § 168 ZPO
§ 303 ZPO

4.4. Einlassung des Beklagten

Ignoriert der Beklagte die ihm zugestellte Klageschrift und die Fristsetzung zur Erwiderung seitens des Gerichtes, wird gegen ihn Versäumnisurteil ergehen.   §§ 331 ff. ZPO

So wird der Beklagte verfahren, wenn er nichts Erhebliches gegenüber dem Klagevorbringen vortragen kann.

In einem solchen Fall kann der Beklagte den Klageantrag auch anerkennen, so dass ein Anerkenntnisurteil ergeht.   § 307 ZPO

Hat der Beklagte keine Veranlassung zur Klage gegeben, trägt der Kläger die Kosten des Rechtsstreites. Dies ist etwa der Fall, wenn der Kläger vor Fälligkeit seiner Forderung geklagt hat.   § 93 ZPO

Der Beklagte kann sich auch nur gegen die Zulässigkeit der Klage wenden und etwa die Unzuständigkeit des Gerichtes rügen oder

Erkenntnisverfahren

eine anderweitige Rechtshängigkeit vortragen. Er erstrebt damit dann ein Prozessurteil.

Mögliche Verteidigung des Beklagten

Im Regelfall wird der Beklagte sich jedoch gegenüber der Klage zur Wehr setzen. Hierzu stehen ihm folgende – kombinierbare - Möglichkeiten offen:

- Der Beklagte kann sich auf Rechtsausführungen gegen die Schlüssigkeit der Klage beschränken.
- Der Beklagte kann die vom Kläger vorgetragenen anspruchsbegründenden Tatsachen bestreiten, in dem er entweder ihr Vorhandensein bestreitet oder eine andere Sachdarstellung abgibt.
- Der Beklagte kann den Tatsachenvortrag des Klägers unbestritten lassen, seinerseits jedoch neue Tatsachen vortragen, die der vom Kläger behaupteten Anspruchsgrundlage entgegenstehen und damit den Anspruch des Klägers wieder ausräumen.
- Der Beklagte kann die Aufrechnung erklären.
- Der Beklagte kann eine Widerklage erheben.

4.4.1. Tatsachenvortrag

Die Einlassung des Beklagten ist für die gerichtliche Entscheidung nur dann bedeutsam, wenn die Klage schlüssig ist. Besteht der Klageanspruch bereits nach dem eigenen Vortrag des Klägers nicht, ist die Klage abzuweisen. Auf die Einlassung des Beklagten kommt es nicht an.

Entweder liegt ein Geständnis oder ein Nichtbestreiten vor

Greift der Beklagte die Richtigkeit des Tatsachenvortrages des Klägers nicht an, hat das Gericht von der Richtigkeit des klägerischen Vortrages auszugehen. Entweder liegt dann ein Geständnis oder ein Nichtbestreiten vor:

§ 288 ZPO

Gerichtliches Geständnis

(1) Die von einer Partei behaupteten Tatsachen bedürfen insoweit keines Beweises, als sie im Rechtsstreit von dem Gegner bei einer mündlichen Verhandlung oder zum Protokoll eines beauftragten oder ersuchten Richters zugestanden sind.

§§ 290, 532 ZPO Widerruf ist nur bei Irrtum möglich

Die gestehende Partei ist an das Geständnis gebunden. Ein Widerruf ist nur möglich, wenn sowohl die Unrichtigkeit der zugestandenen

Tatsache feststeht und das Geständnis auf einem Irrtum über die Wahrheit beruhte.

Erklärung über Tatsachen

(3) Tatsachen, die nicht ausdrücklich bestritten werden, sind als zugestanden anzusehen, wenn nicht die Absicht, sie bestreiten zu wollen, aus den übrigen Erklärungen der Partei hervorgeht.

§ 138 ZPO

Daher sind die Schriftsätze genauestens zu lesen

Tatsache

Es handelt sich hierbei um eine Geständnisfiktion mit der Wirkung, dass das Gericht von der Richtigkeit der Behauptung auszugehen hat.

Der Beklagte kann den gegnerischen Sachvortrag bestreiten, wobei ein pauschales Bestreiten des gesamten Sachvortrages nicht zulässig ist, soweit dem Beklagten nähere Angaben möglich und zumutbar sind. Ein einfaches Bestreiten liegt vor, wenn der Beklagte einzelne klägerische Behauptungen bestreitet.

Ein einfaches Bestreiten liegt vor, wenn der Beklagte einzelne klägerische Behauptungen bestreitet

Ein qualifiziertes Bestreiten liegt vor, wenn der Beklagte eine abweichende Sachdarstellung gibt.

Der Beklagte kann den klägerischen Vortrag mit Nichtwissen bestreiten, soweit es sich nicht um eigene Handlungen des Beklagten noch Gegenstand seiner eigenen Wahrnehmung gewesen sind.

§ 138 Abs. 4 ZPO

Dieses Vorgehen des Beklagten zwingt den Kläger, seine klagebegründenden Tatsachen unter Beweis zu stellen.

Der Beklagte kann sich auch in der Form verteidigen, dass er Einreden erhebt. Damit wendet sich der Beklagte nicht gegen den geltend gemachten Anspruch als solchen. Er macht jedoch die Rechtsfolgen einer Gegennorm geltend. Dieses ist etwa dann der Fall, wenn der Beklagte sich gegenüber einer Werklohnforderung auf Mängel oder Verjährung beruft. Dabei sind folgende Unterschiede zu treffen:

Der Beklagte kann sich durch Einreden verteidigen:
• Rechtshindernde
• Vernichtende
• Rechtshemmende

- Rechtshindernde Einreden:
  Diese Tatsachen verhindern das Entstehen des Anspruches wie etwa Geschäftsunfähigkeit bei Vertragsschluss.

§ 105 BGB

- Vernichtende Einreden:
  Der entstandene Anspruch wird wieder beseitigt etwa durch: Erfüllung, Rücktritt, Hinterlegung

§§ 362, 364 BGB
§ 346 BGB
§ 378 BGB

- Rechtshemmende Einreden:
  Die Durchsetzung des entstandenen Anspruches wird dauernd oder vorübergehend gehemmt etwa durch Verjährung, Zurückbehaltungsrecht, Einrede des nicht erfüllten Vertrages.

§ 222 BGB
§ 273 BGB
§§ 320, 321 BGB

4.4.2. Aufrechnung

Der Beklagte kann gegenüber der Klageforderung die Aufrechnung erklären. Es handelt sich um eine rechtsvernichtende Einrede.

Die Aufrechnungserklärung ist eine materiell-rechtliche Willenserklärung § 387 ff. ZPO

Die Aufrechnungserklärung ist eine materiell-rechtliche Willenserklärung. Ihre Wirksamkeit beurteilt sich nach den Vorschriften des BGB.

Die Geltendmachung der Aufrechnung ist eine Prozesshandlung

Die Einrede des Beklagten, dass die Klageforderung durch Aufrechnung erloschen sei, ist eine Prozesshandlung. Ihre Wirksamkeit bestimmt sich daher nach dem Prozessrecht.

Fallen die materiell-rechtliche und prozessuale Wirksamkeit der Aufrechnung auseinander, ist die Aufrechnung auch materiell unwirksam.

Die Aufrechnung wird im Regelfall hilfsweise erklärt (Eventualaufrechnung)

Im Regelfall wird in einem Rechtsstreit die Aufrechnung hilfsweise erklärt (Eventualaufrechnung). Die Aufrechnung wird nur für den Fall erklärt, dass die Klageforderung nicht bereits aus anderen Gründen abweisungsreif ist.

Selbst wenn feststeht, dass die zur Aufrechnung gestellte Gegenforderung besteht, muss zunächst durch das Gericht festgestellt werden, ob die Klageforderung besteht. Besteht die Klageforderung, wird die Klage wegen der erklärten Aufrechnung, die dann greift, abgewiesen.

4.4.3. Widerklage

Der Beklagte meint, dass nicht er an den Kläger, sondern dieser an ihn zahlen muss

Der Beklagte kann seinerseits einen Klageantrag gegen den Kläger stellen. Meistens ist dies der Fall bei der Abwicklung von Verkehrsunfällen, wenn die Schuldfrage streitig ist. Ferner kann der Beklagte sich gegenüber der Geltendmachung einer Teilforderung mit einer negativen Feststellungsklage als Widerklage zur Wehr setzen, in dem er das Nichtbestehen eines Rechtsverhältnisses behauptet.

Eine Widerklage muss zulässig sein:

- die ursprüngliche Klage muss rechtshängig sein;
- die Widerklage muss sich gegen den Kläger richten, wobei die Einbeziehung eines Dritten als weiteren Beklagten zulässig ist (Drittwiderklage);
- es muss ein selbständiger Streitgegenstand vorliegen. Die bloße Verneinung des Klagebegehrens ist unzulässig;

- es muss ein einheitliches Lebensverhältnis (Sachzusammenhang) zwischen Klage und Widerklage bestehen;
- es muss sich um die gleiche Prozessart wie bei der Hauptklage handeln;
- die sonstigen allgemeinen Prozessvoraussetzungen einer Klage müssen auch für eine Widerklage vorliegen.

§ 33 ZPO

Über die Widerklage, die eine selbständige Klage ist, wird nach den allgemeinen Grundsätzen entschieden.

4.5. Streitgenossenschaft

Stehen auf der Kläger- und/oder Beklagtenseite mehrere Personen, spricht man von einer Streitgenossenschaft. Dabei ist die einfache Streitgenossenschaft der Regelfall.

Die Streitgenossenschaft ist die Vereinigung mehrerer Streitigkeiten aus Zweckmäßigkeitsgründen

Bei der einfachen Streitgenossenschaft handelt es sich um eine Zusammenfassung mehrerer selbständiger Prozesse aus Zweckmäßigkeitserwägungen zu einem einheitlichen Verfahren. Dabei behalten die einzelnen Prozessrechtsverhältnisse ihre Selbständigkeit.

Bei der einfachen Streitgenossenschaft handelt es sich um eine Zusammenfassung mehrerer selbständiger Prozesse
§ 61 ZPO

Zulässigkeit und Begründetheit der Klage sind für jeden Streitgenossen gesondert zu prüfen. Lediglich das Verfahren wie die mündliche Verhandlung, Beweisaufnahme und Entscheidung werden zusammengelegt. Deshalb kann sich das Verfahren für jeden einzelnen Streitgenossen unterschiedlich entwickeln. Die Zulässigkeitsvoraussetzungen der Streitgenossenschaft werden weit ausgelegt.

§§ 59, 60 ZPO

Die einfache Streitgenossenschaft findet sich im Regelfall bei Verkehrsunfällen, wenn Halter, Fahrer und Kfz-Versicherung zusammen in Anspruch genommen werden.

Eine notwendige Streitgenossenschaft liegt dann vor, wenn aus prozess- oder materiell-rechtlichen Gründen nur eine einheitliche Entscheidung ergehen kann. Prozessrechtlich liegt eine notwendige Streitgenossenschaft vor, wenn die Rechtskraft des Urteils gegen einen Streitgenossen sich auf die anderen Streitgenossen erstreckt oder eine Gestaltungswirkung des Urteils allen Streitgenossen gegenüber eintritt. Dies ist etwa der Fall bei der Klage mehrerer oHG-Gesellschafter gegen einen anderen Gesellschafter auf Auflösung der oHG.

Eine notwendige Streitgenossenschaft liegt vor, wenn nur eine einheitliche Entscheidung ergehen kann
§ 62 ZPO

§ 133 HGB

Aus materiell-rechtlichen Gründen liegt eine notwendige Streitgenossenschaft vor, wenn nach materiellem Recht wegen der gemeinsamen Verfügungsbefugnis die Klage nur gemeinsam erhoben werden kann oder gegen alle gemeinschaftlich zu richten ist. Dies ist etwa der Fall bei einer Klage mehrerer Vermieter.

4.6. Nebenintervention

Der Architekt fürchtet, vom Bauherrn in Anspruch genommen zu werden, wenn dieser seinen Rechtsstreit gegen den Bauunternehmer verliert

Ein Dritter, der ein rechtliches Interesse am Obsiegen einer Partei hat, kann dieser Partei im Wege der Streithilfe als Nebenintervenient beitreten. Dies ist der Fall, wenn die Entscheidung des Prozesses auf die Rechtsstellung des Streithelfers Auswirkungen hat. Dies ist etwa der Fall, wenn der Dritte bei Unterliegen der Partei Regressansprüche gegen sich fürchten muss.

§ 67 ZPO

Deshalb unterstützt der Streithelfer die Partei, ohne selbst Partei zu sein. Dabei kann er alle Prozesshandlungen vornehmen, die nicht im Widerspruch zu der von ihm unterstützten Partei stehen.

Er kann jedoch nicht über den Streitgegenstand durch Klagerücknahme, Anerkenntnis oder Vergleich verfügen.

§ 68 ZPO

Die Wirkung dieser Nebenintervention besteht darin, dass im Verhältnis zur unterstützten Partei der Nebenintervenient in einem etwaigen Regressprozess nicht geltend machen kann, dass der vorherige Rechtsstreit unrichtig geführt und entschieden worden sei. Hier entsteht eine Bindungswirkung.

4.7. Streitverkündung

Eine in der Praxis sehr häufig vorkommende Vorgehensweise ist die Streitverkündung.

§ 72 ZPO

Zulässigkeit der Streitverkündung

(1) Eine Partei, die für den Fall ihr ungünstigen Ausganges des Rechtsstreites einen Anspruch auf Gewährleistung oder Schadloshaltung gegen einen Dritten erheben zu können glaubt oder den Anspruch eines Dritten besorgt, kann bis zur rechtskräftigen Entscheidung des Rechtsstreites dem Dritten gerichtlich den Streit verkünden.

Die per Schriftsatz erhobene Streitverkündung soll dem Dritten die Möglichkeit des Beitrittes als Streithelfer geben. Gleichzeitig tritt die Interventionswirkung wie bei der Nebenintervention ein.

§ 68 ZPO

Ein weiterer Vorteil besteht darin, dass die Streitverkündung die Verjährung unterbricht.

§ 209 Abs. 2 Nr. 4 BGB

4.8. Parteiwechsel

Von einem Parteiwechsel spricht man, wenn eine neue Partei anstelle einer ausscheidenden Partei in den Rechtsstreit eintritt. Hiervon zu unterscheiden ist die Berichtigung einer Parteibezeichnung.

Parteiwechsel kraft Gesetzes liegt vor bei Erbe oder Eintritt des Insolvenzverwalters § 80 InsO

Ein Parteiwechsel kraft Gesetzes liegt vor, wenn der Erbe kraft Rechtsnachfolge in die Stellung des Erblassers als Partei in den Rechtsstreit eintritt. Entsprechendes gilt bei Eintritt des Insolvenzverwalters an die Stelle der Partei.

Ein gewillkürter Parteiwechsel liegt vor, wenn eine Partei ausgetauscht werden soll, da zunächst ein sachlich nicht Legitimierter an seiner Stelle tätig war und nunmehr der sachlich Legitimierte eintreten soll.

Gewillkürter Parteiwechsel

Die Behandlung des gewillkürten Parteiwechsels ist umstritten. Während die Rechtsprechung den Parteiwechsel als Klageänderung ansieht, geht das Schrifttum von einem prozessualen Rechtsinstitut eigener Art aus.

Dies hat eine praktische Auswirkung für die Wirksamkeit eines Parteiwechsels erster Instanz:

- Beide Auffassungen verlangen eine entsprechende Erklärung des Klägers, wonach der Beklagte ausgewechselt werden soll;
- einbezogen in den Rechtsstreit wird der neue Beklagte nach Auffassung des Schrifttums nur durch Zustellung eines entsprechenden Schriftsatzes. Nach der Rechtsprechung ist außerdem die Einwilligung des neuen Beklagten oder die Zulassung seiner Einbeziehung als sachdienlich durch das Gericht festzustellen;
- der ursprünglich Beklagte muss in sein Ausscheiden einwilligen.

Beteiligung Dritter am Rechtsstreit

Art der Beteiligung:	Nebenintervention	Streitverkündung
Wer veranlasst:	Dritter, der eine Partei unterstützen will	Prozesspartei, die Dritten in Rechtsstreit einbezieht
Wirkung:	Urteil wirkt nur zwischen Nebenintervenient und der von ihm unterstützten Partei	Urteilsbegründung wirkt zwischen Streitverkünder und Streitverkündetem im Folgeprozess

5. Beweisaufnahme

Die größte Schwierigkeit für Juristen in der täglichen Praxis ist die Feststellung des tatsächlichen Sachverhaltes. Dem dient die Beweisaufnahme.

5.1. Beweisbedürftigkeit

Das Beweisrecht ist in §§ 284 ff. und 355 ff. ZPO geregelt. Das Gericht hat vor seiner Sachentscheidung zu prüfen, auf welche der zwischen den Parteien streitigen Tatsachen es für die Entscheidung ankommt. Diese streitigen und entscheidungserheblichen Tatsachen sind beweisbedürftig und müssen im Wege der Beweisaufnahme festgestellt werden.

Gegenstand eines Beweises kann nur eine Tatsache sein.

Keines Beweises bedürfen
- unstreitige, nicht wirksam bestrittene oder zugestandene Tatsachen;
- offenkundige Tatsachen;
- Tatsachen, die Gegenstand einer gesetzlichen Vermutung sind wie etwa §§ 891, 1006, 1377 BGB. Dabei können gesetzliche Vermutungen teilweise widerlegt werden, sofern dies nicht ausdrücklich im Gesetz ausgeschlossen ist, wie bei der rügelosen Einlassung;
- Tatsachen, für die der Beweis des ersten Anscheines spricht (typische Geschehensabläufe). Auch hier hat der Gegner die Möglichkeit, diesen Anscheinsbeweis zu widerlegen, wenn er die ernsthafte Möglichkeit eines abweichenden atypischen Geschehensablaufes vorträgt und beweist
- (Bsp. Bei Abkommen eines Pkw von der Straße wird ein Fehler des Fahrers vermutet. Dieser kann die Vermutung widerlegen, wenn er einen plötzlichen Defekt in der Lenkung oder notwendiges Ausweichen vorträgt und beweist).
- Schadensschätzung
- Tatsachen, die aufgrund rechtskräftiger Vorentscheidung oder Interventionswirkung feststehen;
- Tatsachen, deren Beweis die gegnerische Partei schuldhaft vereitelt hat.

Erkenntnisverfahren

§ 287 ZPO | **Schadensermittlung**

(1) Ist unter den Parteien streitig, ob ein Schaden entstanden sei und wie hoch sich der Schaden oder ein zu ersetzendes Interesse belaufe, so entscheidet hierüber das Gericht unter Würdigung aller Umstände nach freier Überzeugung. Ob und inwieweit eine beantragte Beweisaufnahme oder von Amts wegen die Begutachtung durch Sachverständige anzuordnen sei, bleibt dem Ermessen des Gerichtes überlassen

5.2. Beweismittel

Das Gesetz nennt als Beweismittel
- *Zeugen*
- *Sachverständigengutachten*
- *Urkunden*
- *richterliche Inaugenscheinnahme*
- *Parteivernehmung*

§§ 255 ff. ZPO

§§ 373 ff. ZPO
§§ 383 ff. ZPO

Kein Zeuge vom Hörensagen

Es wird allgemein zwischen dem strengen Beweis, der Glaubhaftmachung und dem Freibeweis unterschieden.

Der Strengbeweis ist auf die Herbeiführung der vollen richterlichen Überzeugung von der Wahrheit der zu beweisenden Tatsache ausgerichtet.

Dabei werden folgende Beweismittel unterschieden:

⇒ Zeugen

Jeder, der nicht als Partei oder gesetzlicher Vertreter vernommen werden kann, ist Zeuge. Auch die prozessunfähige Partei kann Zeuge sein. Ein Zeuge ist zum Erscheinen und zur Aussage verpflichtet. Ihm kann in bestimmten Fällen ein Zeugnisverweigerungsrecht zustehen.

§ 383 ZPO | **Zeugnisverweigerung**

(1) Zur Verweigerung des Zeugnisses sind berechtigt:

1. der Verlobte einer Partei;

2. der Ehegatte einer Partei, auch wenn die Ehe nicht mehr besteht;

§ 1589 BGB

3. diejenigen, die mit einer Partei in gerader Linie verwandt oder verschwägert, in der Seitenlinie bis zum 3. Grad verwandt oder bis zum 2. Grad verschwägert sind oder waren;

4. Geistliche in Ansehung desjenigen, was ihnen bei der Ausübung der Seelsorge anvertraut ist;

5. Personen, die bei der Vorbereitung, Herstellung oder Verbreitung von periodischen Druckwerken oder Rundfunksendungen berufsmäßig mitwirken oder mitgewirkt haben, über die Person des Verfassers, Einsenders oder Gewährsmann von Beiträgen und Unterlagen sowie über die ihm im Hinblick auf ihre Tätigkeit gemachten

Mitteilungen, soweit es sich um Beiträge, Unterlagen und Mitteilungen für den redaktionellen Teil handelt;

6. Personen, denen kraft ihres Amtes, Standes oder Gewerbes Tatsachen anvertraut sind, deren Geheimhaltung durch ihre Natur oder gesetzliche Vorschrift geboten ist, in Betreff der Tatsachen, auf welche die Verpflichtung zur Verschwiegenheit sich bezieht.

⇒ Sachverständigengutachten   §§ 402 ff. ZPO

Der Sachverständige ist Helfer des Gerichts und hat die Aufgabe, Erfahrungen und Spezialkenntnisse aus seinem Fachgebiet, die für die Entscheidung notwendig sind, zu vermitteln.

Der Sachverständige hat keine juristischen Wertungen vorzunehmen

⇒ Urkunden   §§ 415 ff. ZPO

Öffentliche Urkunden   **§ 415 ZPO**

(1) Urkunden, die von einer öffentlichen Behörde innerhalb der Grenzen ihrer Amtsbefugnis oder von einer mit öffentlichem Glauben versehenen Person innerhalb des ihr zugewiesenen Geschäftskreises in der vorgeschriebenen Form aufgenommen sind (öffentliche Urkunden), begründen, wenn sie über ein von der Behörde oder der Urkundsperson abgegebene Erklärung errichtet sind, vollen Beweis des durch die Behörde oder die Urkundsperson beurkundeten Vorganges.

(2) Der Beweis, dass der Vorgang unrichtig beurkundet sei, ist zulässig.

Urkundsbeweis

⇒ Richterliche Inaugenscheinnahme   §§ 371 ff. ZPO

Vielfach wird seitens des Gerichtes ein Ortstermin anberaumt, um sich einen unmittelbaren Eindruck von Örtlichkeiten zu verschaffen.

Parteivernehmung   **§ 445 ff. ZPO**

(1) Eine Partei, die den ihr obliegenden Beweis mit anderen Beweismitteln vollständig geführt oder andere Beweismittel nicht vorgebracht hat, kann den Beweis dadurch antreten, dass sie beantragt, die Gegner über die zu beweisenden Tatsachen zu vernehmen.

(2) Der Antrag ist nicht zu berücksichtigen, wenn er Tatsachen betrifft, deren Gegenteil das Gericht für erwiesen erachtet.

Das Gesetz sieht insbesondere im vorläufigen Rechtsschutz die Glaubhaftmachung vor.

Erkenntnisverfahren

§ 294 ZPO

Glaubhaftmachung

(1) Wer eine tatsächliche Behauptung glaubhaft zu machen hat, kann sich aller Beweismittel bedienen, auch zur Versicherung an Eides statt zugelassen werden.
(2) Eine Beweisaufnahme, die nicht sofort erfolgen kann, ist unstatthaft.

Dem Gericht soll hier eine hinreichende Wahrscheinlichkeit der Tatsachenbehauptungen vermittelt werden. Häufigste Beweismittel sind hier eidesstattliche Versicherungen und Urkunden.

Nicht mit den Mitteln des Strengbeweises ist der Freibeweis zu führen. Seine Art der Erhebung stehen im Ermessen des Gerichtes. Häufigster Fall ist die Einholung einer amtlichen Auskunft.

5.3. Durchführung der Beweisaufnahme

Jede Partei führt durch einen Beweisantritt (Beweisantrag) das Beweismittel für eine bestimmte Behauptung in den Rechtsstreit ein.

Es ist unzulässig, willkürliche, aus der Luft gegriffene Behauptungen aufzustellen

Ein Beweisantrag ist abzulehnen, wenn die Erhebung des Beweises unzulässig ist *(Bsp: Heimliche Tonbandaufnahmen eines Telefongespräches)*. Unzulässig ist der Ausforschungsbeweis, wenn der Beweisantritt nicht für konkrete Tatsachenbehauptungen gemacht wird.

Im übrigen darf ein Beweisantrag nur abgelehnt werden, wenn eine Beweiserhebung wegen Offenkundigkeit überflüssig ist, wenn die Tatsache, die bewiesen werden soll, für die Entscheidung ohne Bedeutung oder schon erwiesen ist, wenn das Beweismittel völlig ungeeignet oder wenn es unerreichbar ist.

§§ 282, 296, 296 a ZPO

Ein Beweismittel kann auch wegen Verspätung zurückgewiesen werden.

§ 284 ZPO

Das Gericht erlässt einen Beweisbeschluss. In diesem werden die sogenannten Beweisthemen (bestimmte Behauptungen) und die hierzu zu vernehmenden Zeugen oder vorzulegenden Urkunden benannt.

Die Beweisaufnahme erfolgt grundsätzlich vor dem erkennenden Gericht. Die Beteiligten haben das Recht, nicht die Pflicht, hieran teilzunehmen. Bestimmt ein Sachverständiger einen Ortstermin, hat er hierzu die Parteien und ihre Rechtsanwälte zu laden.

Beweiswürdigung § 286 ZPO

(1) Das Gericht hat unter Berücksichtigung des gesamten Inhaltes der Verhandlung und des Ergebnisses einer etwaigen Beweisaufnahme nach freier Überzeugung zu entscheiden, ob eine tatsächliche Behauptung für wahr oder für nicht wahr zu erachten sei. In dem Urteil sind die Gründe anzugeben, die für die richterliche Überzeugung leitend gewesen sind.

Eine Behauptung ist bewiesen, wenn das Gericht von ihrer Wahrheit überzeugt ist.

5.4. Beweislast

Bei Nichtaufklärung oder Nichtaufklärbarkeit einer entscheidungserheblichen streitigen Tatsache entscheidet die Beweislast über den Ausgang des Rechtsstreites. Tritt die beweisbelastete Partei für eine streitige Tatsache keinen Beweis an, verliert sie den Prozess (subjektive Beweislast).

Es ist die Aufgabe einer Partei, die Tatsachen zu beweisen, die ihr Begehren stützen

Subjektive Beweislast

Führt die Beweisaufnahme zu keinem Ergebnis, so dass ein non liquet vorliegt, verliert derjenige den Prozess, der die Beweislast trägt. Der Verteilung der Beweislast kommt große praktische Bedeutung zu. Jede Partei trägt die Beweislast für das Vorliegen der tatsächlichen Voraussetzungen der ihr günstigen Rechtsnormen. Der Kläger hat alle anspruchsbegründenden Tatsachen zu beweisen. Der Beklagte muss die Tatsachen beweisen, die eine rechtshindernde, rechtsvernichtende oder rechtshemmende Einrede begründen.

Non liquet liegt vor, wenn die Beweisaufnahme zu keinem Ergebnis führt

Im materiellen Recht finden sich gesetzliche Beweislastregeln.

§§ 179 Abs. 1, 282, 345, 442, 363, 932 BGB

Von einer Umkehr der Beweislast ist etwa in Arzthaftungssachen dann auszugehen, wenn ein grober Behandlungsfehler festgestellt wird. Hieraus wird dann auf die Ursächlichkeit der Behandlung für den eingetretenen Schaden und auf ein Verschulden geschlossen. Entsprechendes gilt bei fehlender oder unvollständiger Dokumentation in den Krankenakten.

5.5. Selbständiges Beweisverfahren

Hierdurch soll vorsorglich eine Tatsachenfeststellung erfolgen, wenn etwa ein Beweismittel verloren zu gehen droht. Dies ist der Fall bei dringend notwendigen Sanierungsmaßnahmen an Gebäuden vor Feststellung der Mängel durch einen Sachverständigen oder die Vernehmung eines im Sterben liegenden Zeugen.

§ 487 Nr. 4 ZPO
§ 490 Abs. 2 ZPO

Der Antragsteller hat die Tatsachen, die die Zulässigkeit des selbständigen Beweisverfahrens begründen sollen, glaubhaft zu machen. Dies geschieht im Regelfall durch eine eidesstattliche Versicherung. Es ergeht dann ein Beweisbeschluss.

§ 492 ZPO

Die Beweisaufnahme erfolgt nach den allgemeinen Vorschriften.

§ 485 ZPO

Zulässigkeit

(1) Während oder außerhalb eines Streitverfahrens kann auf Antrag einer Partei die Einnahme des Augenscheins, die Vernehmung von Zeugen oder die Begutachtung durch einen Sachverständigen angeordnet werden, wenn der Gegner zustimmt oder zu besorgen ist, dass das Beweismittel verloren geht oder seine Benutzung erschwert wird.

(2) Ist ein Rechtsstreit noch nicht anhängig, kann eine Partei eine schriftliche Begutachtung durch einen Sachverständigen beantragen, wenn sie ein rechtliches Interesse daran hat, dass

1. der Zustand einer Person oder der Zustand oder Wert einer Sache;

2. die Ursache eines Personenschadens, Sachschadens oder Sachmangels;

3. der Aufwand für die Beseitigung eines Personenschadens, Sachschadens oder Sachmangels

festgestellt wird. Ein rechtliches Interesse ist anzunehmen, wenn die Feststellung der Vermeidung eines Rechtsstreites dienen kann.

6. Beendigung des Rechtsstreites

Das Verfahren kann sowohl durch die Parteien als auch durch eine Entscheidung des Gerichtes beendet werden. Verteidigt sich der Beklagte nicht, kommt es zu einem Versäumnisurteil.

6.1. Versäumnisverfahren

Kommt eine Partei ihrer Mitwirkungspflicht nicht nach, muss sie mit Nachteilen rechnen
§§ 330 ff. ZPO

Die im Zivilprozess herrschende Dispositions- und Verhandlungsmaxime führt dazu, dass grundsätzlich keine Partei zum Termin zur mündlichen Verhandlung erscheinen muss. Eine Einschränkung liegt lediglich dann vor, wenn das Gericht das persönliche Erscheinen einer Partei angeordnet hat. Gleichwohl muss das Verfahren beendet werden. Hierzu dienen die Regelungen des Versäumnisverfahrens.

Echte Versäumnisurteile werden gegen die säumige Partei wegen ihrer Säumnis erlassen.

Echte Versäumnisurteile

Als unechtes Versäumnisurteil werden solche Urteile bezeichnet, die zwar bei Säumnis einer Partei ergehen, aber nicht gegen die säumige Partei, sondern gegen die den Antrag stellende Partei.

Unechte Versäumnisurteile

Voraussetzung für den Erlass eines echten Versäumnisurteils ist:

- Antrag der erschienenen Partei auf Erlass eines Versäumnisurteils;
- Säumnis der gegnerischen Partei. Sie liegt vor, wenn die Partei trotz ordnungsgemäßer rechtzeitiger Ladung, nicht erschienen ist oder durch einen Rechtsanwalt vertreten wird.

§ 335 Abs. 1 Nr. 2 ZPO
§ 333 ZPO

- Zulässigkeit der Klage
  Das Versäumnisurteil ist ein echtes Sachurteil. Deshalb müssen die Sachurteilsvoraussetzungen vorliegen. Fehlen diese, wird die Klage durch Prozessurteil abgewiesen. Es liegt ein unechtes Versäumnisurteil vor.
- Bei Säumnis des Klägers wird durch echtes Versäumnisurteil die Klage ohne weitere Prüfung abgewiesen.

Säumnis des Klägers

- Bei Säumnis des Beklagten hat das Gericht die Schlüssigkeit der Klage zu prüfen.
  - Ist die Klage schlüssig, ergeht ein echtes Versäumnisurteil nach Antrag.
  - Ist die Klage nicht schlüssig, wird sie durch unechtes Versäumnisurteil abgewiesen.

§ 331 Abs. 2 ZPO

Gegen ein echtes Versäumnisurteil kann Einspruch eingelegt werden.

§ 338 ZPO

Erscheint der Einspruchsteller im weiteren Termin nicht, ergeht zweites Versäumnisurteil:

Die Instanz wird durch das zweite Versäumnisurteil beendet

Zweites Versäumnisurteil

§ 345 ZPO

Einer Partei, die den Einspruch eingelegt hat, aber in der zur mündlichen Verhandlung zur bestimmten Sitzung oder in derjenigen Sitzung, auf welche die Verhandlung vertagt ist, nicht erscheint oder nicht zur Hauptsache verhandelt, besteht gegen das Versäumnisurteil, durch das der Einspruch verworfen wird, ein weiterer Einspruch nicht zu.

Erkenntnisverfahren

Gegen ein unechtes Versäumnisurteil sind die allgemeinen Rechtsmittel gegeben.

§ 331 a ZPO **Entscheidung nach Aktenlage**

> Beim Ausbleiben einer Partei im Termin zu mündlichen Verhandlung kann der Gegner statt eines Versäumnisurteils eine Entscheidung nach Lage der Akten beantragen; dem Antrag ist zu entsprechen, wenn der Sachverhalt für eine derartige Entscheidung hinreichend geklärt erscheint. § 251 a Abs. 2 gilt entsprechend.

Diese Vorgehensweise hat den Vorteil, dass durch die gerichtliche Entscheidung ebenfalls die Instanz beendet wird.

§ 331 Abs. 3 ZPO Hat das Gericht das schriftliche Vorverfahren angeordnet, kann gegen den Beklagten, nicht gegen den Kläger, bei dessen Säumnis ein Versäumnisurteil ergehen.

§ 276 Abs. 1 ZPO Voraussetzung hierfür ist, dass der Beklagte entgegen der gesetzten Frist seine Verteidigungsbereitschaft nicht rechtzeitig angezeigt hat. Der Kläger muss einen entsprechenden Antrag auf Erlass eines Versäumnisurteils stellen.

6.2. Beendigung durch die Parteien

Auswirkungen der Dispositionsmaxime

Die Parteien sind die Herren des Verfahrens. Sie können durch eigene Prozesshandlungen den Rechtsstreit beenden.

6.2.1. Klagerücknahme

§ 269 Abs. 1 ZPO Der Kläger kann bis zum Beginn der mündlichen Verhandlung durch einseitige Erklärung gegenüber dem Gericht die Klage zurücknehmen. Danach bedarf er der Einwilligung des Beklagten.

§ 269 Abs. 3 Satz 1 ZPO
§ 269 Abs. 3 Satz 2 ZPO Die Klagerücknahme führt dazu, dass die Rechtshängigkeit mit Rückwirkung beseitigt wird. Der Kläger hat die Kosten des Rechtsstreites zu tragen. Da er jedoch nur die Klage zurückgenommen hat und damit auf die Durchführung des konkreten Rechtsstreites verzichtet hat, hat er nicht auf die Forderung selbst verzichtet. Er kann eine neue Klage erheben.

Oftmals vereinbaren die Parteien außergerichtlich einen Vergleich, nach dessen Erfüllung dann der Kläger die Klage zurücknimmt. Es werden dann vereinbarungsgemäß keine Kostenanträge gestellt.

6.2.2. Verzicht

Durch diese Erklärung verzichtet der Kläger auf den Klageanspruch als solchen. Der Kläger kann seinen Anspruch nicht in einem neuen Rechtsstreit geltend machen. Er kann auch nur auf einen Teil der Klage verzichten.

Verzicht des Klägers durch Erklärung

Verzicht **§ 306 ZPO**

> (1) Verzichtet der Kläger bei der mündlichen Verhandlung auf den geltend gemachten Anspruch, so ist er aufgrund des Verzichtes mit dem Anspruch abzuweisen, wenn der Beklagte die Abweisung beantragt.

6.2.3. Anerkenntnis

Voraussetzungen für ein Anerkenntnisurteil sind:

- trotz des eindeutigen Wortlautes wird allgemein ein Antrag nicht für erforderlich gehalten;
- die anerkennende Partei muss verfügungsbefugt über den Streitgegenstand sein. Dies gilt etwa in Ehe- und Kindschaftssachen;
- Bedingungsfeindlichkeit.

Ein eingeschränktes Anerkenntnis etwa unter Aufrechnung mit einer Gegenforderung ist nicht zulässig, so dass in diesem Fall kein Anerkenntnisurteil ergehen kann. Es kann lediglich als Anerkenntnis dem Grunde nach gewertet werden.

- Vorliegen der Sachurteilsvoraussetzungen.
Das Anerkenntnisurteil ist Sachurteil, so dass die Sachurteilsvoraussetzungen vorliegen müssen. Bei deren Fehlen ergeht ein abweisendes Prozessurteil.

Der Widerruf eines Anerkenntnisses ist bei Vorliegen eines Restitutionsgrundes, der zur Wiederaufnahme führen kann, möglich.

Anerkenntnisurteil

§§ 617, 640 ZPO

Anerkenntnis kann nur bedingungslos erfolgen

§ 580 ZPO

Anerkenntnis **§ 307 ZPO**

> (1) Erkennt eine Partei den gegen sie geltend gemachten Anspruch bei der mündlichen Verhandlung ganz oder zum Teil an, so ist sie auf Antrag dem Anerkenntnis gemäß zu verurteilen.

6.2.4. Erledigung

§ 91 a ZPO
Erledigungserklärung

Zahlreiche Rechtsstreitigkeiten oder Teile eines Rechtsstreites werden durch Erledigung der Hauptsache beendet. Dabei ist zwischen übereinstimmender und einseitiger Erledigungserklärung zu unterscheiden.

§ 91 a ZPO

Erledigung der Hauptsache

(1) Haben die Parteien in der mündlichen Verhandlung oder durch Einreichung eines Schriftsatzes oder zu Protokoll der Geschäftsstelle den Rechtsstreit in der Hauptsache für erledigt erklärt, so entscheidet das Gericht über die Kosten unter Berücksichtigung des bisherigen Sach- und Streitstandes nach billigem Ermessen durch Beschluss. Die Entscheidung kann ohne mündliche Verhandlung ergehen.

Übereinstimmende Erledigungserklärung

Die Parteien können übereinstimmend eine Erledigungserklärung abgeben. Insoweit wird der Beklagte sich der Erledigungserklärung des Klägers anschließen.

Hierdurch wird die Rechtshängigkeit beendet. Über den geltend gemachten Anspruch darf nicht mehr entschieden werden. Wenn die Parteien im Vergleichswege keine Kostenregelung getroffen haben, hat das Gericht durch Beschluss über diese zu entscheiden. Dabei wird sich das Gericht daran orientieren, wie der Prozess voraussichtlich ausgegangen wäre. Die dann voraussichtlich unterliegende Partei hat die Kosten zu tragen.

Einseitige Erledigungserklärung

Gibt der Kläger eine einseitige Erledigungserklärung ab, der sich der Beklagte nicht anschließt, wird hierdurch die Rechtshängigkeit nicht beendet. Sein ursprüngliches Klagebegehren wandelt sich in eine Feststellung der Erledigung der Hauptsache.

Das Gericht hat die Erledigung festzustellen. Hierzu hat es zu prüfen, ob die Klage zulässig und begründet war.

- War die Klage unzulässig oder unbegründet, kann die Erledigung der Hauptsache nicht festgestellt werden. Die Klage ist durch Urteil abzuweisen. Der Kläger hat dann die Kosten des Verfahrens zu tragen.
- War die Klage bis zum Eintritt des erledigenden Ereignisses zulässig und begründet, wird durch Urteil festgestellt, dass der Rechtsstreit in der Hauptsache erledigt ist. Die Kosten des Rechtsstreites werden dem Beklagten auferlegt.

Die Parteien können Teile eines Rechtsstreites übereinstimmend für erledigt erklären. Setzt sich eine Forderung aus mehreren Positionen zusammen, kann eine teilweise Erledigung etwa dadurch eintreten, dass die Parteien sich über einen Teilbereich außergerichtlich geeinigt haben oder etwa bei dem Herausgabeverlangen mehrerer Gegenstände ein einzelner Gegenstand untergegangen ist.

6.2.5. Vergleich

Die Dispositionsfreiheit der Parteien macht es möglich, dass der Rechtsstreit gütlich durch Abschluss eines Prozessvergleiches beendet wird. Hierauf hat das Gericht in jeder Lage des Verfahrens hinzuwirken.

<small>Der Güteversuch des Gerichts bezweckt die Befriedigung der Parteien § 279 ZPO</small>

Der Prozessvergleich hat einen Doppelcharakter.

<small>§ 779 BGB
Der Prozessvergleich ist Prozesshandlung und Rechtsgeschäft zugleich</small>

Zu seiner Wirksamkeit müssen daher die Voraussetzungen einer wirksamen Prozesshandlung und eines materiellen rechtlichen Vergleiches gegeben sein.

Als Prozesshandlung

<small>§ 794 Abs. 1 Nr. 1 ZPO</small>

- Abschluss vor einem Gericht in mündlicher Verhandlung.
- Der Streitgegenstand des anhängigen Verfahrens muss betroffen sein und diesen erledigen. Daneben können auch andere Angelegenheiten der Parteien geregelt werden.
- Nur bei Verfahren mit Positionsmaxime.
- Eine Scheidung kann nicht durch einen Vergleich erfolgen.
- Postulationsfähigkeit der Vergleichschließenden; besteht Anwaltszwang, kann die postulationsunfähige Partei den Prozessvergleich nicht selbst schließen.

<small>§ 78 ZPO</small>

- Ordnungsgemäße Protokollierung.

<small>§§ 160 Abs. 3 Nr. 1, 162 ZPO</small>

Als materiell-rechtlicher Vergleich

<small>§ 779 ZPO</small>

- Beilegung des Rechtsstreites durch gegenseitiges Nachgeben.
- Allgemeine Wirksamkeitsvoraussetzungen nach materiellem Recht (Geschäftsfähigkeit, Verfügungsbefugnis, wirksame Vertretung).

Der Prozessvergleich ist ein Vollstreckungstitel.

<small>Prozessvergleich
§ 794 Abs. 1 Nr. 1 ZPO</small>

Erkenntnisverfahren

Anwaltsvergleich \
§ 796 a ff. ZPO

Zuständig für die Vollstreckbarerklärung ist das Prozessgericht

§ 323 ZPO

Der Anwaltsvergleich ist eine besondere Form eines außergerichtlichen Vergleiches der Parteien. Dieser führt durch Vollstreckbarerklärung des Gerichts oder eines Notars zu einem Vollstreckungstitel. Bei Abschluss dieses Vergleiches müssen beide Parteien durch Rechtsanwälte vertreten sein.

Besonders zu beachten ist bei Abschluss eines Prozessvergleiches auf wiederkehrende Leistungen (wie etwa Unterhalt), dass die Vergleichsgrundlage mitprotokolliert wird. Etwaige spätere Abänderungen müssen eine geänderte Grundlage darstellen, damit der Abänderungsantrag Erfolg haben kann.

6.3. Urteil

Das Gesetz sieht für die Verkündung des Urteils eine bestimmte Form vor:

⇒ Urteilsverkündung

§ 311 ZPO

Alle Urteile werden in öffentlicher Sitzung verkündet

Form der Verkündung

(1) Das Urteil ergeht im Namen des Volkes.

(2) Das Urteil wird durch Vorlesung der Urteilsformel verkündet. Versäumnisurteile, Urteile, die aufgrund eines Anerkenntnisses erlassen werden, sowie Urteile, welche die Folge der Zurücknahme der Klage oder Verzichtes auf den Klageanspruch aussprechen, können verkündet werden, auch wenn die Urteilsformel noch nicht schriftlich abgefasst ist.

(3) Die Entscheidungsgründe werden, wenn es für angemessen erachtet wird, durch Vorlesung der Gründe oder durch mündliche Mitteilung des wesentlichen Inhaltes verkündet.

(4) Wird das Urteil nicht in dem Termin verkündet, in dem die mündliche Verhandlung geschlossen wird, so kann es der Vorsitzende in Abwesenheit der anderen Mitglieder des Prozessgerichtes verkünden. Die Verlesung der Urteilsformel kann durch eine Bezugnahme auf die Urteilsformel ersetzt werden, wenn in dem Verkündungstermin von den Parteien niemand erschienen ist

§ 313 ZPO

Das Gesetz sieht weiter für die Fassung des Urteils ausdrücklich eine bestimmte Form sowie einen konkreten Inhalt vor.

- Bindung des Gerichtes an seine Entscheidung

Erkenntnisverfahren 81

Bindung des Gerichts § 318 ZPO

(1) Das Gericht ist an die Entscheidung, die in den von ihm erlassenen End- und Zwischenurteilen enthalten ist, gebunden.

Eine Berichtigung des Urteils ist in einem engen Rahmen möglich.

⇒ Berichtigung des Urteils

Berichtigung des Urteils § 319 ZPO

(1) Schreibfehler, Rechnungsfehler und ähnliche offenbare Unrichtigkeiten, die in dem Urteil vorkommen, sind jederzeit von dem Gericht auch von Amts wegen zu berichtigen.
(2) Über die Berichtigung kann ohne mündliche Verhandlung entschieden werden. Der Beschluss, der eine Berichtigung ausspricht, wird auf dem Urteil und den Ausfertigungen vermerkt.

Urteilsberichtigung

Folgende Urteilsarten sind zu unterscheiden:

- Prozessurteile entscheiden nur über die Zulässigkeit der Klage.
- Sachurteile ergehen als Entscheidung in der Sache selbst.

Prozessurteile
Sachurteile

Dabei wird wiederum unterschieden:

- Leistungsurteile: Zahlung, Herausgabe, bestimmte Handlung oder Unterlassung, Duldung, Abgabe von Willenserklärungen.
- Feststellungsurteile: Das Bestehen oder Nichtbestehen eines Rechtsverhältnisses wird entschieden. Daher sind sie kein Vollstreckungstitel.
- Gestaltungsurteile: Sie gestalten eine bestehende Rechtslage konstitutiv um (Auflösung einer Gesellschaft, Scheidungsurteil).

Leistungsurteile
Feststellungsurteile
Gestaltungsurteile

Ferner wird unterschieden zwischen Endurteil und Zwischenurteil.

Endurteil
Zwischenurteil

⇒ Endurteil

Endurteil § 300 ZPO

(1) Ist der Rechtsstreit zur Endentscheidung reif, so hat das Gericht sie durch Endurteil zu erlassen.
(2) Das gleiche gilt, wenn von mehreren zum Zwecke gleichzeitiger Verhandlung und Entscheidung verbundenen Prozessen nur der Eine zur Entscheidung reif ist.

In diesen Fällen wird der Rechtsstreit vollständig erledigt. Es handelt sich um ein Vollendurteil.

Vollendurteil

⇒ Teilurteil

§ 301 ZPO **Teilurteil**

(1) Ist von mehreren in einer Klage geltend gemachten Ansprüchen nur der eine oder ist nur ein Teil eines Anspruches oder bei erhobener Widerklage nur die Klage oder nur die Widerklage zur Endentscheidung reif, so hat das Gericht sie durch Endurteil (Teilurteil) zu erlassen.

(2) Der Erlass eines Teilurteils kann unterbleiben, wenn es das Gericht nach Lage der Sache nicht für angemessen erachtet.

Schlussurteil

Hierdurch wird nur ein selbständiger Teil des Rechtsstreites erledigt. Sobald das Urteil über den verbliebenen Rest erfolgt, nennt man dies Schlussurteil.

Zwischenurteil

Ein Zwischenurteil erledigt nur einen einzelnen Streitpunkt, nicht jedoch den geltend gemachten Anspruch ganz oder teilweise.

⇒ Verhandlung zur Zulässigkeit

§ 280 ZPO **Abgesonderte Verhandlung zur Zulässigkeit der Klage**

(1) Das Gericht kann anordnen, dass über die Zulässigkeit der Klage abgesondert verhandelt wird.

(2) Ergeht ein Zwischenurteil, so ist es im Betreff der Rechtsmittel als Endurteil anzusehen. Das Gericht kann jedoch auf Antrag anordnen, dass zur Hauptsache zu verhandeln ist.

Grundurteil

Ein wichtiger Fall des Zwischenurteils ist die Vorabentscheidung ⇒ Zwischenurteil über den Grund

§ 304 ZPO **Zwischenurteil über den Grund**

(1) Ist ein Anspruch nach Grund und Betrag streitig, so kann das Gericht über den Grund vorab entscheiden.

(2) Das Urteil ist im Betreff der Rechtsmittel als Endurteil anzusehen; das Gericht kann jedoch, wenn der Anspruch für begründet erklärt ist, auf Antrag anordnen, dass über den Betrag zu verhandeln sei.

Dies ist in der Praxis der häufigste Fall eines Zwischenurteils. Der Streit der Parteien über Grund und Höhe einer Forderung findet zunächst eine Entscheidung über den Grund. Dieses Urteil kann dann angefochten werden.

Es schließt sich wieder in der ursprünglichen Instanz das Betragsverfahren an. Dieses wird durch ein Schlussurteil beendet.

Betragsverfahren

7. Rechtsmittel und Rechtsbehelfe

Die rechtspolitische Bedeutung der Überprüfbarkeit gerichtlicher Entscheidungen kann nicht genug betont werden. Sie dient der Sicherung einer einheitlichen Rechtsprechung und übt gleichzeitig Druck auf die Eingangsgerichte aus, die Entscheidungen sorgfältig zu treffen. Daher sollte die jetzige Regelung beibehalten werden.

7.1. Allgemeines

Jedes prozessuale Mittel zur Verwirklichung eines Rechts ist ein Rechtsbehelf. Dieser Begriff ist daher sehr weit gefasst. Demgegenüber wird unter Rechtsmittel derjenige Rechtsbehelf verstanden, der eine Entscheidung vor ihrer Rechtskraft der Nachprüfung einer höheren Instanz unterbreitet. Hierzu gehören nur Berufung, Revision und Beschwerde. In der ZPO gilt ein anderer Begriff des Rechtsmittels als in § 839 Abs. 3 BGB. Dort sind alle Rechtsbehelfe im weitesten Sinne erfasst, die eine Beseitigung oder Berichtigung bezwecken.

Rechtsbehelf ist jedes prozessuale Mittel zur Verwirklichung eines Rechts

Rechtsmittel führen in die nächste Instanz

Ein Rechtsmittel darf grundsätzlich nicht von einer Bedingung abhängig gemacht werden

Rechtsmittel unterscheiden sich von Rechtsbehelfen durch zwei Wesensmerkmale:

- Devolutiveffekt: Hierdurch entscheidet die höhere Instanz über die angefochtene Entscheidung.
- Suspensiveffekt: Der Eintritt der formellen Rechtskraft wird durch die Einlegung des Rechtsmittels hinausgeschoben.

Erfolgreich ist ein Rechtsmittel, wenn es zulässig und begründet ist.

Voraussetzungen für die Zulässigkeit sind:

- Statthaftigkeit:
Bereits seiner Art nach muss das Rechtsmittel als solches in Betracht kommen.

- Wahrung von Form und Frist:

Soweit Fristen gesetzlich vorgesehen sind, finden diese sich bei den einzelnen Rechtsmitteln

Beschwer

- Beschwer des Rechtsmittelklägers:

Ein Rechtsmittel ist nur dann zulässig, wenn die angefochtene Entscheidung eine Beschwer des Rechtsmittelführers enthält und wenn mit dem Rechtsmittel gerade die Beseitigung dieser Beschwer oder eines Teiles des von ihr erstrebt wird. Der Kläger ist beschwert, wenn die angefochtene Entscheidung von der von ihm beantragten abweicht. Der Beklagte ist beschwert, wenn die angefochtene Entscheidung für ihn materiell nachteilig ist.

§ 511 a ZPO
§ 546 ZPO

- Beschwerdewert:

Bei der Berufung ist ein Wert von mehr als 1.500,00 DM notwendig. Bei der Revision beläuft sich der Beschwerdewert in vermögensrechtlichen Streitigkeiten auf mehr als 60.000,00 DM.

- Begründetheit:

Das Rechtsmittel ist begründet, wenn die angefochtene Entscheidung unrichtig ist. Über die Begründetheit kann nur entschieden werden, wenn das Rechtsmittel zulässig ist. Die Zulässigkeitsfeststellung hat Vorrang. Begründet ist das Rechtsmittel, wenn die angefochtene Entscheidung materiell rechtlich unrichtig ist. Dabei ist das Verbot der reformatio in peius zu beachten. Die angefochtene Entscheidung darf nicht in einem größeren Umfang abgeändert werden, als dies beantragt ist §§ 536, 559 ZPO.

Berufung
Revision
Beschwerde

7.2. Die Rechtsmittel im Einzelnen

Das Gesetz kennt Berufung, Revision und Beschwerde. Hierdurch wird eine gerichtliche Entscheidung angefochten und zur Überprüfung durch ein höheres Gericht gestellt.

§§ 511 – 544 ZPO

7.2.1. Berufung

§ 511 ZPO

Zulässigkeit

Die Berufung findet gegen die im ersten Rechtszuge erlassenen Endurteile statt.

Gegen Urteile des Amtsgerichts und erstinstanzliche Urteile des Landgerichts ist somit die Berufung statthaft.

Die Berufung ist unzulässig, wenn der Wert des Beschwerdegegenstandes 1.500,00 DM nicht übersteigt.

§ 511 a ZPO

Berufungsfrist

§ 516 ZPO

Die Berufungsfrist beträgt einen Monat; sie ist eine Notfrist und beginnt mit der Zustellung des in vollständiger Form abgefassten Urteils, spätestens aber nach Ablauf von fünf Monaten nach der Verkündung.

Die Berufung ist durch eine Berufungsschrift beim Berufungsgericht innerhalb eines Monats nach Zustellung des Urteils einzureichen.

§§ 516, 518 ZPO

Zu beachten ist, dass eine Ausfertigung oder beglaubigte Abschrift des angefochtenen Urteils der Berufungsschrift beigefügt wird.

§ 518 Abs. 3 ZPO

Berufungsbegründung

§ 519 ZPO

(1) Der Berufungskläger muss die Berufung begründen
(2) Die Berufungsbegründung ist, sofern sie nicht bereits in der Berufungsschrift enthalten ist, in einem Schriftsatz bei dem Berufungsgericht einzureichen. Die Frist für die Berufungsbegründung beträgt einen Monat; sie beginnt mit der Einlegung der Berufung. Die Frist kann auf Antrag von dem Vorsitzenden verlängert werden, wenn nach seiner freien Überzeugung der Rechtsstreit durch die Verlängerung nicht verzögert wird oder wenn der Berufungskläger erhebliche Gründe darlegt.
(3) Die Berufungsbegründung muss enthalten:
1. Die Erklärung, inwieweit das Urteil angefochten wird und welche Abänderungen des Urteils beantragt werden (Berufungsanträge);
2. die bestimmte Bezeichnung der im einzelnen anzuführenden Gründe der Anfechtung (Berufungsgründe) sowie der neuen Tatsachen, Beweismittel und Beweiseinreden, die Partei zur Rechtfertigung ihrer Berufung anzuführen hat.

Die Berufungsbegründung hat sich mit den Entscheidungsgründen des Urteils auseinanderzusetzen

Die Berufungsinstanz ist eine Tatsacheninstanz. Es wird in tatsächlicher und rechtlicher Hinsicht neu verhandelt. Es dürfen daher neue Tatsachenbehauptungen und Beweismittel vorgetragen werden.

§§ 525, 537 ZPO

Haben in der ersten Instanz beide Parteien ihr Ziel nicht erreicht, in dem etwa einer Klage nur teilweise stattgegeben wurde, können beide Parteien, soweit der Berufungsstreitwert erreicht wird, Beru-

Selbständige und unselbständige Anschlussberufung
§ 521 ZPO

Erkenntnisverfahren

Anschlussberufung

fung einlegen. Legt der Beklagte innerhalb der Frist zeitlich nach dem Kläger Berufung ein, handelt es sich um eine selbständige Anschlussberufung. Legt er seine Berufung nach Ablauf der Berufungsfrist ein, handelt es sich um eine unselbständige Anschlussberufung.

§ 522 ZPO

Nimmt der Kläger dann seine Berufung zurück, verliert die unselbständige Anschlussberufung jegliche Wirkung. Nur über die selbständige Anschlussberufung ist durch das Berufungsgericht zu verhandeln.

Für die mündliche Verhandlung gelten grundsätzlich die Regeln für das erstinstanzliche Verfahren.

Das Berufungsgericht kann folgende Entscheidungen treffen:

§ 519 b ZPO
- Verwerfung der Berufung als unzulässig durch Urteil oder Beschluss.
- Zurückweisung der Berufung durch Urteil, wenn sie unbegründet ist.

§§ 538, 539, 540 ZPO
- Ist die zulässige Berufung ganz oder zum Teil begründet, ist das erstinstanzliche Urteil aufzuheben oder abzuändern. Bei Verfahrensfehlern kann das Berufungsgericht den Rechtsstreit zur neuen Verhandlung an das erstinstanzliche Gericht zurückverweisen.

§§ 545 – 566 a ZPO

7.2.2. Revision

Das Revisionsgericht prüft nur Rechtsverletzungen

Die Revision ist ein wie die Berufung frei gestaltetes, jedoch auf die rechtliche Würdigung des Rechtsstreites beschränktes Rechtsmittel.

§ 545 ZPO

Zulässigkeit

(1) Die Revision findet gegen die in der Berufungsinstanz von den Oberlandesgerichten erlassenen Endurteile nach Maßgabe der folgenden Vorschriften statt.

(2) Gegen Urteile, durch die über die Anordnung, Abänderung oder Aufhebung eines Arrestes oder einer einstweiligen Verfügung entschieden wird, ist die Revision nicht zulässig. Dasselbe gilt für Urteile über die vorzeitige Besitzeinweisung im Enteignungsverfahren oder in Umlegungsverfahren.

Revisionssumme § 546 ZPO

(1) In Rechtsstreitigkeiten über vermögensrechtliche Ansprüche, bei denen der Wert der Beschwer 60.000,00 DM nicht übersteigt, und über nicht vermögensrechtliche Ansprüche findet die Revision nur statt, wenn das Oberlandesgericht sie in dem Urteil zugelassen hat. Das Oberlandesgericht lässt die Revision zu, wenn
1. die Rechtssache grundsätzliche Bedeutung hat oder
2. das Urteil von einer Entscheidung des Bundesgerichtshofes oder gemeinsamen Senats der obersten Gerichtshöfe des Bundes abweicht und auf dieser Abweichung beruht.
Das Revisionsgericht ist an die Zulassung gebunden.

Zulässig ist eine Berufung stets dann, wenn das Berufungsgericht die Berufung als unzulässig verworfen hat. § 547 ZPO

Die Revision kann nur auf eine Rechtsverletzung gestützt werden. Neue Tatsachen dürfen somit grundsätzlich nicht vorgetragen werden. Ausnahmen regelt § 561 Abs. 2 ZPO. § 549 Abs. 1 ZPO

Absolute Revisionsgründe § 551 ZPO

Eine Entscheidung ist stets als auf einer Verletzung des Gesetzes beruhend anzusehen:
1. wenn das erkennende Gericht nicht vorschriftsmäßig besetzt war;
2. wenn bei der Entscheidung ein Richter mitgewirkt hat, der von der Ausübung des Richteramtes kraft Gesetzes ausgeschlossen war, sofern nicht dieses Hindernis mittels eines Ablehnungsgesuches ohne Erfolg geltend gemacht ist;
3. wenn bei der Entscheidung ein Richter mitgewirkt hat, obgleich er wegen Besorgnis der Befangenheit abgelehnt und das Ablehnungsgesuch für unbegründet erklärt war;
4. wenn das Gericht seine Zuständigkeit oder Unzuständigkeit mit Unrecht angenommen hat;
5. wenn eine Partei in dem Verfahren nicht nach Vorschrift der Gesetze vertreten war, sofern sie nicht die Prozessführung ausdrücklich oder stillschweigend genehmigt hat;
6. wenn die Entscheidung aufgrund einer mündlichen Verhandlung ergangen ist, bei der die Vorschriften über die Öffentlichkeit des Verfahrens verletzt sind;
7. wenn die Entscheidung nicht mit Gründen versehen ist.

Erkenntnisverfahren

Im übrigen gilt:

§ 549 ZPO — **Revisionsgründe**

(1) Die Revision kann nur darauf gestützt werden, dass die Entscheidung auf der Verletzung des Bundesrechts oder einer Vorschrift beruht, deren Geltungsbereich sich über den Bezirk eines Oberlandesgerichtes hinaus erstreckt.

Der Bundesgerichtshof kann in Rechtsstreitigkeiten über vermögensrechtliche Ansprüche, bei denen der Wert der Beschwer 60.000,00 DM übersteigt, die Annahme der Revision ablehnen, wenn die Rechtssache keine grundsätzliche Bedeutung hat.

§ 555 ZPO — Grundsätzlich wird Termin zur mündlichen Verhandlung abgehalten.

Der Bundesgerichtshof entscheidet durch Urteil, wobei das angefochtene Urteil aufgehoben wird und der Rechtsstreit zur anderweitigen Verhandlung der Entscheidung an das Berufungsgericht zurückverwiesen wird. Das Berufungsgericht hat die rechtliche Beurteilung des Bundesgerichtshofes in seiner dann zu fällenden Entscheidung zugrundezulegen.

Der Bundesgerichtshof hat in der Sache selbst zu entscheiden:
- wenn die Aufhebung des Urteils nur wegen Gesetzesverletzung bei Anwendung des Gesetzes auf das festgestellte Sachverhältnis erfolgt und nach Letzerem die Sache zur Endentscheidung reif ist;
- wenn die Aufhebung des Urteils wegen Unzuständigkeit des Gerichtes oder wegen Unzulässigkeit des Rechtsweges erfolgt.

§§ 567 – 577 a ZPO — **7.2.3. Beschwerde**

Die Beschwerde ist ein Rechtsmittel zur selbständigen Anfechtung von Entscheidungen. Die Beschwerde ist statthaft, wo sie das Gesetz ausdrücklich zulässt (vgl. z. B. §§ 127, 380, 91 a ZPO).

Die Beschwerde ist weiter statthaft, wo das Gericht ein das Verfahren betreffendes Gesuch durch keine mündliche Verhandlung erforderliche Entscheidung zurückgewiesen hat. Es kann sich dabei um einen Beschluss oder eine Verfügung des Richters handeln.

Unterscheidung zwischen
- einfacher Beschwerde
- sofortiger Beschwerde

Unterschieden wird zwischen der nicht fristgebundenen einfachen Beschwerde sowie der sofortigen Beschwerde. Diese ist binnen zwei Wochen, die mit der Zustellung beginnen, einzulegen.

Nur wenn das Gesetz ausdrücklich die sofortige Beschwerde nennt, ist diese statthaft. Sonst ist die einfache Beschwerde gegeben. | § 577 ZPO

Es entscheidet das im Rechtszug nächst höhere Gericht. Die Entscheidung ergeht durch Beschluss. Das Gericht, dessen Entscheidung angefochten wird, kann der Beschwerde selbst abhelfen. Dies gilt nicht bei einer sofortigen Beschwerde. | § 568 ZPO
§ 573 ZPO
§ 571 ZPO
§ 577 Abs. 3 ZPO

Eine weitere Beschwerde ist nur dann möglich, wenn sie gesetzlich zugelassen ist und die Beschwerdeentscheidung einen neuen selbständigen Beschwerdegrund enthält. | Weitere Beschwerde

7.3. Die Rechtsbehelfe

Im Gesetz finden sich Einspruch, Erinnerung, Wiedereinsetzung, Wiederaufnahme und die Abänderungsklage. | Einspruch
Erinnerung
Wiedereinsetzung
Wiederaufnahme
Abänderungsklage

7.3.1. Einspruch

Da die bloße Säumnis nicht zum Verlust der Instanz führen soll, ist gegen ein Versäumnisurteil der Einspruch statthaft. | §§ 330 ff. ZPO
§ 338 ZPO

Die Einspruchsfrist beträgt zwei Wochen nach Zustellung des Versäumnisurteils. | § 339 ZPO

Einspruchsschrift | **§ 340 ZPO**

> (1) Der Einspruch wird durch Einreichung der Einspruchsschrift bei dem Prozessgericht eingelegt.
> (2) Die Einspruchsschrift muss enthalten:
> 1. die Bezeichnung des Urteils, gegen das der Einspruch gerichtet wird;
> 2. die Erklärung, dass gegen dieses Urteil Einspruch eingelegt werde.
> Soll das Urteil nur zum Teil angefochten werden, so ist der Umfang der Anfechtung zu bezeichnen.

In der Einspruchsfrist muss die säumige Partei umfassend vortragen, um nicht eine Zurückweisung dieses Vortrages wegen Verspätung zu erfahren. | § 340 Abs. 3 ZPO
Einspruchsfrist

Das Gericht muss alsdann prüfen, ob der Einspruch an sich statthaft und in der gesetzlichen Form und Frist eingelegt wurde. Fehlt es an einem dieser Erfordernisse, muss der Einspruch verworfen werden. Dies erfolgt durch Beschluss.

Erkenntnisverfahren

7.3.2. Erinnerung

§ 576 ZPO
§ 11 RPflG

Dieser Rechtsbehelf ist statthaft, soweit die Beschwerde versagt ist. Sie ist ferner gegeben gegen Entscheidungen des Rechtspflegers. Die Erinnerung ist schriftlich oder zu Protokoll der Geschäftsstelle einzulegen. Eine mündliche Verhandlung ist nur selten erforderlich. Regelmäßig wird durch Beschluss entschieden. Besondere Bedeutung hat die Erinnerung im Vollstreckungsrecht.

7.3.3. Wiedereinsetzung

§ 233 ZPO

War eine Partei ohne ihr Verschulden verhindert, eine Notfrist oder die Frist zur Begründung der Berufung, der Revision oder Beschwerde einzuhalten, so ist ihr auf Antrag Wiedereinsetzung in den vorigen Stand zu gewähren.

§ 234 ZPO

Die Wiedereinsetzung ist statthaft, wenn eine Frist insgesamt versäumt wurde. Der Wiedereinsetzungsantrag muss innerhalb von zwei Wochen erfolgen, wobei die Frist mit dem Tage beginnt, an dem das Hindernis behoben wurde.

§ 236 ZPO

Wiedereinsetzungsantrag

(1) Die Form des Antrages auf Wiedereinsetzung richtet sich nach den Vorschriften, die für die versäumte Prozesshandlung gelten.
(2) Der Antrag muss die Angabe der die Wiedereinsetzung begründenden Tatsachen enthalten; diese sind bei der Antragstellung oder im Verfahren über den Antrag glaubhaft zu machen. Innerhalb der Antragsfrist ist die versäumte Prozesshandlung nachzuholen; ist dies geschehen, so kann Wiedereinsetzung auch ohne Antrag gewährt werden.

Die Tatsachen, die eine Verspätung entschuldigen sollen, müssen durch eidesstattliche Versicherung glaubhaft gemacht werden

§ 237 ZPO

Über den Wiedereinsetzungsantrag entscheidet das Gericht, das über die nachgeholte Prozesshandlung zu entscheiden hat. Wird dem Antrag stattgegeben, wird die Partei so behandelt, als wenn die Frist nicht versäumt worden wäre.

7.3.4. Wiederaufnahme

§ 578 ZPO
§ 579 ZPO
§ 580 ZPO

Die Wiederaufnahme eines Verfahrens, das durch ein rechtskräftiges Endurteil bereits abgeschlossen wurde, kann durch Nichtigkeitsklage oder Restitutionsklage erfolgen. Zwar hat dies die Wirkung eines Rechtsmittels (Berufung oder Revision). Es handelt sich jedoch um einen Rechtsbehelf. Die Nichtigkeitsklage wird durch schwere prozessuale Mängel unabhängig von deren Ursächlichkeit für das Urteil begründet. Die Restitutionsklage beruht auf einer Unrichtigkeit der Urteilsgrundlagen.

Die aufgeführten Gründe für eine Wiederaufnahme sind abschließend. Die Wiederaufnahme muss vor Ablauf eines Monates seit Kenntnis des Anfechtungsgrundes geltend gemacht werden. Sie kann nicht mehr nach Ablauf von fünf Jahren seit Eintritt der Rechtskraft des Urteils erhoben werden. Zuständig für die Wiederaufnahme ist das Gericht, dessen Urteil angefochten wird.

§ 586 ZPO

§ 584 ZPO

7.3.5. Abänderungsklage

Dieser Rechtsbehelf ist von besonderer praktischer Bedeutung bei der Abänderung von abgeschlossenen Vergleichen. War etwa die jetzt eingetretene Veränderung, auf die die Abänderungsklage gestützt wird, bei Abschluss des Vergleiches voraussehbar, ist die Abänderungsklage zurückzuweisen.

Große praktische Bedeutung

Abänderungsklage

§ 323 ZPO

(1) Tritt im Falle der Verurteilung zu künftig fällig werdenden wiederkehrenden Leistungen eine wesentliche Änderung derjenigen Verhältnisse ein, die für die Verurteilung zur Entrichtung der Leistungen, für die Bestimmung der Höhe der Leistungen oder der Dauer ihrer Entrichtung maßgebend waren, so ist jeder Teil berechtigt, im Wege der Klage eine entsprechende Abänderung des Urteils zu verlangen. Bei der Abänderungsklage handelt es sich um einen außerordentlichen, rein prozessualen Rechtsbehelf. Die prozessuale Bindungswirkung des Urteils wird beseitigt durch den Eintritt nachträglicher Veränderungen.

(2) Die Klage ist nur insoweit zulässig, als die Gründe, auf die sie gestützt wird, erst nach dem Schluss der mündlichen Verhandlung, in der eine Erweiterung des Klageantrages oder die Geltendmachung von Einwendungen spätestens hätte erfolgen müssen, entstanden sind und durch Einspruch nicht mehr geltend gemacht werden können.

Die Abänderung von Unterhaltstiteln setzt voraus, dass es sich um eine nachhaltige und wesentliche Veränderung der Verhältnisse handelt.

Dauerschuldverhältnis

Wiederholungsfragen

1. Was besagt die Dispositionsmaxime?
   Lösung Seite 22
2. Welche Formalien sind für eine Klageschrift zwingend vorgeschrieben?
   Lösung Seite 39
3. Was unterscheidet echte Prozessvoraussetzungen von Sachurteilsvoraussetzungen?
   Lösung Seite 47
4. Was ist der Unterschied zwischen Parteifähigkeit und Prozessfähigkeit?
   Lösung Seite 51, 52
5. Welche Arten von Prozessstandschaften kennt das Gesetz?
   Lösung Seite 53, 54
6. Wo ist die sachliche Zuständigkeit der Zivilgerichte geregelt?
   Lösung Seite 55, 56
7. Welche Arten von Klagen kennt das Gesetz?
   Lösung Seite 58 ff.
8. Wann ist eine Klageänderung zulässig?
   Lösung Seite 60, 61
9. Was ist eine Streitgenossenschaft?
   Lösung Seite 65
10. Welche Beweismittel lässt die Zivilprozessordnung zu?
    Lösung Seite 70 ff.
11. Was versteht man unter Beweislast?
    Lösung Seite 73
12. Was ist ein zweites Versäumnisurteil?
    Lösung Seite 75
13. Welchen Rechtscharakter hat ein Prozessvergleich?
    Lösung Seite 79
14. Welcher Unterschied besteht zwischen Rechtsmitteln und Rechtsbehelfen?
    Lösung Seite 83
15. Welche Rechtsmittel sieht die ZPO vor?
    Lösung Seite 84 ff.
16. Welche Rechtsbehelfe sind im Zivilprozess möglich?
    Lösung Seite 89 ff.

Besondere Verfahrensarten

1. Urkunden- und Wechselprozesse — 94
2. Mahnverfahren — 96
3. Selbständiges Beweisverfahren — 99
4. Schiedsgerichtsverfahren — 101
5. Familiensachen — 102

1. Urkunden- und Wechselprozesse

§§ 592 – 605 a ZPO

Kann der Kläger seine Ansprüche durch Urkunden belegen, stellt ihm diese Verfahrensart ein erleichtertes summarisches Instrument zur schnellen Erlangung eines Vollstreckungstitels zur Verfügung. Im Urkundenprozess findet nur eine eingeschränkte Sachprüfung statt. Der Beklagte hat nur die Möglichkeit, durch Urkunden sofort beweisbare Einwendungen zu erheben. Zu einem endgültigen Urteil führt dieses Verfahren nur, wenn der Anspruch unstreitig ist. Andernfalls ergeht ein Vorbehaltsurteil. Die endgültige Entscheidung ergeht dann erst im Nachverfahren.

In der Klageschrift ist ausdrücklich darauf hinzuweisen, dass im Urkunden- oder Wechselprozess geklagt wird

Zulässigkeit des Urkundenprozesses

§ 592 ZPO

Ein Anspruch, welcher die Zahlung einer bestimmten Geldsumme oder die Leistung einer bestimmten Menge anderer vertretbarer Sachen oder Wertpapiere zum Gegenstand hat, kann im Urkundenprozess geltend gemacht werden, wenn die sämtlichen zur Begründung des Anspruches erforderlichen Tatsachen durch Urkunden bewiesen werden können. Als ein Anspruch, welcher die Zahlung einer Geldsumme zum Gegenstand hat, gilt auch der Anspruch aus einer Hypothek, einer Grundschuld, einer Rentenschuld oder einer Schiffshypothek.

Voraussetzungen für einen Urkundenprozess sind somit:
- die allgemeinen Prozessvoraussetzungen, die für jeden Prozess vorliegen müssen, haben auch im Urkundenprozess vorzuliegen;
- Gegenstand des geltend gemachten Anspruches kann nur die Zahlung einer bestimmten Geldsumme oder die Leistung einer bestimmten Menge anderer vertretbarer Sachen oder Wertpapiere sein;
- die klagebegründenden Tatsachen müssen durch Urkunden beweisbar sein. Dabei brauchen unstreitige Tatsachen nicht durch Urkunden belegt zu werden. Für die Statthaftigkeit des Urkundenprozesses muss jedoch eine auf die Klageforderung bezogene Urkunde vorliegen.

Kann der Anspruch durch Urkunden nicht voll bewiesen werden, kann der Kläger zur Vermeidung einer Klageabweisung vom Urkundenprozess jederzeit Abstand nehmen. Der Rechtsstreit wird dann im normalen Verfahren fortgesetzt.

§ 597 Abs. 1 ZPO
§ 596 ZPO

Der Beklagte ist in seiner Verteidigung im Urkundenprozess erheblich eingeschränkt. Zum Beweis seiner Einwendungen kann der Beklagte nur auf Urkunden und Parteivernehmung zurückgreifen. Eine Widerklage ist ausgeschlossen.

§§ 595 Abs. 2, 598 ZPO
§ 595 Abs. 1 ZPO

Im Urkundenprozess ergeht das stattgebende Urteil als Vorbehaltsurteil. Dem Beklagten wird die Ausführung seiner Rechte vorbehalten. Er kann im Nachverfahren alle Verteidigungsmittel, mit denen er im Urkundenprozess zuvor ausgeschlossen war, einführen. Allerdings kann aus dem Vorbehaltsurteil vollstreckt werden. Der Beklagte muss versuchen, durch zugelassene Sicherheitsleistung die Zwangsvollstreckung abzuwehren.

§ 599 ZPO
§ 708 Nr. 4 ZPO

Praktisch bedeutsam sind als besondere Formen des Urkundenprozesses der Wechsel- und Scheckprozess. Sie sind eine besondere Form des Urkundenprozesses. Diese Verfahren zeichnen sich durch sehr kurze Ladungsfristen aus.

§§ 602 ff., 605 a ZPO

Wechselklage § 604 ZPO

(1) Die Klage muss die Erklärung enthalten, dass im Wechselprozess geklagt werde.
(2) Die Ladungsfrist beträgt mindestens 24 Stunden, wenn die Ladung an dem Ort, der Sitz des Prozessgerichtes ist, zugestellt wird.

In Anwaltsprozessen beträgt sie mindestens drei Tage, wenn die Ladung an einem anderen Ort zugestellt wird, der im Bezirk des Prozessgerichtes liegt oder von dem ein Teil zu dessen Bezirk gehört.

Eine Erleichterung für den Kläger besteht auch in der erweiterten Möglichkeit der Anrufung des zuständigen Gerichtes.

§ 603 ZPO **Gerichtsstand**

(1) Wechselklagen können sowohl bei dem Gericht des Zahlungsortes als bei dem Gericht angestellt werden, bei dem der Beklagte seinen allgemeinen Gerichtsstand hat.
(2) Wenn mehrere Wechselverpflichtete gemeinschaftlich verklagt werden, so ist außer dem Gericht des Zahlungsortes jedes Gericht zuständig, bei dem einer der Beklagten seinen allgemeinen Gerichtsstand hat.

Für diese Verfahren gelten die Bestimmungen des Urkundenprozesses ergänzend.

§§ 688 – 703 d ZPO

2. Mahnverfahren

Kann der Gläubiger davon ausgehen, dass der Schuldner Einwendungen gegen den Zahlungsanspruch nicht erheben wird, steht ihm das abgekürzte Mahnverfahren zur Verfügung. Dieses soll auf schnelle, einfache und kostensparende Art die Erlangung eines Vollstreckungstitels ermöglichen.

Mahnbescheid per Computer
§§ 689, 703 b, 703 c ZPO

Wegen der großen praktischen Bedeutung sind in vielen Bundesländern zentrale Mahngerichte eingeführt worden, die das Verfahren EDV-mäßig bearbeiten.

§ 689 Abs. 2 ZPO

In diesen Verfahren wird der Gläubiger als Antragsteller und der Schuldner als Antragsgegner bezeichnet. Der Antragsteller reicht den Antrag auf Erlass des Mahnbescheides beim Amtsgericht seines allgemeinen Gerichtsstandes ein.

Die Gerichtskosten müssen auch hier eingezahlt werden, damit die Zustellung an den Schuldner erfolgt. Die Zustellung bewirkt auch hier die Rechtshängigkeit.

Besondere Verfahrensarten

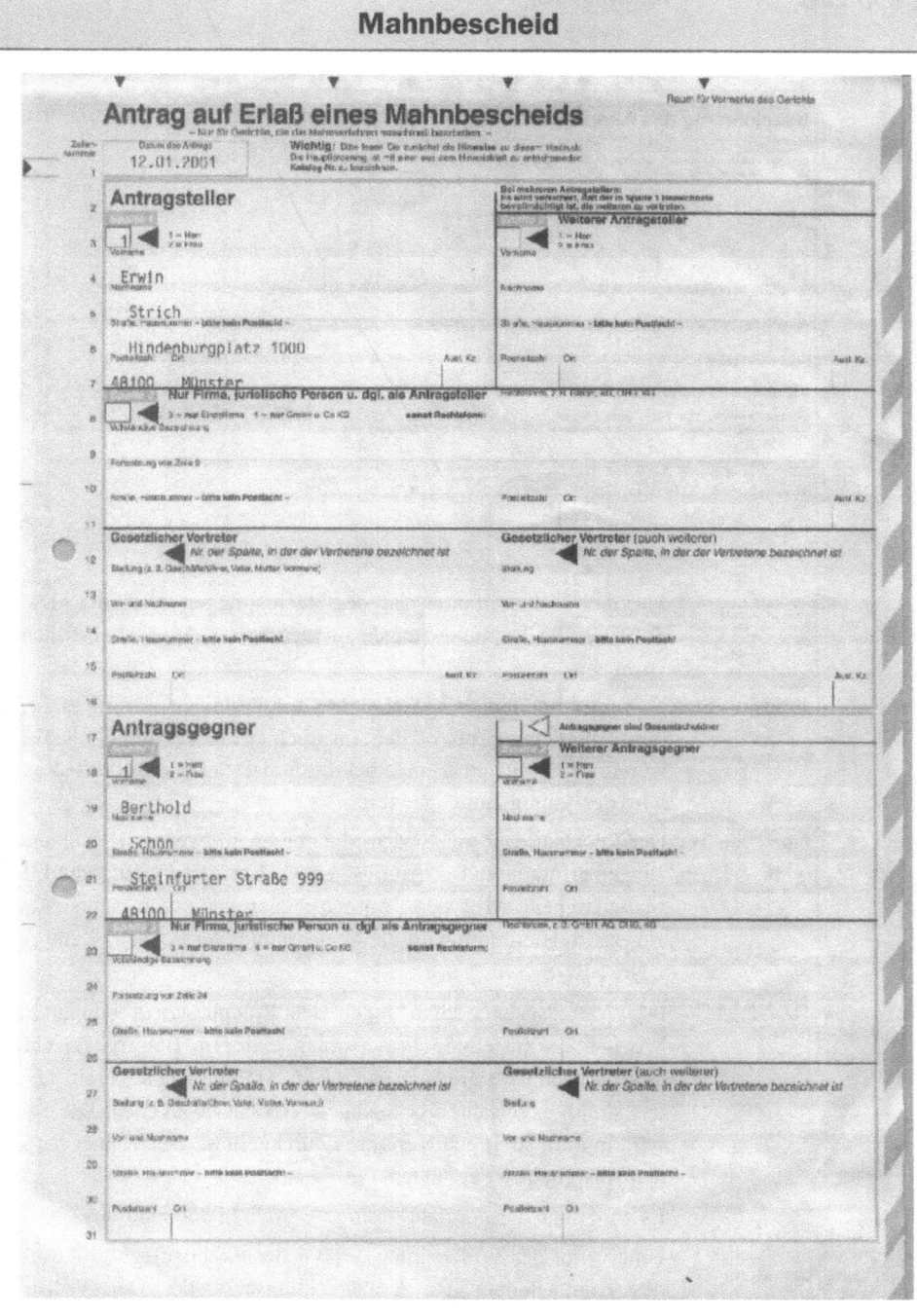

§ 690 ZPO	**Mahnantrag**

(1) Der Antrag muss auf den Erlass eines Mahnbescheides gerichtet sein und enthalten:

1. Die Bezeichnung der Parteien, ihrer gesetzlichen Vertreter und der Prozessbevollmächtigten;
2. die Bezeichnung des Gerichtes, bei dem der Antrag gestellt wird;
3. die Bezeichnung des Anspruches unter bestimmter Angabe der verlangten Leistungen; Haupt- und Nebenforderungen sind gesondert und einzeln zu bezeichnen, Ansprüche aus Verträgen, für die das Verbraucherkreditgesetz gilt, auch unter Angabe des Datums des Vertragsabschlusses und des nach dem Verbraucherkreditgesetz anzugebenden effektiven oder anfänglichen effektiven Jahreszinses;
4. die Erklärung, dass der Anspruch nicht von einer Gegenleistung abhängt oder dass die Gegenleistung erbracht ist;
5. die Bezeichnung des Gerichtes, das für ein streitiges Verfahren zuständig ist.

(2) Der Antrag bedarf der handschriftlichen Unterzeichnung. |
§ 20 Nr. 1 RPflG § 691 ZPO	Für das Mahnverfahren ist der Rechtspfleger zuständig. Dieser prüft, ob die Voraussetzungen für den Erlass des Mahnbescheides vorliegen.
§ 692 Abs. 1 Nr. 2 ZPO § 691 ZPO	Es findet nur eine eingeschränkte Schlüssigkeitsprüfung statt. Es wird lediglich geprüft, ob der Anspruch ausreichend individualisiert ist und nicht erkennbar ungerechtfertigt ist. Sollte dies der Fall sein, wird der Antrag zurückgewiesen.
§ 702 Abs. 2 ZPO § 693 ZPO	Der Rechtspfleger erlässt den Mahnbescheid, wenn alle Voraussetzungen erfüllt sind. Der Antragsgegner wird dabei nicht gehört. Der Mahnbescheid wird dem Antragsgegner dann von Amts wegen zugestellt. Hierdurch wird die Verjährung unterbrochen, § 209 Abs. 2 Nr. 1 BGB.
Gegen den Mahnbescheid kann Widerspruch eingelegt werden § 694 ZPO § 697 Abs. 1 ZPO	Der Antragsgegner kann gegen den Mahnbescheid binnen zwei Wochen ab Zustellung Widerspruch einlegen. Bei fristgerechtem Widerspruch wird die Sache an das im Mahnbescheid bereits als für das streitige Verfahren bezeichnete Gericht abgegeben. Die Sache wird nun im streitigen Verfahren durchgeführt. Der Kläger hat seinen Anspruch zu begründen.

Es wird dann das normale streitige Verfahren durchgeführt. |
| Der Vollstreckungsbescheid ist ein Vollstreckungstitel
§ 699 Abs. 1 ZPO | Unterbleibt der Widerspruch, erlässt der Rechtspfleger auf Antrag des Antragstellers den Vollstreckungsbescheid. Der Vollstrek- |

Besondere Verfahrensarten 99

kungsbescheid entspricht einem für vorläufig vollstreckbar erklärten Versäumnisurteil.

Der Antragsgegner kann innerhalb von zwei Wochen nach Zustellung Einspruch gegen den Vollstreckungsbescheid einlegen. Der Vollstreckungsbescheid wird rechtskräftig, wenn kein Einspruch eingelegt wird.

<small>Gegen den Vollstreckungsbescheid kann Einspruch eingelegt werden §§ 700 Abs. 3, 399 Abs. 1 ZPO</small>

Wird ein Einspruch eingelegt, gibt der Rechtspfleger die Sache ebenfalls an das bereits im Mahnbescheid als zuständig bezeichnete Gericht für die Durchführung des streitigen Verfahrens ab.

<small>§ 700 Abs. 3 ZPO</small>

In diesem Fall hat der Kläger ebenfalls die Klagebegründung nachzuholen. Es schließt sich hier das normale streitige Verfahren an.

Das Mahnverfahren hat in jüngster Zeit weiter an Bedeutung dadurch gewonnen, als in fast allen Ländern ein Ausführungsgesetz zu § 15 a EGZPO erlassen wurde. Danach ist bei Streitwerten unter 1.200,00 DM (in einigen Bundesländern 1.500,00 DM) die Erhebung einer Klage erst zulässig, nachdem eine außergerichtliche Streitschlichtung durchgeführt wurde. Dies kann umgangen werden, wenn der Anspruch im Mahnverfahren geltend gemacht wurde. Dann entfällt die Einschaltung der Schlichtungsstelle.

3. Selbständiges Beweisverfahren

<small>§§ 485 – 494 a ZPO</small>

Das selbständige Beweisverfahren bezweckt die rechtzeitige Feststellung von Tatsachen. Dies kann im Rahmen eines Prozesses oder auch unabhängig hiervon erfolgen.

Zulässigkeit

<small>§ 485 ZPO</small>

(1) Während oder außerhalb eines Streitverfahrens kann auf Antrag einer Partei die Einnahme des Augenscheins, die Vernehmung von Zeugen oder die Begutachtung durch einen Sachverständigen angeordnet werden, wenn der Gegner zustimmt oder zu besorgen ist, dass das Beweismittel verloren geht oder seine Benutzung erschwert wird.

(2) Ist ein Rechtsstreit noch nicht anhängig, kann eine Partei die schriftliche Begutachtung durch einen Sachverständigen beantragen, wenn sie ein rechtliches Interesse daran hat, dass

1. der Zustand einer Person oder der Zustand oder Wert einer Sache,
2. die Ursache eines Personenschadens, Sachschadens oder Sachmangels,

<small>Das selbständige Beweisverfahren ist bei drohendem Verlust des Beweismittels zulässig</small>

3. der Aufwand für die Beseitigung eines Personenschadens, Sachschadens oder Sachmangels festgestellt wird. Ein rechtliches Interesse ist anzunehmen, wenn die Feststellung der Vermeidung eines Rechtsstreites dienen kann.

Beweismittelsicherung

So werden Beweismittel, deren Verlust droht, gesichert. Dies ist etwa der Fall bei der Feststellung eines Baumangels, der durch eine dringend gebotene Reparatur beseitigt wird. Möglich ist ein selbständiges Beweisverfahren auch bei der Vernehmung eines todkranken Zeugen.

Es können auch Tatsachen durch ein Sachverständigengutachten festgestellt werden zwecks Vermeidung eines Rechtsstreites.

§ 486 ZPO

Antrag auf Beweissicherung

(1) Ist ein Rechtsstreit anhängig, so ist der Antrag bei dem Prozessgericht zu stellen.

(2) Ist ein Rechtsstreit noch nicht anhängig, so ist der Antrag bei dem Gericht zu stellen, das nach dem Vortrag des Antragstellers zur Entscheidung in der Hauptsache berufen wäre. In dem nachfolgenden Streitverfahren kann sich der Antragsteller auf die Unzuständigkeit des Gerichtes nicht berufen.

(3) In Fällen dringender Gefahr kann der Antrag auch bei dem Amtsgericht gestellt werden, in dessen Bezirk die zu vernehmende oder zu begutachtende Person sich aufhält oder die Inaugenschein zu nehmende oder zu begutachtende Sache sich befindet.

§ 784 ZPO

Eilbedürftigkeit muss glaubhaft gemacht werden

Der Antrag hat den Gegner und die Tatsachen, über die Beweis erhoben werden soll, zu bezeichnen. Ferner ist eine Glaubhaftmachung der Tatsachen, die die Zulässigkeit des selbständigen Beweisverfahrens begründen soll, erforderlich.

§ 490 Abs. 2 ZPO

Das Gericht entscheidet nach Anhörung des Antragsgegners im Regelfall ohne mündliche Verhandlung durch Erlass eines Beweisbeschlusses.

§ 493 ZPO

Die Beweisaufnahme erfolgt nach den allgemeinen Vorschriften. Das Beweisergebnis kann im Hauptprozess wie eine unmittelbare Beweisaufnahme Verwertung finden.

§§ 477 Abs. 2, 94, 639 BGB

Durch ein selbständiges Beweisverfahren wird im Kauf- und Werkvertragsrecht die Verjährung unterbrochen. Dies gilt nicht bei mietrechtlichen Ansprüchen.

4. Schiedsgerichtsverfahren

§§ 1025 bis 1066 ZPO

Die Parteien können zur Erledigung bürgerlich-rechtlicher Streitigkeiten eine Vereinbarung treffen, wonach anstelle der staatlichen Gerichte ein Schiedsgericht entscheiden soll.

Anstelle der staatlichen Gerichte kann ein Schiedsgericht entscheiden

Dies erfolgt namentlich im Handels- und Wirtschaftsverkehr, insbesondere auch im internationalen Rechtsverkehr. Maßgeblich dabei sind oftmals speziellere Sachkunde der Schiedsrichter, eine kürzere Verfahrensdauer und eine flexiblere Verfahrensgestaltung. Bedenken werden oftmals hinsichtlich der Unabhängigkeit der Schiedsrichter geäußert, da jede Partei einen Schiedsrichter ernennt. Diesem fehlt dann nicht selten die nötige innere Unabhängigkeit.

Voraussetzung für ein Schiedsverfahren ist der Abschluss einer Schiedsvereinbarung.

§ 1029 ZPO

Form der Schiedsvereinbarung

§ 1031 ZPO

(1) Die Schiedsvereinbarung muss entweder in einem von den Parteien unterzeichneten Schriftstück oder in zwischen ihnen gewechselten Schreiben, Fernkopien, Telegrammen oder anderen Formen der Nachrichtenübermittlung, die einen Nachweis der Vereinbarung sicherstellen, enthalten sein.

Ist ein Verbraucher beteiligt, wird eine gesonderte Schiedsvereinbarung verlangt

Der Beklagte kann jedoch vor Beginn der mündlichen Verhandlung die Zuständigkeit des angerufenen Gerichts im Hinblick auf den Schiedsvertrag rügen. Unterbleibt die rechtzeitige Rüge, wird der Rechtsstreit vor dem ordentlichen staatlichen Gericht durchgeführt.

Trotz wirksamen Schiedsvertrages ist eine Klageerhebung zum ordentlichen Gericht zulässig
§ 1032 ZPO

Die Parteien bestimmen die Zusammensetzung des Schiedsgerichtes. Fehlt eine solche Vereinbarung, setzt sich das Schiedsgericht aus drei Schiedsrichtern zusammen.

Das Verfahren wird durch den Schiedsvertrag und die Schiedsrichter bestimmt. Von besonderer Bedeutung sind der Gleichbehandlungsgrundsatz sowie das rechtliche Gehör. Eine Verletzung begründet die Aufhebung des Schiedsspruches durch das staatliche Gericht.

§ 1042 Abs. 3, 4 ZPO
§ 1042 Abs. 1 ZPO
§ 1059 Abs. 2 ZPO

Zusammensetzung des Schiedsgerichts

§ 1034 ZPO

(1) Die Parteien können das Verfahren zur Bestellung des Schiedsrichters oder der Schiedsrichter vereinbaren. Fehlt eine solche Vereinbarung, so ist die Zahl der Schiedsrichter drei.

> (2) Gibt die Schiedsvereinbarung einer Partei bei der Zusammensetzung des Schiedsgerichts ein Übergewicht, das die andere Partei benachteiligt, so kann diese Partei bei Gericht beantragen, den oder die Schiedsrichter abweichend von der erfolgten Ernennung oder der vereinbarten Ernennungsregelung zu bestellen. Der Antrag ist spätestens bis zum Ablauf von zwei Wochen, nachdem der Partei die Zusammensetzung des Schiedsgerichts bekannt geworden ist, zu stellen. § 1032 Abs. 3 gilt entsprechend.

Das Schiedsgericht entscheidet durch Schiedsspruch
§ 1055 ZPO

§ 1059 ZPO

Das Schiedsgericht entscheidet durch einen Schiedsspruch. Dieser hat die Wirkung eines rechtskräftigen gerichtlichen Urteils. Rechtsmittel hiergegen gibt es nicht. Unter ganz engen Voraussetzungen kann die Aufhebung des Schiedsspruches durch das staatliche Gericht beantragt werden.

§ 1060 ZPO
Vollstreckbarerklärung

Aus dem Schiedsspruch kann die Zwangsvollstreckung erst betrieben werden, wenn der Schiedsspruch für vollstreckbar erklärt wurde.

§§ 1059, 1060 Abs. 2 ZPO

Die Vollstreckbarerklärung erfolgt durch das Oberlandesgericht. Dabei hat das staatliche Gericht die Einhaltung der genannten Verfahrensgrundsätze durch das Schiedsgericht zu prüfen. Liegen Gründe vor, die einen Aufhebungsantrag begründen, hat die Vollstreckbarerklärung zu unterbleiben.

§§ 606 – 660 ZPO

5. Familiensachen

Für Familiensachen gelten Sondervorschriften, da die gewöhnlichen Prozessbestimmungen wegen des in diesen Angelegenheiten oft eingreifenden öffentlichen Interesses nicht passen.

§ 23 b GVG

In den Familiensachen ist die Dispositionsmaxime eingeschränkt

Unter Familiensachen versteht man Ehesachen (Verfahren auf Scheidung oder Aufhebung der Ehe), Sorge- und Umgangsrecht für ein Kind, Unterhaltspflichten, Versorgungsausgleich, Regelung der Rechtsverhältnisse an der Ehewohnung und am Hausrat sowie Ansprüche aus dem ehelichen Güterrecht. Ferner gehören hierzu Kindschaftssachen (Vaterschaftsfeststellung oder Vaterschaftsanfechtung).

§ 170 GVG

Von Ausnahmen abgesehen sind Verfahren in Familiensachen grundsätzlich nicht öffentlich.

§ 608 ZPO

Für das Verfahren in Ehesachen gelten die allgemeinen Vorschriften für das landgerichtliche Verfahren, wobei Sonderregelungen gelten.

Bei dem Antrag auf Feststellung des Bestehens oder Nichtbestehens der Ehe ist das Gericht verpflichtet auch solche Tatsachen und Beweismittel zu berücksichtigen, die nicht vorgetragen sind.

§ 616 Abs. 1 ZPO

In Scheidungsverfahren dürfen von Amts wegen nur solche Tatsachen in den Prozess eingeführt werden, die der Aufrechterhaltung der Ehe dienen.

§ 616 ZPO

Einschränkung der Parteiherrschaft

§ 617 ZPO

> Die Vorschriften über die Wirkung eines Anerkenntnisses, über die Folgen der unterbliebenen oder verweigerten Erklärung über Tatsachen oder über die Echtheit von Urkunden, die Vorschriften über den Verzicht der Partei auf die Beeidigung der Gegenpartei oder von Zeugen und Sachverständigen und die Vorschriften über die Wirkung eines gerichtlichen Geständnisses sind nicht anzuwenden.

Die Dispositionsmaxime ist somit in diesen Verfahren erheblich eingeschränkt.

Ein Versäumnisurteil im Scheidungsverfahren ist unzulässig. Im Scheidungsverfahren besteht zwischen der Scheidungssache selbst und anderen anhängigen Familiensachen ein Verfahrensverbund. Es soll die gleichzeitige Verhandlung über die Scheidungssache und die Folgesachen gewährleistet werden, damit für den Fall der Scheidung durch ein einheitliches Urteil zugleich über die Scheidung und die Folgesachen entschieden werden kann. Unter bestimmten engen Voraussetzungen kann über den Scheidungsantrag vorweg entschieden werden.

§ 612 Abs. 4 ZPO

Der Scheidungsverbund umfasst alle Folgesachen und führt zu einheitlicher Entscheidung

§§ 623, 629 ZPO
§§ 627, 628 ZPO

Bei Verfahren in Kindschaftssachen besteht ein öffentliches Interesse an der Feststellung des wahren Familienstandes. Deshalb gilt hier der Untersuchungsgrundsatz.

§§ 640 Abs. 1, 616 Abs. 1 ZPO

Wiederholungsfragen

1. Welche Voraussetzungen bestehen für die Führung eines Urkundenprozesses?
   Lösung Seite 95
2. Welche Bedeutung hat ein Vollstreckungsbescheid?
   Lösung Seite 99
3. Wann ist ein selbständiges Beweisverfahren zulässig?
   Lösung Seite 99
4. Ist die Erhebung einer Klage vor dem Zivilgericht möglich, wenn ein Schiedsvertrag vorliegt?
   Lösung Seite 101
5. Welche Besonderheit gilt bei Familiensachen?
   Lösung Seite 102, 103
6. Was versteht man unter Scheidungsverbund und welche Folgen hat dieser?
   Lösung Seite 103

Vorläufiger Rechtsschutz

1.	**Arrest**	**107**
1.1.	Der Arrestprozess	107
1.2.	Gang des Verfahrens	108
2.	**Einstweilige Verfügung**	**109**
2.1.	Art der einstweiligen Verfügung	109
2.2.	Gang des Verfahrens	110
3.	**Einstweilige Anordnung**	**111**
4.	**Durchsetzung der gerichtlichen Verfügungen**	**111**
4.1.	Arrest	112
4.2.	Einstweilige Verfügung	112
4.3.	Einstweilige Anordnung	112
4.4.	Schadensersatz	112
5.	**Rechtsbehelfe**	**113**
5.1.	Arrest	113
5.2.	Einstweilige Verfügung	114
5.3.	Einstweilige Anordnung	114

Vorläufiger Rechtsschutz

§§ 916 ff. ZPO

Eilverfahren des Arrestes und die einstweilige Verfügung sichern Ansprüche des Klägers

Zur endgültigen Durchsetzung eines Anspruches und der damit verbundenen Befriedigung der Forderung vergeht oft eine lange Zeit. Dies gilt um so mehr, wenn Instanzen durchlaufen werden müssen. Auch die Durchführung der Zwangsvollstreckung nimmt einige Zeit in Anspruch. Daher besteht oft ein Bedürfnis nach schneller Regelung und Sicherung von Ansprüchen und Rechtsverhältnissen. Auch eine vorläufige Regelung sichert vielfach die Ansprüche des Klägers. Der Gesetzgeber hat diesem Eilbedürfnis Rechnung getragen und die Eilverfahren des Arrestes und der einstweiligen Verfügung geschaffen.

Vollziehung

Zwar finden sich diese Regelungen im achten Buch der ZPO über Zwangsvollstreckung. Diese Verfahren stellen jedoch besondere Verfahrensarten dar, da es sich um einen besonders geregelten, abgekürzten und vorläufigen Prozess handelt. Für die Durchsetzung dieser Ansprüche (Vollziehung) gelten dann die Regeln der Zwangsvollstreckung.

1. Arrest

Der Arrest sichert eine künftige Zwangsvollstreckung in das bewegliche und unbewegliche Vermögen wegen einer im ordentlichen Rechtsweg durchsetzbaren Geldforderung oder eines Anspruches, der in eine entsprechende Geldforderung übergehen kann, also ein Vermögenswert.

Der Arrest zur Sicherung der künftigen Zwangsvollstreckung ist als dinglicher oder persönlicher möglich

Arrestanspruch § 916 ZPO

(1) Der Arrest findet zur Sicherung der Zwangsvollstreckung in das bewegliche oder unbewegliche Vermögen wegen einer Geldforderung oder wegen eines Anspruches statt, der in eine Geldforderung übergehen kann.
(2) Die Zulässigkeit des Arrestes wird nicht dadurch ausgeschlossen, dass der Anspruch betagt oder bedingt ist, es sei denn, dass der bedingte Anspruch wegen der entfernten Möglichkeit des Eintritts der Bedingung einen gegenwärtigen Vermögenswert nicht hat.

Beim Arrest sind der dingliche Arrest und der persönliche Arrest zu unterscheiden. Der dingliche Arrest greift in das Vermögen des Schuldners, während der subsidiäre und weniger bedeutsame persönliche Arrest durch Zugriff auf den Schuldner selbst erfolgt. Dies ist z.B. dann der Fall, wenn der Schuldner sich ins Ausland absetzen will und deshalb sein Vermögen nach dort transferiert.

Unterscheidung zwischen
- *dinglicher Arrest*
- *persönlicher Arrest*

1.1. Der Arrestprozess

Die Voraussetzungen für einen Arrest:
- Es muss ein Arrestanspruch vorliegen. Es muss sich um eine Geldforderung oder einen Anspruch handeln, der in eine Geldforderung übergehen kann.
- Ein Arrestgrund muss bestehen. Es muss objektiv zu besorgen sein, dass ohne die Verhängung des Arrestes die künftige Zwangsvollstreckung wegen des Geldanspruches gefährdet ist.

Arrestanspruch und Arrestgrund müssen gegeben sein

Arrestgrund § 917 ZPO

(1) Der dingliche Arrest findet statt, wenn zu besorgen ist, dass ohne dessen Verhängung die Vollstreckung des Urteils vereitelt oder wesentlich erschwert werden würde.

Ein Arrestgrund wird bejaht, wenn der Schuldner Vermögenswerte beiseite schafft oder unmotivierte Belastungen seines Grundbesitzes vornimmt oder eine verschwenderische Lebensweise führt oder den Gläubiger durch eine vorsätzliche Straftat schädigt.

Kein Arrestgrund sind die allgemeine schlechte Vermögenslage des Schuldners oder die Gefahr, dass andere Gläubiger in das Vermögen des Schuldners vollstrecken.

1.2. Gang des Verfahrens

§ 921 ZPO

Es handelt sich um ein vorläufiges, summarisches Verfahren. Die allgemeinen Verfahrensgrundsätze gelten auch hier, wobei eine mündliche Verhandlung entbehrlich ist.

§ 919 ZPO

Arrestgericht

> Für die Anordnung des Arrestes ist sowohl das Gericht der Hauptsache als das Amtsgericht zuständig, in dessen Bezirk der mit Arrest zu belegende Gegenstand oder die in ihrer persönlichen Freiheit zu beschränkende Person sich befindet.

§ 920 ZPO

Der den Antrag stellende Gläubiger hat in seinem Arrestgesuch den Arrestanspruch und den Arrestgrund schlüssig darzulegen und glaubhaft zu machen.

§ 294 ZPO

Glaubhaftmachung

> (1) Wer eine tatsächliche Behauptung glaubhaft zu machen hat, kann sich aller Beweismittel bedienen, auch zur Versicherung an Eides statt zugelassen werden.
>
> (2) Eine Beweisaufnahme, die nicht sofort erfolgen kann, ist unstatthaft.

Es sind die Tatsachen an Eides statt zu versichern, die den Anspruch begründen und die Eilbedürftigkeit belegen sollen

Regelmäßig wird die Glaubhaftmachung durch die Vorlage einer eidesstattlichen Versicherung, die auch vom Antragsteller selbst stammen kann, erfolgen. Eine Zeugenvernehmung erfolgt nur, wenn eine mündliche Verhandlung angeordnet wird und die Zeugen präsent sind, also vom Antragsteller zum Termin gestellt werden.

Der Antragsteller braucht keinen vollen Beweis zu führen.

Eine mündliche Verhandlung wird im Regelfall dann angeordnet, wenn die Erfolgsaussicht des geltend gemachten Arrestantrages bedenklich sind. Zu diesem Termin wird der Schuldner (Antragsgegner) geladen. Entscheidet das Gericht ohne mündliche Verhandlung, wird der Antragsgegner nicht gehört. Der Zweck des Arrestes soll durch eine Anhörung nicht gefährdet werden.

Arresturteil § 922 ZPO

(1) Die Entscheidung über das Gesuch ergeht im Falle einer mündlichen Verhandlung durch Endurteil, andernfalls durch Beschluss.

2. Einstweilige Verfügung

Sie ist das in der Praxis am häufigsten vorkommende Instrument des vorläufigen Rechtsschutzes, das gleichzeitig mit einigen Schwierigkeiten verbunden ist.

2.1. Art der einstweiligen Verfügung

Hierbei handelt es sich um die Sicherung eines Individualanspruches, also nicht um einen Zahlungsanspruch wie beim Arrest. Typische Beispiele sind Eintragung einer Bauhandwerkersicherungshypothek, Sicherung des Herausgabeanspruches einer Sache, Duldung der Benutzung eines Weges, Unterlassung von ehrverletzenden Äußerungen oder unzulässigen Wettbewerbshandlungen.

§ 648 ZPO

Sicherungsverfügung § 935 ZPO

Einstweilige Verfügungen in Bezug auf den Streitgegenstand sind zulässig, wenn zu besorgen ist, dass durch eine Veränderung des bestehenden Zustandes die Verwirklichung des Rechtes einer Partei vereitelt oder wesentlich erschwert werden könnte.

Sicherungsverfügung und Sicherung des Rechtsfriedens sind die Fälle der einstweiligen Verfügung

Sicherung des Rechtsfriedens § 940 ZPO

Einstweilige Verfügungen sind auch zum Zweck der Regelung eines einstweiligen Zustandes in Bezug auf ein streitiges Rechtsverhältnis zulässig, sofern diese Regelung, insbesondere bei dauernden Rechtsverhältnissen zur Abwendung wesentlicher Nachteile oder zur Verhinderung drohender Gewalt oder aus anderen Gründen nötig erscheint.

Hier wird zur Sicherung des Rechtsfriedens ein einstweiliger Zustand geregelt. So werden etwa Miet- oder Grenzstreitigkeiten vorläufig geregelt.

Duldungsverfügung

Eine Leistungsverfügung ist in engen Grenzen möglich, um eine vorläufige Befriedigung des Gläubigers durch Zahlung dringend benötigter Geldbeträge zu erreichen. Ist etwa der Lebensunterhalt des Antragstellers gefährdet, kann durch eine einstweilige Verfügung auf Geldzahlung ergehen. Es handelt sich um eine Ausnahme, die nur in Notlagen greift. Hierzu gehören auch einstweilige Verfügungen auf Lieferung von Strom, wenn das Elektrizitätswerk den Strom abgestellt hat. Entsprechendes gilt auch, wenn der Vermieter die Heizung abgestellt hat.

2.2. Gang des Verfahrens

Das Verfahren entspricht grundsätzlich dem des Arrestprozesses.

§ 937 ZPO

Zuständiges Gericht

(1) Für den Erlass einstweiliger Verfügungen ist das Gericht der Hauptsache zuständig.
(2) Die Entscheidung kann in dringenden Fällen sowie dann, wenn der Antrag auf Erlass einer einstweiligen Verfügung zurückzuweisen ist, ohne mündliche Verhandlung ergehen.

§ 942 ZPO

Zuständigkeit des Amtsgerichts der belegenen Sache

In dringenden Fällen ist das Amtsgericht der belegenen Sache zuständig.

Verfügungsanspruch und Verfügungsgrund müssen ebenfalls glaubhaft gemacht werden.

§ 938 Abs. 1 ZPO
§ 308 ZPO

Das angerufene Gericht entscheidet nach freiem Ermessen, welche Anordnungen getroffen werden sollen. Dabei kann das Gericht alle Maßnahmen erlassen, die zur Erreichung des mit dem Antrag verfolgten Zweckes erforderlich sind. Das Gericht muss sich dabei jedoch im Rahmen des Begehrens des Antragstellers halten.

Es dürfen keine Maßnahmen angeordnet werden, die bereits die Hauptsache selbst endgültig entscheiden.

§ 940 a ZPO

Räumung von Wohnraum

Die Räumung von Wohnraum darf durch einstweilige Verfügung nur wegen verbotener Eigenmacht angeordnet werden.

3. Einstweilige Anordnung

In Ehe-, Familien- und Kindschaftssachen erfolgt der vorläufige Rechtsschutz durch einstweilige Anordnungen.

Zur vorläufigen Regelung von Folgesachen dienen einstweilige Anordnungen

Einstweilige Anordnungen

§ 620 ZPO

Das Gericht kann im Wege der einstweiligen Anordnung auf Antrag regeln:
1. die elterliche Sorge für ein gemeinschaftliches Kind;
2. den Umgang eines Elternteils mit dem Kinde;
3. die Herausgabe des Kindes an den anderen Elternteil;
4. die Unterhaltspflicht gegenüber einem minderjährigen Kinde;
5. das Getrenntleben der Ehegatten;
6. den Unterhalt eines Ehegatten;
7. die Benutzung der Ehewohnung und des Hausrates;
8. die Herausgabe oder Benutzung der zum persönlichen Gebrauch eines Ehegatten oder eines Kindes bestimmten Sachen;
9. die Verpflichtung zur Leistung eines Kostenvorschusses für die Ehesache und Folgesachen.

Der Antrag ist zulässig, sobald die Ehesache anhängig, also beim Gericht eingegangen oder ein Antrag auf Bewilligung von Prozesskostenhilfe eingereicht wurde. Zuständig ist das Gericht, bei dem die Ehesache anhängig ist. Wenn sich die Ehesache in der Berufung beim Oberlandesgericht befindet, ist dieses zuständig. Im Regelfall ergehen die Entscheidungen ohne mündliche Verhandlung als Beschluss.

§ 620 a Abs. 2, 4, 1 ZPO

Das Gericht kann von Amts wegen den Beschluss aufheben oder ändern, wenn die Anordnung der elterlichen Sorge für ein gemeinschaftliches Kind betroffen ist.

§ 620 b Abs. 1 ZPO

Eine einstweilige Anordnung tritt außer Kraft, wenn etwa eine anderweitige Regelung wirksam oder der Scheidungsantrag zurückgenommen wird. Die Entscheidung ergeht durch Beschluss.

§ 620 f ZPO

4. Durchsetzung der gerichtlichen Verfügungen

Der wichtigste Teil des vorläufigen Rechtsschutzes ist dessen richtige Umsetzung. Hier unterlaufen oft Fehler.

4.1. Arrest

Entscheidungen im vorläufigen Rechtsschutz müssen vollzogen werden	
§ 928 ZPO	Der Arrestbefehl wird vollstreckt durch seine Vollziehung. Dabei ist das Recht der Zwangsvollstreckung entsprechend anzuwenden.
§ 929 Abs. 2 ZPO	Die Zwangsvollstreckung kann in das gesamte Vermögen des Schuldners vorgenommen werden. Eine Vollziehung ist nicht mehr zulässig, soweit seit Erlass ein Monat verstrichen ist. Verspätete Vollziehungsmaßnahmen sind unwirksam. Der Arrestbefehl ist dann auf Antrag aufzuheben.
§ 930 Abs. 2 ZPO	Bewegliche Sachen werden gepfändet und nicht versteigert. Geldbeträge werden hinterlegt. Forderungen werden nur gepfändet. Die Vollziehung des Arrestes führt nur zur Sicherung des Anspruches. Eine endgültige Befriedigung darf hier nicht erfolgen.

4.2. Einstweilige Verfügung

§§ 936, 928 ZPO	Die Vollziehung einer einstweiligen Verfügung richtet sich nach ihrem Inhalt. Auch hier gelten die allgemeinen Vorschriften über die Zwangsvollstreckung und die Bestimmungen über die Vollziehung des Arrestbefehls.
§ 929 Abs. 2 ZPO	Eine Befriedigung des Gläubigers ist ausgeschlossen. Zur Fristwahrung ist die Zustellung des Beschlusses innerhalb der Vollziehungsfrist seitens des Antragstellers mit Hilfe eines Gerichtsvollziehers notwendig. Unterbleibt dies, ist die einstweilige Verfügung wieder aufzuheben.

4.3. Einstweilige Anordnung

Für die Durchsetzung dieser gerichtlichen Beschlüsse gelten die vorstehenden Ausführungen entsprechend.

4.4. Schadensersatz

Risiko der Durchsetzung eines dann später aufgehobenen Arrestes oder einstweiliger Verfügung trägt der Gläubiger	Die Vollziehung eines unberechtigten Arrestes oder einer unberechtigten einstweiligen Verfügung macht den Gläubiger schadensersatzpflichtig, wobei es sich um eine Gefährdungshaftung handelt. Auf ein Verschulden des Gläubigers kommt es nicht an.

Schadensersatzpflicht § 945 ZPO

Erweist sich die Anordnung eines Arrestes oder einer einstweiligen Verfügung als von Anfang an ungerechtfertigt oder wird die angeordnete Maßregel aufgrund des § 926 Abs. 2 oder des § 942 Abs. 3 aufgehoben, so ist die Partei, welche die Anordnung erwirkt hat, verpflichtet, dem Gegner den Schaden zu ersetzen, der ihm aus der Vollziehung der angeordneten Maßregel oder dadurch entsteht, dass er Sicherheit leistet, um die Vollziehung abzuwenden oder die Aufhebung der Maßregel zu erwirken.

5. Rechtsbehelfe

Da es sich in allen Fällen um summarische Verfahren handelt, die eine vorläufige Sicherung bringen sollen, sind die Rechtsbehelfe entsprechend ausgestaltet.

Rechtsbehelfe des Schuldners sind:
- Widerspruch,
- Antrag auf Anordnung der Klageerhebung
- Aufhebung

5.1. Arrest

Entscheidet das Gericht ohne mündliche Verhandlung, kann der Schuldner gegen den Arrestbefehl Widerspruch einlegen. Hierüber hat das Gericht, das den Arrest erlassen hat, nach mündlicher Verhandlung durch Urteil zu entscheiden. Hiergegen kann Berufung eingelegt werden.

§ 924 ZPO
§ 925 ZPO

Wird der Antrag auf Erlass des Arrestes zurückgewiesen, hat der Gläubiger die Möglichkeit der Beschwerde. Entscheidet das Gericht aufgrund mündlicher Verhandlung, kann gegen dieses Urteil Berufung eingelegt werden.

§ 567 ZPO
§ 922 ZPO

§ 545 Abs. 2 ZPO

Keine Revisionsmöglichkeit

Der Schuldner hat noch einen besonderen Rechtsbehelf auf Aufhebung des Arrestbefehls:

Anordnung der Klageerhebung § 926 ZPO

(1) Ist die Hauptsache nicht anhängig, so hat das Amtsgericht auf Antrag ohne mündliche Verhandlung anzuordnen, dass die Partei, die den Arrestbefehl erwirkt hat, binnen einer zu bestimmenden Frist Klage zu erheben habe.
(2) Wird dieser Anordnung nicht Folge geleistet, so ist der Antrag auf Aufhebung des Arrestes durch Endurteil auszusprechen.

§ 927 ZPO — Aufhebung wegen veränderter Umstände

(1) Auch nach der Bestätigung des Arrestes kann wegen veränderter Umstände, insbesondere wegen Erledigung des Arrestgrundes oder aufgrund des Erbieten zur Sicherheitsleistung die Aufhebung des Arrestes beantragt werden.
(2) Die Entscheidung ist durch Endurteil zu erlassen; sie ergeht durch das Gericht, das den Arrest angeordnet hat, und wenn die Hauptsache anhängig ist, durch das Gericht der Hauptsache.

5.2. Einstweilige Verfügung

Hier gelten die Regelungen für den Arrest entsprechend.

§ 939 ZPO — Aufhebung einer einstweiligen Verfügung

Nur unter besonderen Umständen kann die Aufhebung einer einstweiligen Verfügung gegen Sicherheitsleistung gestattet werden.

§ 767 ZPO

Im Fall einer Leistungsverfügung kann der Schuldner eine Vollstreckungsgegenklage erheben.

5.3. Einstweilige Anordnung

§ 620 b Abs. 2 ZPO

Ist der Beschluss über den Erlass zur Ablehnung einer einstweiligen Anordnung oder die Entscheidung über eine Aufhebung oder Änderung dieses Beschlusses ohne mündliche Verhandlung ergangen, ist auf Antrag Termin zur mündlichen Verhandlung anzuberaumen und erneut zu beschließen.

§ 620 c ZPO — Rechtsmittel

Hat das Gericht des ersten Rechtszuges aufgrund mündlicher Verhandlung die elterliche Sorge für ein gemeinschaftliches Kind geregelt, die Herausgabe des Kindes an den anderen Elternteil angeordnet oder die Ehewohnung einem Ehegatten ganz zugewiesen, so findet die sofortige Beschwerde statt. Im übrigen sind die Entscheidungen nach den §§ 620, 620 b unanfechtbar.

Vorläufiger Rechtsschutz

	Arrest	Einstweilige Verfügung	Einstweilige Anordnung
Zweck:	Sicherung künftiger Vollstreckung in bewegliches und unbewegliches Vermögen des Schuldners	Sicherung eines Individualanspruches oder Sicherung des Rechtsfriedens	Sicherung im Rahmen eines Eheverfahrens
Voraussetzung:	Arrestanspruch Arrestgrund	Verfügungsanspruch Verfügungsgrund	Regelungsanspruch Regelungsbedürfnis
Gericht:	Gericht der Hauptsache oder Amtsgericht, in dessen Bezirk der Gegenstand sich befindet	Gericht der Hauptsache oder Amtsgericht des Tatortes	Gericht, bei dem die Ehesache anhängig ist
Entscheidung:	Beschluss; Urteil nach mündlicher Verhandlung	Beschluss; Urteil nach mündlicher Verhandlung	Beschluss
Rechtsbehelfe:	Widerspruch; Berufung gegen Urteil; Anordnung der Klageerhebung	Widerspruch; Berufung gegen Urteil; Anordnung der Klageerhebung	Antrag auf mündliche Verhandlung; sofortige Beschwerde bei § 620 Nr. 1, 3, 7 ZPO

Wiederholungsfragen

1. Was ist ein Arrest und welche Arten von Arrest kennt das Gesetz?
   Lösung Seite 107
2. Welche Voraussetzungen hat der Erlass eines Arrestes?
   Lösung Seite 107, 108
3. Was versteht man unter Glaubhaftmachung und wie wird sie vorgenommen?
   Lösung Seite 108
4. Welche Arten der einstweiligen Verfügung gibt es?
   Lösung Seite 109
5. In welchem Rahmen sind einstweilige Anordnungen möglich?
   Lösung Seite 111
6. Wie werden Arrest, einstweilige Verfügung und einstweilige Anordnung durchgesetzt?
   Lösung Seite 111, 112
7. Welche Möglichkeiten des Rechtsbehelfes hat der Schuldner gegen einen Arrestbefehl?
   Lösung Seite 113
8. Ist im Rahmen eines Arrestverfahrens eine Revision zulässig?
   Lösung Seite 113
9. Welches Risiko trägt der Gläubiger, wenn nach Vollstreckung des vorläufigen Rechtsschutzes der zugrunde liegende Beschluss später aufgehoben wird?
   Lösung Seite 113, 114

Zwangsvollstreckung

1.	**Voraussetzungen von Vollstreckungsmaßnahmen**	**119**
1.1.	Allgemeine Voraussetzungen	119
1.2.	Besondere Voraussetzungen	122
1.3.	Vollstreckungshindernisse	124
1.4.	Verfahrensmängel	125
2.	**Durchsetzung einer Geldforderung**	**125**
2.1.	Vollstreckung in bewegliche Sachen	128
2.2.	Vollstreckung in Forderungen und Rechte	136
2.3.	Vollstreckung in unbewegliches Vermögen	144
3.	**Durchsetzung anderer Ansprüche**	**148**
3.1.	Herausgabe von Sachen	148
3.2.	Erwirkung von Handlungen	149
3.3.	Erwirkung von Unterlassungen oder Duldungen	149
3.4.	Abgabe einer Willenserklärung	150
4.	**Rechtsbehelfe**	**150**
4.1.	Vollstreckungserinnerung	150
4.2.	Sofortige Beschwerde	152
4.3.	Vollstreckungsgegenklage	153
4.4.	Drittwiderspruchsklage	155
4.5.	Klage auf vorzugsweise Befriedigung	157
4.6.	Vollstreckungsschutzantrag	158

Zwangsvollstreckung

Der Gläubiger kann den im Vollstreckungstitel festgelegten Anspruch gegen den Schuldner nur mit Hilfe staatlicher Zwangsmaßnahmen durchsetzen. Diesem Ziel dient die Zwangsvollstreckung, die nur durch staatliche Vollstreckungsorgane erfolgen kann. Selbsthilfe ist nicht gestattet.

Bei der Durchsetzung eines Anspruches durch Zwangsvollstreckung ist zu unterscheiden zwischen:

- Einzelvollstreckung
  Durchsetzung privatrechtlicher Ansprüche einzelner Gläubiger
  §§ 704 – 945 ZPO
  §§ 1 - 185 ZVG
- Gesamtvollstreckung
  Verwertung des gesamten Schuldnervermögens zur Befriedigung aller Gläubiger
  §§ 1 – 335 InsO

1. Voraussetzungen von Vollstreckungsmaßnahmen

Die Vollstreckungsorgane des Staates dürfen tätig werden, wenn die Voraussetzungen der Zwangsvollstreckung vorliegen:
- Allgemeine Voraussetzungen für jede Vollstreckungsmaßnahme
- Besondere Voraussetzungen
- Fehlen von Vollstreckungshindernissen.

Für jede Vollstreckungsmaßnahme müssen die allgemeinen und besonderen Voraussetzungen vorliegen, ohne dass Vollstreckungshindernisse entgegenstehen

1.1. Allgemeine Voraussetzungen

Eine Zwangsvollstreckung kommt nur in Gang, wenn der Gläubiger einen entsprechenden Antrag an das zuständige Vollstreckungsorgan stellt. Dieses Antragserfordernis folgt aus der Dispositionsmaxime. Der Gläubiger entscheidet, ob er vollstrecken will. Er kann den Antrag jederzeit auch ohne Einwilligung des Schuldners zurücknehmen und auch auf Rechte aus Vollstreckungsmaßnahmen verzichten.

Vollstreckungsorgane sind
- *das Vollstreckungsgericht oder*
- *der Gerichtsvollzieher*

Das angerufene Vollstreckungsorgan wird hoheitlich tätig. Es prüft daher von Amts wegen seine Zuständigkeit zur Vornahme der beantragten Vollstreckungsmaßnahme sowie das Vorliegen der allgemeinen Verfahrensvoraussetzungen:
- Partei- und Prozessfähigkeit des Gläubigers
- Partei- und Prozessfähigkeit des Schuldners
- Das Vorliegen der Vollstreckungsvoraussetzungen: Titel, Klausel, Zustellung

Beginn der Zwangsvollstreckung § 750 ZPO

(1) Die Zwangsvollstreckung darf nur beginnen, wenn die Personen, für und gegen die sie stattfinden soll, in dem Urteil oder in der ihm beigefügten Vollstreckungsklausel namentlich bezeichnet sind und das Urteil bereits zugestellt ist oder gleichzeitig zugestellt wird. Eine Zustellung durch den Gläubiger genügt; in diesem Fall braucht die Ausfertigung des Urteils Tatbestand und Entscheidungsgründe nicht zu enthalten.

Zwangsvollstreckung

Der Vollstreckungstitel muss vorliegen

Vorliegen muss also der Vollstreckungstitel. Dies ist die Urkunde, in der das Bestehen des durchzusetzenden materiellen Anspruches festgestellt wurde.

§ 767 ZPO

Dabei prüft das Vollstreckungsorgan nicht, ob der Schuldner auch tatsächlich dasjenige schuldet, was der Gläubiger begehrt. Einwendungen kann der Schuldner nur mit einer selbständigen Vollstreckungsgegenklage gegen den titulierten Anspruch geltend machen.

Der Zwangsvollstreckung zugängliche Titel sind:

§ 704 ZPO

Vollstreckbarkeit

(1) die Zwangsvollstreckung findet statt aus Endurteilen, die rechtskräftig oder für vorläufig vollstreckbar erklärt sind.

§ 794 ZPO

Weitere Vollstreckungstitel

(1) Die Zwangsvollstreckung findet ferner statt:

1. Aus Vergleichen, die zwischen den Parteien oder zwischen einer Partei und einem Dritten zur Beilegung des Rechtsstreites seinem ganzen Umfang nach oder in Betreff eines Teiles des Streitgegenstandes vor einem deutschen Gericht oder vor einer durch die Landesjustizverwaltung eingerichteten oder anerkannten Gütestelle abgeschlossen sind, sowie aus Vergleichen, die gemäß § 118 Abs. Satz 3 oder § 492 Abs. 3 zu richterlichem Protokoll genommen sind;

2. aus Kostenfestsetzungsbeschlüssen;

a. aus Beschlüssen, die in einem vereinfachten Verfahren über den Unterhalt Minderjähriger den Unterhalt festsetzen, einen Unterhaltstitel abändern oder den Antrag zurückweisen;

3. aus Entscheidungen, gegen die das Rechtsmittel der Beschwerde stattfindet; ...

a. aus einstweiligen Anordnungen nach den §§ 127 a, 620 Satz 1 Nr. 4 bis 9, 621 f, 644;

4. aus Vollstreckungsbescheiden;

a. aus Entscheidungen, die Schiedssprüche für vollstreckbar erklären, sofern die Entscheidung rechtskräftig oder für vorläufig vollstreckbar erklärt sind;

b. aus Beschlüssen nach §§ 796 b oder 796 c;

5. aus Urkunden, die von einem deutschen Gericht oder von einem deutschen Notar innerhalb der Grenzen seiner Amtsbefugnisse in

der vorgeschriebenen Form aufgenommen sind, sofern die Urkunde über einen Anspruch errichtet ist, der einer vergleichsweisen Regelung zugänglich, nicht auf Abgabe einer Willenserklärung gerichtet ist und nicht den Bestand eines Mietverhältnisses über Wohnraum betrifft, und der Schuldner sich in der Urkunde wegen des zu bezeichnenden Anspruches der sofortigen Zwangsvollstreckung unterworfen hat.

Vollstreckungsfähige Titel sind weiter einstweilige Verfügungen und Arreste, der Zuschlag in der Zwangsversteigerung sowie Arbeitsgerichtsurteile.

Weitere Voraussetzungen der Zwangsvollstreckung ist das Vorliegen der Vollstreckungsklausel.   Vollstreckungsklausel

Vollstreckbare Ausfertigung   § 724 ZPO

(1) Die Zwangsvollstreckung wird aufgrund einer mit der Vollstreckungsklausel versehen Ausfertigung des Urteils (vollstreckbare Ausfertigung) durchgeführt.
(2) Die vollstreckbare Ausfertigung wird von dem Urkundsbeamten der Geschäftsstelle des Gerichts des ersten Rechtszuges und, wenn der Rechtsstreit beim höheren Gericht anhängig ist, von dem Urkundsbeamten der Geschäftsstelle dieses Gerichts erteilt.

Praktisch sieht die Vollstreckungsklausel wie folgt aus:

Vollstreckungsklausel   § 725 ZPO

Die Vollstreckungsklausel:
»Vorstehende Ausfertigung wird dem usw. (Bezeichnung der Partei) zum Zwecke der Zwangsvollstreckung erteilt«   Klausel

Dieser Text ist der Ausfertigung des Urteils am Schluss beizufügen, von dem Urkundsbeamten der Geschäftsstelle zu unterschreiben und mit dem Gerichtssiegel zu versehen.

Das Erfordernis der Klauselerteilung dient dem Schutz des Schuldners. Von einem Titel darf grundsätzlich nur eine einzige vollstreckbare Ausfertigung erteilt werden. Nur bei deren Verlust darf eine zweite vollstreckbare Ausfertigung erteilt werden. Hierdurch wird der Schuldner vor einer mehrfachen Vollstreckung geschützt.   Die Klausel schützt den Schuldner vor mehrfacher Vollstreckung

Wenn die Vollstreckung für oder gegen eine andere Person als im Titel bezeichnet durchgeführt wird, muss die Vollstreckungsklausel entsprechend umgeschrieben werden:

§ 727 ZPO **Rechtsnachfolge**

(1) Eine vollstreckbare Ausfertigung kann für den Rechtsnachfolger des in dem Urteil bezeichneten Gläubigers sowie gegen denjenigen Rechtsnachfolger des in dem Urteil bezeichneten Schuldners und denjenigen Besitzer der in der streitbefangenen Sache, gegen die das Urteil nach § 325 wirksam ist, erteilt werden, sofern die Rechtsnachfolge oder das Besitzverhältnis bei dem Gericht offenkundig ist oder durch öffentliche oder öffentlich beglaubigte Urkunden nachgewiesen wird.

Bei einer Vollstreckung gegen den Erben eines Schuldners kann der Titel gegen den Erben umgeschrieben werden.

§ 778 ZPO **Vollstreckung vor Erbschaftsannahme**

(1) Solange der Erbe die Erbschaft nicht angenommen hat, ist eine Zwangsvollstreckung wegen eines Anspruches, der sich gegen den Nachlass richtet, nur in den Nachlass zulässig.

(2) Wegen eigener Verbindlichkeiten des Erben ist eine Zwangsvollstreckung in den Nachlass vor der Annahme der Erbschaft nicht zulässig.

§ 779 ZPO

Eine zum Zeitpunkt des Todes eines Schuldners gegen diesen eingeleitete Zwangsvollstreckung kann in den Nachlass fortgesetzt werden.

§ 729 ZPO
§ 728 ZPO

§ 20 Nr. 12 RPflG

Rechtspfleger ist Beamter des gehobenen Dienstes, der bestimmte Aufgaben wahrnimmt

§ 750 Abs. 1 ZPO

Titelumschreibungen sind im übrigen möglich bei Firmenfortführung, bei Vor- und Nacherben, Testamentsvollstrecker und Erbe. Für die Titelumschreibung ist der Rechtspfleger zuständig. Die Zustellung des Titels muss vor Beginn der Zwangsvollstreckung erfolgen oder spätestens gleichzeitig mit der ersten Vollstreckungsmaßnahme durchgeführt werden.

1.2. Besondere Voraussetzungen

In einigen Fällen müssen darüber hinaus weitere Voraussetzungen geschaffen sein, um eine Zwangsvollstreckung durchzuführen:

⇒ Sicherheitsleistung

Bedingungen für die Zwangsvollstreckung § 751 ZPO

(2) Hängt die Vollstreckung von einer dem Gläubiger obliegenden Sicherheitsleistung ab, so darf mit der Zwangsvollstreckung nur begonnen oder sie nur fortgesetzt werden, wenn die Sicherheitsleistung durch eine öffentliche oder öffentlich beglaubigte Urkunde nachgewiesen und eine Abschrift dieser Urkunde bereits zugestellt ist oder gleichzeitig zugestellt wird.

⇒ Zeitliche Bedingung

Bedingungen für die Zwangsvollstreckung § 751 ZPO

(1) Ist die Geltendmachung des Anspruches vom Eintritt eines Kalendertages abhängig, so darf die Zwangsvollstreckung nur beginnen, wenn der Kalendertag abgelaufen ist.

⇒ Zug um Zug-Leistung

Zwangsvollstreckung bei Leistung Zug um Zug § 756 ZPO

(1) Hängt die Vollstreckung von einer Zug um Zug zu bewirkenden Leistung des Gläubigers an den Schuldner ab, so darf der Gerichtsvollzieher die Zwangsvollstreckung nicht beginnen, bevor er dem Schuldner die diesem gebührende Leistung in einer den Verzug der Annahme begründenden Weise angeboten hat, sofern nicht der Beweis, dass der Schuldner befriedigt oder im Verzug der Annahme ist, durch öffentliche oder öffentlich beglaubigte Urkunden geführt wird und eine Abschrift dieser Urkunde bereits zugestellt ist oder gleichzeitig zugestellt wird.

(2) Der Gerichtsvollzieher darf mit der Zwangsvollstreckung beginnen, wenn der Schuldner auf das wörtliche Angebot des Gerichtsvollziehers erklärt, dass er die Leistung nicht annehmen werde.

Dem Schuldner muss die Gegenleistung angeboten sein, um eine Zug um Zug Vollstreckung durchzuführen

Besondere Bedeutung haben diese Fälle im Werkvertragsrecht. Hier kommt es oft zur einer Verurteilung des Bauherren auf Zahlung Zug um Zug gegen Beseitigung von Mängeln. Der Bauunternehmer hat dann vor Einleitung der Zwangsvollstreckung nachzuweisen, dass die Mängel behoben sind. Hierzu muss er sich ggfs. eines Sachverständigen bedienen.

Besondere Beachtung bei Werkverträgen

Dies ist der Regelfall, wenn aus einem für vorläufig vollstreckbar erklärten Urteil die Zwangsvollstreckung betrieben wird.

Vorläufig vollstreckbar sind nicht rechtskräftige Urteile

Die Vollstreckungsklausel wird in allen Fällen sofort erteilt, ohne dass es eines Nachweises bedarf. Das Vollstreckungsorgan hat dann seinerseits diese besonderen Voraussetzungen zu prüfen, ehe die Vollstreckung beginnt.

1.3. Vollstreckungshindernisse

§ 707 Abs. 1 ZPO
§ 732 ZPO
§ 766 ZPO
§§ 767, 769 ZPO
§§ 768, 769 ZPO
§ 771 ZPO

Die Zwangsvollstreckung darf nicht durchgeführt werden, auch wenn ihre Voraussetzungen vorliegen, wenn sie eingestellt wurde. Dies geschieht bei einer Wiedereinsetzung in den vorigen Stand, bei Einlegung von Rechtsmitteln und einem Einspruch gegen ein Versäumnisurteil oder bei Einwendungen gegen die Zulässigkeit der Vollstreckungsklausel. Entsprechendes gilt bei einer Erinnerung gegen die Art und Weise der Zwangsvollstreckung, der Erhebung einer Vollstreckungsgegenklage sowie einer Klage wegen Unzulässigkeit der Vollstreckungsklausel und der Erhebung einer Drittwiderspruchsklage.

In all diesen Fällen wird das Gericht regelmäßig die Zwangsvollstreckung gegen Erbringung einer Sicherheitsleistung einstellen.

Eine Einstellung der Zwangsvollstreckung kommt ferner aus folgenden Umständen in Betracht:

§ 775 ZPO

Einstellung oder Beendigung

Die Zwangsvollstreckung ist einzustellen oder zu beschränken:

1. wenn die Ausfertigung einer vollstreckbaren Entscheidung vorgelegt wird, aus der sich ergibt, dass das zu vollstreckende Urteil oder seine vorläufige Vollstreckbarkeit aufgehoben oder dass die Zwangsvollstreckung für unzulässig erklärt oder ihre Einstellung angeordnet ist;

2. wenn die Ausfertigung einer gerichtlichen Entscheidung vorgelegt wird, aus der sich ergibt, dass die einstweilige Einstellung der Vollstreckung oder einer Vollstreckungsmaßregel angeordnet ist oder dass die Vollstreckung nur gegen Sicherheitsleistung fortgesetzt werden darf;

3. wenn eine öffentliche Urkunde vorgelegt wird, aus der sich ergibt, dass die zur Abwendung der Vollstreckung erforderliche Sicherheitsleistung oder Hinterlegung erfolgt ist;

4. wenn eine öffentliche Urkunde oder eine von dem Gläubiger ausgestellte Privaturkunde vorgelegt wird, aus der sich ergibt, dass

> der Gläubiger nach Erlass des zu vollstreckenden Urteils befriedigt ist oder Stundung bewilligt hat;
> 5. wenn der Einzahlungs- oder Überweisungsnachweis einer Bank oder Sparkasse vorgelegt wird, aus dem sich ergibt, dass der zur Befriedigung des Gläubigers erforderliche Betrag zur Auszahlung an den Gläubiger oder auf dessen Konto eingezahlt oder überwiesen worden ist.

Ausnahmsweise kann die Zwangsvollstreckung eingestellt werden, wenn die Vollstreckungsmaßnahme unter voller Würdigung des Schutzbedürfnisses des Gläubigers wegen ganz besonderer Umstände eine Härte bedeutet, die mit den guten Sitten nicht vereinbar ist. §765a ZPO

Diese Vorschrift findet häufig Anwendung bei der zwangsweisen Räumung von Mieträumen.

Die Zwangsvollstreckung ist ferner unzulässig während der Dauer des Insolvenzverfahrens. §89 Abs. 1, 2 InsO

1.4. Verfahrensmängel

Eine Vollstreckungsmaßnahme ist fehlerhaft, wenn ihre Voraussetzungen nicht vorgelegen haben. Diese sind zwingendes Recht, so dass ihre Verletzung den Vollstreckungsakt rechtswidrig macht.

Dabei ist eine Vollstreckung nur selten nichtig. Dies ist der Fall bei evidenten grundlegenden schweren Mängeln, wie etwa bei einer Zwangsvollstreckung ohne Titel.

Regelmäßig ist ein fehlerhafter Vollstreckungsakt anfechtbar. Er ist zunächst wirksam. Er kann jedoch auf einen Rechtsbehelf des Schuldners etwa im Wege der Erinnerung aufgehoben werden. Durch eine spätere Beseitigung des Mangels kann er im übrigen geheilt werden. §766 ZPO

2. Durchsetzung einer Geldforderung

Die Zwangsvollstreckung wegen einer Geldforderung ist in der Praxis zumindest nach der Zahl der Fälle der wichtigste Teil des gesamten Vollstreckungsrechts.

Zwangsvollstreckung

Rechtsanwalt
Paul Schlau
Hafenweg 15
48000 Münster

-Verteilungsstelle für Gerichtsvollzieheraufträge-
beim Amtsgericht
48100 Münster

Münster, 27.02.2001

Unser Zeichen: 0000-01/00/kl

Zwangsvollstreckungsauftrag

In der Zwangsvollstreckungssache
des Herrn Berthold Schön, Steinfurter Str. 999, 48100 Münster

-Gläubiger-

Verfahrensbevollmächtigter: Rechtsanwalt Paul Schlau, Hafenweg 15, 48000 Münster

gegen

Herrn Erwin Strich, Hindenburgplatz 1000, 48100 Münster

-Schuldner-

wird anliegend der vollstreckbare Schuldtitel überreicht:

Titel: Kostenfestsetzungsbeschluss   Datum: 03.01.2001

Gericht: Landgericht Münster   Az.:   4 O 200/00

mit dem Auftrag, folgende Beträge im Wege der Zwangsvollstreckung einzuziehen:

Forderungshöhe:		1.770,48 DM
3/10 Gebühr §§ 11, 31 I 1, 57 BRAGO	39,00 DM	
Auslagenpauschale § 26 BRAGO	5,90 DM	
16 % Mehrwertsteuer § 25 BRAGO	7,18 DM	
		52,08 DM
Gesamtsumme gemäß Forderungsaufstellung		1.822,56 DM

Kosten für die Abnahme der eidesstattlichen Versicherung:

Gegenstandswert: 1.822,56 DM

3/10 Gebühr §§ 11, 31 I 1, 57 BRAGO	51,00 DM	
Auslagenpauschale § 26 BRAGO	7,70 DM	
16 % Mehrwertsteuer § 25 BRAGO	9,39 DM	
		68,09 DM
Gesamtsumme gemäß Forderungsaufstellung		1.890,65 DM

zuzüglich weiterer Tageszinsen auf die Hauptforderung seit dem 27.02.2001 in Höhe von 0,1946 DM.

Zwangsvollstreckung

Es wird gebeten:

1) den Titel zuzustellen, sofern die Zustellung noch nicht erfolgt ist;

2) die eingezogenen Beträge an den Absender auszukehren; Geldempfangsvollmacht wird anwaltlich versichert;

3) sofern die Voraussetzungen des § 758 a IV ZPO vorliegen, die Vollstreckungshandlungen auch zur Nachtzeit und an Sonn- und Feiertagen durchzuführen;

4) im Falle der fruchtlosen Vollstreckung oder wenn die Voraussetzungen des § 807 I ZPO vorliegen, das Verfahren zur Abnahme der eidesstattlichen Versicherung durchzuführen; sollte die sofortige Abnahme der eidesstattlichen Versicherung nicht möglich sein, wird hiermit beantragt, einen kurzfristigen Termin zur Abnahme der eidesstattlichen Versicherung zu bestimmen und nach Abgabe derselben eine Abschrift des Vermögensverzeichnisses zu übersenden; für den Fall, dass der Schuldner im anzusetzenden Termin nicht erscheint, wird schon jetzt der Erlass eines Haftbefehls durch den Richter beantragt; der Gerichtsvollzieher wird gebeten, diesen Antrag an das Vollstreckungsgericht weiterzugeben; das Gericht wird gebeten, die Vollstreckungsunterlagen mit dem erlassenen Haftbefehl an den Gerichtsvollzieher zurückzugeben, der mit der Verhaftung beauftragt wird;

5) bei Arbeitgeberermittlung oder Feststellung sonstiger pfändbarer Forderungen eine Vorpfändung nach § 845 I 2 ZPO auszubringen;

6) bei Arbeitslosigkeit die Stamm-Nr. des zuständigen Arbeitsamtes festzustellen;

7) über getroffene Maßnahmen und sachdienliche Feststellungen durch Zusendung des Gesamtprotokolles zu informieren.

Mit der Einziehung von Teilbeträgen gem. §§ 806 b, 813 a ZPO sind wir einverstanden.

Bei örtlicher Unzuständigkeit wird um formlose Abgabe an den örtlich zuständigen Gerichtsvollzieher gebeten.

Schlau
Rechtsanwalt

2.1. Vollstreckung in bewegliche Sachen

Bewegliche Sachen sind körperliche Gegenstände, die nicht Grundstücke oder Häuser sind

Der Gerichtsvollzieher ist für die Vollstreckung in bewegliche Sachen zuständig

Zuständig für die Mobiliarvollstreckung ist der Gerichtsvollzieher. Er pfändet die in Gewahrsam des Schuldners befindliche Sache, verwertet sie durch eine Versteigerung und händigt den Erlös dem Gläubiger zur Tilgung der Schuld aus. Dabei handelt der Gerichtsvollzieher in Ausübung eines öffentlichen Amtes und ist nicht etwa als Vertreter des Vollstreckungsgläubigers tätig.

In unserem Ausgangsfall des Malermeisters Strich gegen den Lehrer Schön hat der Malermeister aus Verärgerung über den Verlust des Prozesses die Kosten nicht bezahlt. Deshalb wird Schön den Gerichtsvollzieher beauftragen und hierbei den abgebildeten Antrag stellen.

2.1.1. Gegenstände der Mobiliarvollstreckung

§ 808 Abs. 1 ZPO
§§ 90 ff. BGB

Der Gerichtsvollzieher darf nur körperliche Sachen, die sich in Gewahrsam des Schuldners befinden, in Besitz nehmen. Dabei entspricht der Begriff körperliche Sache dem der beweglichen Sachen im Sinne des bürgerlichen Rechts. Nicht der Mobiliarvollstreckung unterliegen daher Grundstücke mit ihren wesentlichen Bestandteilen sowie Forderungen und andere Vermögensrechte.

Pfändbare Gegenstände

Ausnahmen:

§ 1120 BGB

⇒ Hypothekenhaftung

§ 865 ZPO

Verhältnis zur Mobiliarzwangsvollstreckung

(1) Die Zwangsvollstreckung in das unbewegliche Vermögen umfasst auch die Gegenstände, auf die sich bei Grundstücken und Berechtigungen die Hypothek, bei Schiffen oder Schiffsbauwerken die Schiffshypothek erstreckt.

(2) Diese Gegenstände können, soweit sie Zubehör sind, nicht gepfändet werden. Im übrigen unterliegen sie der Zwangsvollstreckung in das bewegliche Vermögen, so lange nicht ihre Beschlagnahme im Wege der Zwangsvollstreckung in das unbewegliche Vermögen erfolgt ist.

In Grundstückszubehör kann nur zusammen mit dem Grundstück im Wege der Vollstreckung in das unbewegliche Vermögen vollstreckt werden. Nur so bleibt die Funktionseinheit erhalten.

⇒ Früchte

Pfändung ungetrennter Früchte § 810 ZPO

(1) Früchte, die von dem Boden noch nicht getrennt sind, können gepfändet werden, so lange nicht ihre Beschlagnahme im Wege der Zwangsvollstreckung in das unbewegliche Vermögen erfolgt ist. Die Pfändung darf nicht früher als einen Monat vor der gewöhnlichen Zeit der Reife erfolgen.

Früchte sind Erzeugnisse einer Sache

2.1.2. Die Pfändung

Die Pfändung als staatlicher Hoheitsakt des Vollstreckungsorganes erfolgt durch Beschlagnahme.

Beschlagnahme

Pfändung beim Schuldner § 808 ZPO

(1) Die Pfändung der im Gewahrsam des Schuldners befindlichen körperlichen Sachen wird dadurch bewirkt, dass der Gerichtsvollzieher sie in Besitz nimmt.

(2) Andere Sachen als Geld, Kostbarkeiten und Wertpapiere sind im Gewahrsam des Schuldners zu belassen, sofern nicht hierdurch die Befriedigung des Gläubigers gefährdet wird. Werden die Sachen in Gewahrsam des Schuldners belassen, so ist die Wirksamkeit der Pfändung dadurch bedingt, dass durch Anlegung von Siegeln oder auf sonstige Weise die Pfändung ersichtlich gemacht ist.

Die Pfändung unterliegt besonderen Pfändungsvoraussetzungen:

⇒ Sie muss zur rechten Zeit erfolgen

Die Pfändung muss zur rechten Zeit am rechten Ort in der rechten Weise und im rechten Umfang erfolgen

Wohnungsdurchsuchung § 758 a ZPO

(4) Der Gerichtsvollzieher nimmt eine Vollstreckungshandlung zur Nachtzeit und an Sonn- und Feiertagen nicht vor, wenn dies für den Schuldner und die Mitgewahrsamsinhaber eine unbillige Härte darstellt oder der zu erwartende Erfolg in einem Missverhältnis zu dem Eingriff steht, in Wohnungen nur aufgrund einer besonderen Anordnung des Richters bei dem Amtsgericht.

⇒ Die Pfändung muss am rechten Ort erfolgen

§§ 808, 809 ZPO
§ 857 BGB
§ 866 BGB
§ 868 BGB

Taschenpfändung

Nur bewegliche Sachen, die sich im Gewahrsam des Schuldners, des Gläubigers oder eines zur Herausgabe bereiten Dritten befinden unterliegen der Pfändung. Dabei ist unter Gewahrsam ein rein tatsächliches Herrschaftsverhältnis über die Sache zu verstehen. Es begründen der Besitz des Erben, der Mitbesitz und der mittelbare Besitz keinen Gewahrsam.

§ 771 ZPO

Der Gerichtsvollzieher hat die materielle Rechtslage nicht zu prüfen

Der Gerichtsvollzieher prüft die Eigentumsverhältnisse nicht. Wird eine Sache gepfändet, die dem Schuldner nicht gehört, muss der Eigentümer sich mit der Drittwiderspruchsklage zur Wehr setzen und die weitere Vollstreckung verhindern.

Eine Besonderheit gilt bei der Zwangsvollstreckung gegen einen Ehegatten:

§ 739 ZPO

Vollstreckung gegen Eheleute

Wird zugunsten der Gläubiger eines Ehemannes oder der Gläubiger einer Ehefrau gem. § 1362 des Bürgerlichen Gesetzbuches vermutet, dass der Schuldner Eigentümer beweglicher Sachen ist, so gilt, unbeschadet der Rechte Dritter, für die Durchführung der Zwangsvollstreckung nur der Schuldner als Gewahrsamsinhaber und Besitzer.

§ 1362 BGB

Eigentumsvermutungen

(1) Zugunsten der Gläubiger des Mannes und der Gläubiger der Frau wird vermutet, dass die im Besitz eines Ehegatten oder beiden Ehegatten befindlichen beweglichen Sachen dem Schuldner gehören. Diese Vermutung gilt nicht, wenn die Ehegatten getrennt leben und sich die Sachen im Besitze des Ehegatten befinden, der nicht Schuldner ist. Inhaberpapiere und Orderpapiere, die mit Blankoindossament versehen sind, stehen den beweglichen Sachen gleich.

§ 771 ZPO

Für die Vollstreckung besteht also eine unwiderlegliche Vermutung. Der nichthaftende Ehegatte kann seine Rechte nur durch Erhebung einer Drittwiderspruchsklage geltend machen und die Vermutung widerlegen.

⇒ Die Pfändung muss in der rechten Weise erfolgen

Dabei darf der Gerichtsvollzieher allerdings die Wohnung des Schuldners nicht gegen dessen ausdrücklichen Willen betreten.

Durchsuchung § 758 ZPO

(1) Der Gerichtsvollzieher ist befugt, die Wohnung und die Behältnisse des Schuldners zu durchsuchen, soweit der Zweck der Vollstreckung dies erfordert.
(2) Er ist befugt, die verschlossenen Haustüren, die Zimmertüren und Behältnisse öffnen zu lassen.
(3) Er ist, wenn er Widerstand findet, zur Anwendung von Gewalt befugt und kann zu diesem Zweck um Unterstützung der polizeilichen Vollzugsorgane nachsuchen.

Wohnungsdurchsuchung § 758 a ZPO

(1) Die Wohnung des Schuldners darf ohne dessen Einwilligung nur aufgrund einer Anordnung des Richters bei dem Amtsgericht durchsucht werden, in dessen Bezirk die Durchsuchung erfolgen soll. Dies gilt nicht, wenn die Einholung der Anordnung den Erfolg der Durchsuchung gefährden würde.

Diese Regelung ist Ausfluss des grundrechtlich verankerten Schutzes der Wohnung.

Art. 13 GG

⇒ Die Pfändung muss im rechten Umfang erfolgen

Der Gerichtsvollzieher kann grundsätzlich in das gesamte bewegliche Vermögen des Schuldners vollstrecken. Dabei bestehen jedoch Pfändungsbeschränkungen:

⇒ Keine Überpfändung

Der Gerichtsvollzieher darf die Zwangsvollstreckung nicht weiter ausdehnen, als es zur Befriedigung des Gläubigers und zur Kostendeckung der Zwangsvollstreckung notwendig ist.

§ 803 Abs. 1 Satz 2 ZPO

Der Gerichtsvollzieher muss Gegenstände überschlägig schätzen

⇒ Keine zwecklose Pfändung

Der Gerichtsvollzieher hat eine Pfändung ferner zu unterlassen, wenn eine Verwertung des zu pfändenden Gegenstandes einen Überschuss über die Kosten der Zwangsvollstreckung nicht erwarten lässt.

§ 803 Abs. 2 ZPO

⇒ Keine Pfändung von schlecht verwertbarem Hausrat

Der Gerichtsvollzieher soll keine Gegenstände pfänden, die zum gewöhnlichen Hausrat gehören und im Haushalt des Schuldners benötigt werden, wenn erkennbar eine etwaige Verwertung nur einen geringen Erlös erbringt, der zu dem Wert außer allem Verhältnis steht.

⇒ Keine Pfändung unpfändbarer Sachen

(unbedingt § 811 ZPO lesen!)

Die wichtigsten Fälle:

§ 811 Abs. 1 Nr. 1 ZPO
Nicht gepfändet werden können Gegenstände, die dem persönlichen Gebrauch oder dem Haushalt dienen, soweit der Schuldner sie zu einer seiner Berufstätigkeit und seiner Verschuldung angemessenen bescheidenen Lebens- und Haushaltsführung benötigt.

Unpfändbar sind daher: Bett, Tisch, Waschmaschine, Kühlschrank, Telefon. Dies gilt auch für Fernsehgerät und Radio.

Pfändbar sind Stereoanlage, Videorecorder, Videokamera, CD-Player.

§ 811 Abs. 1 Nr. 5 ZPO
Nicht gepfändet werden dürfen Gegenstände, die der Schuldner zur Fortsetzung seiner Erwerbstätigkeit benötigt.

Der Gläubiger kann eine Austauschpfändung vornehmen
§ 811 a ZPO

Der Gläubiger kann in diesen Fällen eine Austauschpfändung vornehmen, indem er dem Schuldner ein Ersatzstück zur Verfügung stellt.

Nicht pfändbar ist ein Pkw, den der Schuldner zum Erreichen seiner Arbeitsstelle benötigt. Dies gilt nicht, wenn er den Arbeitsplatz mit öffentlichen Verkehrsmitteln zumutbar erreichen kann.

§ 811 c ZPO
Unpfändbar sind ferner Haustiere.

Der Schuldner kann bei oder nach der Pfändung auf den vorstehenden Pfändungsschutz verzichten. Ein vorheriger Verzicht ist ausgeschlossen, da die Pfändungsbeschränkungen aus sozialpolitischen Gründen zwingend sind.

Der Gerichtsvollzieher kann eine bewegliche Sache des Schuldners für mehrere Gläubiger pfänden.

§ 826 ZPO — Anschlusspfändung

(1) Zur Pfändung bereits gepfändeter Sachen genügt die in das Protokoll aufzunehmende Erklärung des Gerichtsvollziehers, dass er die Sachen für seinen Auftraggeber pfände.

Die Reihenfolge der Befriedigung der Gläubiger richtet sich nach dem Rang der Pfändungspfandrechte. Die zeitliche Reihenfolge der Pfändungen gibt somit den Ausschlag.

§ 804 Abs. 3 ZPO

Beispiel: Der Gerichtsvollzieher hat bei Lustig für den Gläubiger Arnd einen Mahagonitisch gepfändet. Der Gerichtsvollzieher erhält von Kunz, der ebenfalls einen Zahlungstitel gegen Lustig besitzt, den Auftrag ebenfalls bei diesem zu vollstrecken. Lustig hat kein weiteres pfändbares Vermögen. Wie verfährt der Gerichtsvollzieher?

Der Gerichtsvollzieher wird eine Anschlusspfändung vornehmen, den Schreibtisch auch für Arnd pfänden. Es genügt die Erklärung des Gerichtsvollziehers im Pfändungsprotokoll, dass er die Sache für Arnd ebenfalls pfändet. Die Erstpfändung für K bleibt wirksam, so dass auch die Anschlusspfändung wirksam ist. Die Reihenfolge der Befriedigung der beiden Gläubiger richtet sich nach dem Rang der Pfändungspfandrechte, also der zeitlichen Reihenfolge der Pfändungen gem. § 804 Abs. 3 ZPO. Der zu erwartende Versteigerungserlös ist zunächst an Arnd auszukehren. Der verbleibende Rest ist an Kunz auszukehren.

2.1.3. Rechtsfolgen

Die Pfändung bewirkt eine öffentlich-rechtliche Verstrickung der Sache

Die Pfändung als staatlicher Hoheitsakt ist wirksam. Die Sache ist durch den Gerichtsvollzieher beschlagnahmt worden. Diese Beschlagnahme ist strafrechtlich geschützt. Diese Folge tritt auch ein, wenn während der Vollstreckung Fehler unterlaufen sind.

Wer eine beschlagnahmte Sache der Verstrickung entzieht oder ein Pfandsiegel löst, macht sich strafbar
§ 136 StGB

Pfändungspfandrecht zugunsten des Gläubigers

§ 804 ZPO

(1) Durch die Pfändung erwirbt der Gläubiger ein Pfandrecht an dem gepfändeten Gegenstande.
(2) Das Pfandrecht gewährt dem Gläubiger im Verhältnis zu anderen Gläubigern dieselben Rechte wie ein durch Vertrag erworbenes Faustpfandrecht; es geht Pfand- und Vorzugsrechten vor, die für den Fall eines Insolvenzverfahrens den Faustpfandrechten nicht gleichgestellt sind.
(3) Das durch eine frühere Pfändung begründete Pfandrecht geht demjenigen vor, dass durch eine spätere Pfändung begründet wird.

Ist der Schuldner nicht Eigentümer der gepfändeten Sache, kann nach überwiegender Ansicht in Literatur- und Rechtsprechung allein aufgrund der eingetretenen Verstrickung das Pfandobjekt so lang verwertet werden, als die Verstrickung nicht auf einen Rechtsbehelf hin aufgehoben worden ist.

2.1.4. Aufhebung der Pfändung

§§ 775, 776 ZPO

Aufhebung durch
• gerichtlichen Entscheid
• Gläubiger verzichtet

Der Gerichtsvollzieher hat die Pfändung aufzuheben, wenn eine entsprechende gerichtliche Entscheidung ergangen ist oder wenn der Gläubiger gegenüber dem Gerichtsvollzieher auf die Pfändung verzichtet. Der Gerichtsvollzieher hat dann die Pfandsache zurückzugeben oder das Pfandsiegel abzulösen. Diese Entstrickung führt zum Erlöschen des Pfändungspfandrechtes des Gläubigers und der Verstrickung. Der Schuldner kann über die Sache wieder frei verfügen.

2.1.5. Verwertung

Verwertung durch
Versteigerung
Pfandrecht

Der Gerichtsvollzieher hat die von ihm gepfändeten Sachen zu verwerten.

§ 815 ZPO

Gepfändetes Geld

(1) Gepfändetes Geld ist dem Gläubiger abzuliefern.
(2) Wird dem Gerichtsvollzieher glaubhaft gemacht, dass an gepfändetem Geld ein die Veräußerung hinderndes Recht eines Dritten bestehe, so ist das Geld zu hinterlegen ...

§ 814 ZPO

Versteigerung

Die gepfändeten Sachen sind von dem Gerichtsvollzieher öffentlich zu versteigern.

§ 383 Abs. 3 BGB

Auch hierbei wird der Gerichtsvollzieher hoheitlich tätig. Zeit und Ort der Versteigerung sind unter allgemeiner Bezeichnung der Sache öffentlich bekannt zu machen.

§ 817 Abs. 1 ZPO
§ 806 ZPO

Den Zuschlag in der Versteigerung erhält der Meistbietende. Dabei kommt zwischen dem Ersteher und dem durch den Gerichtsvollzieher vertretenen Staat ein öffentlich-rechtlicher Vertrag zustande. Gewährleistungsansprüche sind ausgeschlossen.

Kraft Hoheitsakt geht das Eigentum auf den Ersteher über. An dem gezahlten Versteigerungserlös setzen sich die dinglichen Rechte, die an der Pfandsache bestanden haben, fort. Der Erlös tritt an die

Stelle der Sache. Kraft Hoheitsakt wird dem Gläubiger zur Befriedigung seiner titulierten Forderung kraft Hoheitsaktes der Erlös übertragen.

Ist die Forderung des Gläubigers durch die Auskehrung des Erlöses erfüllt, händigt der Gerichtsvollzieher die vollstreckbare Ausfertigung des Titels an den Schuldner aus.

§ 757 ZPO

2.1.6. Eidesstattliche Versicherung

Offenbarungsversicherung

Führt eine Pfändung nicht zur vollständigen Befriedigung der Forderung des Gläubigers, hat der Schuldner auf Antrag des Gläubigers ein Vermögensverzeichnis zu erstellen.

§ 807 Abs. 1 ZPO

Für die Abnahme dieser eidesstattlichen Versicherung ist der Gerichtsvollzieher zuständig. Der Gerichtsvollzieher kann bereits nach der ersten und erfolglosen Vollstreckung die Abgabe der eidesstattlichen Versicherung verlangen.

§ 899 Abs. 1 ZPO
§ 900 Abs. 2 ZPO

Weigert sich der Schuldner, hat das Gericht durch Beschluss zu entscheiden.

§ 900 Abs. 4 ZPO
Widerspruch

Das Gericht kann einen Haftbefehl erlassen. Nach Abgabe der eidesstattlichen Versicherung ist der Schuldner aus der Haft zu entlassen. Nach Abgabe der eidesstattlichen Versicherung wird der Schuldner in das beim Vollstreckungsgericht geführte Schuldnerverzeichnis eingetragen. In diesem Verzeichnis bleibt der Schuldner drei Jahre lang eingetragen.

§ 901 ZPO
§ 902 Abs. 2 ZPO
§ 915 ZPO
§ 915 a ZPO

Unter bestimmten Voraussetzungen kann Auskunft aus dem Schuldnerverzeichnis verlangt werden.

§ 915 b ZPO

2.1.7. Gläubigeranfechtung

Anfechtung

Oftmals wird ein Schuldner kurz vor einer Vollstreckung Gegenstände auf einen Dritten übertragen, um sie so dem Zugriff des Gläubigers zu entziehen. Vor solchen Vermögensverschiebungen durch den Schuldner ist der Gläubiger durch das Anfechtungsgesetz geschützt. So kann der Gläubiger auf das Vermögen eines Dritten Zugriff nehmen.

Vor Vermögensverschiebungen des Schuldners schützt die Gläubigeranfechtung

Anfechtungsgesetz

Zwangsvollstreckung

Voraussetzung für eine Anfechtung:

§ 2 AnfG
- Das vorhandene Vermögen des Schuldners reicht nicht zur Befriedigung der Forderung des Gläubigers;

§ 1 Abs. 1 AnfG
- Schuldner gibt an einen Dritten Vermögensgegenstände weg, benachteiligt objektiv Gläubiger und erfüllt einen Anfechtungstatbestand.

§ 3 AnfG
- Vorsätzliche Gläubigerbenachteiligung und entsprechende Kenntnis des Dritten innerhalb der letzten 10 Jahre.

§ 4 AnfG
- Unentgeltliche Leistung des Schuldners an den Dritten innerhalb der letzten 4 Jahre.

Der Dritte hat die Zwangsvollstreckung des Gläubigers in den betreffenden Gegenstand zu dulden. Die Zugriffslage für den Gläubiger wird wieder hergestellt.

2.2. Vollstreckung in Forderungen und Rechte

Die Forderungspfändung hat große praktische Bedeutung

Von großer praktischer Bedeutung ist die Forderungspfändung. Die titulierte Forderung des Gläubigers wird dadurch befriedigt, dass er auf eine Forderung des Schuldners gegen einen Dritten Zugriff nimmt. Die Forderung wird durch Einziehung verwertet. Der eingezogene Betrag dient dann der Tilgung der titulierten Forderung des Gläubigers.

§ 828 ZPO
§ 20 Nr. 17 RPflG

Zuständiges Vollstreckungsorgan ist das Amtsgericht als Vollstreckungsgericht. Funktional zuständig ist dort der Rechtspfleger.

2.2.1. Vollstreckung in Geldforderungen

Hierzu beantragt der Gläubiger beim Vollstreckungsgericht einen Pfändungs- und Überweisungsbeschluss:

§ 829 ZPO

Pfändung einer Geldforderung

(1) Soll eine Geldforderung gepfändet werden, so hat das Gericht dem Drittschuldner zu verbieten, an den Schuldner zu zahlen. Zugleich hat das Gericht an den Schuldner das Gebot zu erlassen, sich jeder Verfügung über die Forderung, insbesondere ihrer Einziehung, zu enthalten. Die Pfändung mehrerer Geldforderungen gegen verschiedene Drittschuldner soll auf Antrag des Gläubigers durch einheitlichen Beschluss ausgesprochen werden, soweit dies für die

Zwecke der Vollstreckung geboten erscheint und kein Grund zu der Annahme besteht, dass schutzwürdige Interessen der Drittschuldner entgegen stehen.

(2) Der Gläubiger hat den Beschluss dem Drittschuldner zustellen zu lassen. Der Gerichtsvollzieher hat den Beschluss mit einer Abschrift der Zustellungsurkunde dem Schuldner sofort zuzustellen, sofern nicht eine öffentliche Zustellung erforderlich wird. Ist die Zustellung an den Drittschuldner auf unmittelbares Ersuchen der Geschäftsstelle durch die Post erfolgt, so hat die Geschäftsstelle für die Zustellung in gleicher Weise Sorge zu tragen. An Stelle einer an den Schuldner im Ausland zu bewirkenden Zustellung erfolgt die Zustellung durch Aufgabe zur Post.

(3) Mit der Zustellung des Beschlusses an den Drittschuldner ist die Pfändung als bewirkt anzusehen.

Der Pfändungsbeschluss

Der Gläubiger hat in seinem Antrag an das Vollstreckungsgericht anzugeben:

- Der Gläubiger der zu pfändenden Forderung (Vollstreckungsschuldner)
- der Schuldner der zu pfändenden Forderung (Drittschuldner)
- genaue Bezeichnung der Forderung und ihr Schuldgrund

Das Vollstreckungsgericht prüft das Vorliegen der Vollstreckungsvoraussetzungen (Titel, Klausel und Zustellung).

Titel, Klausel, Zustellung sind Vollstreckungsvoraussetzungen

Ferner prüft es, ob die Forderung wie angegeben bestehen kann. Es wird nicht geprüft, ob die Forderung tatsächlich besteht. Der Schuldner wird nicht angehört.

§ 834 ZPO

In unserem Ausgangsfall war Lehrer Schön bekannt, dass Malermeister Strich bei der Sparkasse Münster ein Konto unterhält. Deshalb hatte er sich entschieden, nicht den Gerichtsvollzieher zu beauftragen, sondern das Konto des Strich bei der Sparkasse Münster zu pfänden. Hierzu wird er folgenden Antrag gestellt haben:

Pfändungs- und Überweisungsbeschluss

Geschäfts-Nr.:

Pfändungs- und Überweisungsbeschluss

In der Zwangsvollstreckungssache

des Herrn Berthold Schön, Steinfurter Str. 999, 48100 Münster

-Gläubiger-

Verfahrensbevollmächtigter: Herr Rechtsanwalt Schlau, Hafenweg 15, 48000 Münster

gegen

Herrn Erwin Strich, Hindenburgplatz 1000, 48100 Münster

-Schuldner-

wird anliegend der vollstreckbare Schuldtitel überreicht:

Titel: Kostenfestsetzungsbeschluss	Datum: 03.01.2001
Gericht: Landgericht Münster	Az.: 4 O 200/00

Der Gläubiger kann von dem Schuldner beanspruchen:

Forderungshöhe:		1.941,05 DM
3/10 Gebühr §§ 11, 31 I 1. 57 BRAGO	51,00 DM	
Auslagenpauschale § 26 BRAGO	7,70 DM	
16 % Mehrwertsteuer § 25 BRAGO	9,39 DM	
Gerichtskosten § 11 I 1 GKG	20,00 DM	
		88,09 DM
Gesamtsumme gemäß Forderungsaufstellung		2.029,14 DM

zuzüglich weiterer Tageszinsen auf die Hauprforderung ab dem 28.02.2001 in Höhe von 0,1946 DM.

Aufgrund dieser Ansprüche und der Zustellungskosten für diesen Beschluss wird bzw. werden die nachstehend aufgeführten angeblichen Forderungen des Schuldners gegen:

Sparkasse Münster, vertr. d.d. Vorstand, Ludgeristr. 88/91, 48143 Münster

-Drittschuldner-

so lange gepfändet, bis der Gläubigeranspruch vollständig erfüllt ist.

Pfändungs- und Überweisungsbeschluss

Die Pfändung erstreckt sich auf Ansprüche

1) auf Auszahlung an sich und Überweisung an Dritte von Beträgen, die zu Gunsten des Schuldners beim Drittschuldner eingehen;

2) auf Annahme von Geld für den Schuldner, jeglichen Guthabens auf Konten des Schuldners;

3) über den gegenwärtigen und jeden künftigen Aktivsaldo (Überschuss), welcher sich auf Grund der Saldoziehung zum Zustellungszeitpunkt dieses Beschlusses an den Drittschuldner und zum Zeitpunkt des Abschlusses der Rechnungsperiode ergibt;

4) auf Rückzahlung jeglichen, auch des künftigen Guthabens, auf Prämienauszahlung samt Zinsen und Zinseszinsen und auf Auszahlung der Zinsen aus Sparverträgen;

5) auf Zutritt zum Stahlfach unter Beteiligung des Drittschuldners bei dessen Öffnung oder auf alleinige Öffnung durch den Drittschuldner;

6) auf Herausgabe von Wertpapieren aus Depot- und Verwahrverträgen sowie auf Ausfolgung hinterlegter Waren;

7) auf Auszahlung der bereitgestellten, noch nicht abgerufenen Darlehnsvaluta aus bereits abgeschlossenen Kreditgeschäften;

8) über sonstige, sich aus der Geschäftsverbindung ergebende Ansprüche, vor allem auf Kündigung der zwischen dem Schuldner und dem Drittschuldner geschlossenen Verträge, namentlich Giro-, Darlehns-, Sicherungsübereignungs-, Hinterlegungs- und Sparverträge;

9) auf Kündigung der Sparverträge und Spareinlagen gemäß den Allgemeinen Bedingungen für Sparverträge und der vertragliche Auskunftsanspruch über den beiderseitigen Forderungsstand. Dieser Teilauftrag soll nicht bei einem Beschlussantrag gegenüber dem Drittschuldner Postbank gelten: § 23 PostG ist berücksichtigt.

Der Drittschuldner darf, soweit die Forderung gepfändet ist, an den Schuldner nicht mehr zahlen. Der Schuldner darf insoweit nicht über die Forderung verfügen, insbesondere sie nicht einziehen. Zugleich wird dem Gläubiger die bezeichnete Forderung in Höhe des gepfändeten Betrages zur Einziehung überwiesen.

Wird ein bei dem Geldinstitut gepfändetes Guthaben eines Schuldners, der eine natürliche Person ist, dem Gläubiger überwiesen, so darf erst zwei Wochen nach der Zustellung des Überweisungsbeschlusses an den Drittschuldner aus dem Guthaben an den Gläubiger geleistet oder der Betrag hinterlegt werden (§ 835 Abs. 3 Satz 2 ZPO).

.................., den .... Ausgefertigt:

        Das Amtsgericht   (Siegel)

_____ _____
Rechtspfleger   als Urkundsbeamter der Geschäftsstelle

Zwangsvollstreckung

Mit Zustellung an den Drittschuldner wird der Pfändungsbeschluss wirksam.

Vor einer die Vollstreckung vereitelnde Verfügung des Schuldners schützt das vorläufige Zahlungsverbot

§ 845 ZPO

Der Gläubiger kann schon vor der Pfändung durch den Gerichtsvollzieher dem Drittschuldner und dem Schuldner die Mitteilung machen, dass eine Pfändung bevorsteht verbunden mit der Aufforderung an den Drittschuldner, nicht an den Schuldner zu zahlen und mit der Aufforderung an den Schuldner, sich jeder Verfügung über die Forderung zu enthalten (vorläufiges Zahlungsverbot).

Der Überweisungsbeschluss

§ 835 ZPO — **Überweisung von Geldforderungen**

> (1) Die gepfändete Geldforderung ist dem Gläubiger nach seiner Wahl zur Einziehung oder an Zahlungs Statt zum Nennwert zu überweisen.
> (2) Im letzteren Fall geht die Forderung auf den Gläubiger mit der Wirkung über, dass er, so weit die Forderung besteht, wegen seiner Forderung an den Schuldner als befriedigt anzusehen ist.

Der Gläubiger kann die gepfändete Forderung für sich einziehen

Durch den Überweisungsbeschluss wird der Gläubiger in die Lage versetzt, die Forderung gegen den Drittschuldner geltend zu machen. Der Gläubiger erhält ein eigenes Einziehungsrecht. Den Drittschuldner kann er auf Leistung an sich verklagen. Soweit der Gläubiger dann vom Drittschuldner eine Zahlung erhält, gilt dies als Leistung des Schuldners.

§ 840 ZPO
§ 840 Abs. 2 ZPO

Auskunftspflicht

Der Drittschuldner ist dem Gläubiger gegenüber auskunftspflichtig dazu, ob und inwieweit er die Forderung als begründet anerkenne und Zahlung zu leisten bereit ist; ob und welche Ansprüche andere Personen an die Forderung machen; ob und wegen welcher Ansprüche die Forderung bereits für andere Gläubiger gepfändet ist. Der Drittschuldner macht sich schadenersatzpflichtig, wenn er seiner Auskunftsverpflichtung nicht oder unrichtig nachkommt.

Wenn der Drittschuldner nicht freiwillig leistet, muss der Gläubiger gegen ihn selbständig Klage erheben. Der Pfändungs- und Überweisungsbeschluss ist kein Vollstreckungstitel gegen den Drittschuldner.

§ 404 BGB

Der Drittschuldner kann gegenüber der gepfändeten Forderung alle Einwendungen erheben, die ihm gegen den Schuldner zustanden. Diese Einwendungen kann er nunmehr gegenüber dem Gläubiger erheben.

Zahlt der Drittschuldner in Unkenntnis der Pfändung an seinen Gläubiger (den Vollstreckungsschuldner), wird er von seiner Leistungspflicht befreit.

§ 407 BGB analog

Analogie

Beispiel: Händler H hat einen rechtskräftigen Zahlungstitel gegen Makler M über 5.000,00 DM. Makler M hat an den Studenten S ein Zimmer für monatlich 500,00 DM vermietet. H pfändet die Mietzinsforderung des M gegen S und lässt sich die Forderung zur Einziehung überweisen. Der Postbeamte trifft den S bei der Zustellung des Pfändungs- und Überweisungsbeschlusses nicht an. Er übergibt den Beschluss dem M, der diesen nicht an S weiterleitet. S zahlt seine Miete weiter an M. Nach drei Monaten verlangt H von S Zahlung in Höhe von 1.500,00 DM.

H könnte die Zahlung von S verlangen, wenn die Mietzinsforderung des M gegen S wirksam für H gepfändet und ihm zur Einziehung überwiesen wurde. Dies ist zu bejahen. Der Pfändungs- und Überweisungsbeschluss wurde S als Drittschuldner gem. § 181 Abs. 2 ZPO wirksam zugestellt. Die Ersatzzustellung war zulässig, da M nicht Gegner des S in einem Rechtsstreit war. Damit wurde durch die Zustellung die Pfändung- und Überweisung der folgenden Monatsmieten (§ 832 ZPO) wirksam, §§ 829 Abs. 3, 835 Abs. 3. M war zur Einziehung nicht mehr berechtigt. Dem S war untersagt, weiter an M zu zahlen (§ 829 Abs. 1 Satz 1 ZPO).

Der Drittschuldner S wird jedoch in analoger Anwendung des § 407 BGB geschützt, wenn er in Unkenntnis der Pfändung an seinen Gläubiger M zahlt. Trotz wirksamer Pfändung der Mietzinsforderung durch H war S durch die Zahlung an M frei geworden. G kann daher von S keine Zahlung verlangen.

Zahlt der Drittschuldner an den Vollstreckungsgläubiger, obwohl der Überweisungsbeschluss zu Unrecht erlassen war, erlischt seine Leistungspflicht.

§ 836 Abs. 2 ZPO

Pfändbarkeit

Pfändbar sind grundsätzlich alle Forderungen des Schuldners. Hierzu gehören auch künftige Forderungen, wenn sie bestimmt oder hinreichend bestimmbar sind. Zwischen Schuldner und Drittschuldner muss in diesem Fall bereits eine Rechtsbeziehung bestehen, aus der die künftige Forderung hinreichend bestimmbar ist. Pfändbar sind daher künftige Lohn- und Gehaltsansprüche, solche aus noch nicht fälliger Lebensversicherung sowie künftige Rentenansprüche.

Lohnpfändung

§ 46 Abs. 6 AO

Pfändbarkeit künftiger Forderungen

Steuererstattungsansprüche sind erst nach ihrer Entstehung pfändbar.

§ 851 ZPO — **Nicht übertragbare Forderungen**

(1) Eine Forderung ist in Ermangelung besonderer Vorschriften der Pfändung nur insoweit unterworfen, als sie übertragbar ist.

§ 399 BGB
§ 851 Abs. 2 ZPO

Ferner sind Forderungen, die nicht abtretbar sind nicht pfändbar. Die Pfändung dieser Forderungen ist nur insoweit möglich, als der geschuldete Gegenstand der Pfändung unterworfen ist.

Zweckgebundene Forderungen sind nur im Rahmen ihrer Zweckbindung pfändbar.

§ 852 ZPO — **Pflichtteilsanspruch**

(1) Der Pflichtteilsanspruch ist der Pfändung nur unterworfen, wenn er durch Vertrag anerkannt oder rechtshängig geworden ist.

§§ 850 ff. ZPO
§ 850 c ZPO

Bei der Pfändung von Arbeitseinkommen ist nur derjenige Betrag pfändbar, der die Pfändungsfreibeträge übersteigt.

Hier sind die einkommensabhängigen Tabellen zu beachten.

Vollstreckung in eine hypothekarisch gesicherte Geldforderung

§ 830 ZPO

Hypothek ist eine Grundstücksbelastung, wonach eine geschuldete Geldsumme abgesichert wird

Die Pfändung erfolgt durch Pfändungsbeschluss. Bei der Briefhypothek durch Übergabe des Briefes an den Gläubiger und bei der Buchhypothek durch Eintragung der Pfändung in das Grundbuch. Die Aushändigung des Überweisungsbeschlusses an den Gläubiger führt zur Überweisung der Forderung.

Pfändung von Bankguthaben

§ 808 Abs. 1 BGB
§ 836 Abs. 3 ZPO

Zur Pfändung eines Guthabens mit Sparkassenbuch, die eine Vollstreckung in Geldforderungen ist, bedarf es des Erlasses eines Pfändungs- und Überweisungsbeschlusses. Da der Gläubiger zur Auszahlung des Betrages das Sparkassenbuch vorlegen muss, ist der Schuldner verpflichtet, dieses herauszugeben.

Verweigert dies der Schuldner, muss der Gläubiger im Wege der Hilfspfändung das Sparkassenbuch durch den Gerichtsvollzieher aufgrund des Überweisungsbeschlusses wegnehmen lassen.

Bei Girokonten und Kontokorrentkonten ist nur der Saldo im Zeitpunkt der Zustellung des Pfändungsbeschlusses pfändbar. Ferner sind die zukünftigen Saldoforderungen entsprechend den Saldierungsperioden der Bank pfändbar.

2.2.2. Vollstreckung in Herausgabe- und Leistungsansprüche

Bei dieser Vollstreckungsmassnahme ist zu beachten, dass es sich um eine Zwangsvollstreckung in Herausgabe und Leistungsansprüche handelt. Sie sind nicht zu verwechseln mit der Vollstreckung aufgrund eines Herausgabetitels.

Herausgabetitel

Prinzipiell erfolgt diese Art der Vollstreckung den Regeln zur Durchsetzung einer Geldforderung. Die Besonderheit besteht darin, dass der Gläubiger letztlich nicht vom Drittschuldner die Herausgabe oder Lieferung erlangen will, sondern letztlich seine Forderung realisieren will.

Diese Vollstreckungsart erfolgt in der Regel zur Durchsetzung einer Geldforderung

Anspruch auf Herausgabe von Fahrnis

§ 847 ZPO

(1) Bei der Pfändung eines Anspruches, der eine bewegliche körperliche Sache betrifft, ist anzuordnen, dass die Sache an einen vom Gläubiger zu beauftragenden Gerichtsvollzieher herauszugeben sei.

Hierdurch entsteht ein Pfändungspfandrecht an dem Herausgabeanspruch. Die Leistung des Drittschuldners an den Gerichtsvollzieher gilt als Leistung an den Schuldner, so dass der Drittschuldner durch seine Leistung befreit wird. Der Gerichtsvollzieher verwertet die Sache des Schuldners und schüttet den Erlös an den Gläubiger aus. An der herausgegebenen Sache entsteht ein Pfändungspfandrecht, so dass die Wirkung eintritt, als wenn der Gerichtsvollzieher die Sache gepfändet habe.

Pfändungspfandrecht entsteht durch Pfändung

Bei der Vollstreckung in einen Anspruch auf Übereignung eines Grundstückes gilt:

Anspruch auf Herausgabe von Liegenschaften

§ 848 ZPO

(1) Bei Pfändung eines Anspruches, der eine unbewegliche Sache betrifft, ist anzuordnen, dass die Sache an einen auf Antrag des Gläubigers vom Amtsgericht der belegenden Sache zu bestellenden Sequester herauszugeben sei.

Die Auflassung des Grundstückes erfolgt an den Sequester als Vertreter des Schuldners.

§ 848 Abs. 2 ZPO

§ 848 Abs. 2 Satz 2 ZPO Nach der Auflassung kann der Sequester die Eintragung des Schuldners als Eigentümer im Grundbuch erreichen. Kraft Gesetzes entsteht mit dem Eigentumserwerb des Schuldners eine Sicherungshypothek zugunsten des Gläubigers. Aus der Hypothek heraus kann dann der Gläubiger durch Zwangsversteigerung oder Zwangsverwaltung das Grundstück entsprechend für sich verwerten, um seine Forderung befriedigen zu können.

2.2.3. Vollstreckung in sonstige Rechte

Die Pfändung eines Gesellschaftsanteils des Schuldners durch den Gläubiger ist möglich.

§ 859 ZPO

Gesellschaftsanteile bürgerlichen Rechts und Miterbteil

GbR

(1) Der Anteil eines Gesellschafters an dem Gesellschaftsvermögen einer nach § 705 des Bürgerlichen Gesetzbuches eingegangenen Gesellschaft ist der Pfändung unterworfen. Der Anteil eines Gesellschafters an den einzelnen zu dem Gesellschaftsvermögen gehörenden Gegenständen ist der Pfändung nicht unterworfen.

(2) Die gleichen Vorschriften gelten für den Anteil eines Miterben an dem Nachlass und an den einzelnen Nachlassgegenständen.

Der Pfändungsbeschluss ist an die geschäftsführenden Gesellschafter zuzustellen. Der Gläubiger kann dann die Gesellschaftsrechte des Schuldners ausüben (Anspruch auf Gewinnanteil, Kündigung und Auseinandersetzung).

Nießbrauch ist pfändbar
§ 857 Abs. 3 ZPO
§ 1059 BGB

Erbanteile sind pfändbar
§§ 859, Abs. 2,
857 Abs. 1,
829 Abs. 3 ZPO

Der Nießbrauch ist pfändbar, da er zur Ausübung übertragbar ist. Der Erbanteil eines Schuldners ist pfändbar. Den Miterben ist als Drittschuldner der Pfändungsbeschluss zuzustellen. Die Überweisung des Erbteil geschieht an den Gläubiger zur Einziehung. Der Gläubiger nimmt die Rechte des Schuldners wahr, in dem er die Auseinandersetzung betreibt.

2.3. Vollstreckung in unbewegliches Vermögen

§ 864 Abs. 1 ZPO
§ 864 Abs. 2 ZPO
§ 865 Abs. 1 ZPO
§ 1120 BGB

Der Immobiliarvollstreckung unterliegen Grundstücke sowie deren Bestandteile, grundstücksgleiche Rechte (Erbbaurechte und Wohnungseigentum), Miteigentumsanteile an Grundstücken und grundstücksgleichen Rechten sowie die Gegenstände, auf die sich bei Grundstücken und grundstücksgleichen Rechten die Hypothek erstreckt.

2.3.1. Arten der Immobiliarvollstreckung

Zwangshypothek, Zwangsversteigerung und Zwangsverwaltung

In das unbewegliche Vermögen des Schuldners kann die Zwangsvollstreckung auf verschiedene Arten erfolgen.

Arten der Zwangsvollstreckung

§ 866 ZPO

(1) Die Zwangsvollstreckung in ein Grundstück erfolgt durch Eintragung einer Sicherungshypothek für die Forderung, durch Zwangsversteigerung oder durch Zwangsverwaltung.
(2) Der Gläubiger kann verlangen, dass eine dieser Maßregeln allein oder neben den Übrigen ausgeführt werde.

- Eintragung einer Sicherungshypothek (Zwangshypothek). Der Gläubiger erlangt hierdurch eine dingliche Sicherheit für seine Forderung am Grundstück des Schuldners.
- Zwangsversteigerung. Hierdurch soll der Wert des Grundstückes realisiert werden. Der Erlös dient der Befriedigung des Gläubigers.
- Zwangsverwaltung. Dem Schuldner wird die Verwaltung des Grundstückes genommen. An seiner Stelle übt ein Zwangsverwalter, der dem Gläubiger aus den laufenden Nutzungen des Grundstückes zwecks Tilgung der Forderung diese zukommen lässt, die Rechte des Eigentümers aus.

Zuständig für die Eintragung einer Zwangshypothek ist das Grundbuchamt. Für die Zwangsversteigerung und Zwangsverwaltung ist das Amtsgericht der belegenden Sache als Vollstreckungsgericht zuständig. Funktional zuständig ist der Rechtspfleger.

§ 867 ZPO
§ 1 ZVG
§ 3 Nr. 1 i RPflG

2.3.2. Zwangshypothek

Das Grundbuchamt hat die Zwangshypothek einzutragen, wenn die grundbuchrechtlichen Voraussetzungen vorliegen. Die notwendige Einwilligung des Schuldners als Grundstückseigentümer wird durch die Vollstreckungsvoraussetzungen ersetzt.

§ 19 GBO

Hierdurch wird der Gläubiger nur gesichert. Will er die Befriedigung der Forderung aus dem Grundstück erreichen, muss er aus der

§ 867 Abs. 3 ZPO

Zwangsvollstreckung

Zwangshypothek die Zwangsversteigerung betreiben. Der Gläubiger kann unmittelbar aus der Zwangshypothek die Zwangsversteigerung beantragen.

2.3.3. Zwangsversteigerung

Liegen die allgemeinen Vollstreckungsvoraussetzungen vor und ist der Schuldner Eigentümer, kann Antrag auf Zwangsversteigerung gestellt werden.

§ 869 ZPO
§ 15 ZVG

Die Zwangsversteigerung eines Grundstückes richtet sich nach dem Zwangsversteigerungsgesetz, das Bestandteil der ZPO ist. Die Zwangsversteigerung wird auf Antrag des Gläubigers vom Vollstreckungsgericht angeordnet.

Hierzu müssen

§§ 16, 17 ZVG

- die allgemeinen Vollstreckungsvoraussetzungen vorliegen oder
- ein Titel auf Duldung der Zwangsvollstreckung aus einem im Grundbuch eingetragenen dinglichen Recht (Hypothek oder Grundschuld) vorliegen,
- der Schuldner als Eigentümer des Grundstückes eingetragen sein.

Die Anordnung der Zwangsversteigerung erfolgt durch Beschluss und gilt als Beschlagnahme des Grundstückes. Der Beschluss wird im Grundbuch eingetragen.

§ 19 ZVG

Eintragung der Anordnung in das Grundbuch

(1) Ordnet das Gericht die Zwangsversteigerung an, so hat es zugleich das Grundbuchamt um Eintragung dieser Anordnung in das Grundbuch zu ersuchen.

Versteigerung bedeutet Verwertung des Grundstücks

Auf vorrangige Rechte achten

Durch Versteigerung erfolgt die Verwertung des Grundstückes. Dabei sind vorrangige Rechte, wie etwa vorrangig eingetragene Hypotheken, zu beachten, die nicht beeinträchtigt werden dürfen. Es wird deshalb in der Versteigerung nur ein solches Gebot zugelassen, durch das die vorgehenden Rechte und die Kosten des Verfahrens gedeckt werden (geringstes Gebot).

§ 44 ZVG

Begriff des geringsten Gebotes

(1) Bei der Versteigerung wird nur ein solches Gebot zugelassen, durch welches die dem Anspruche des Gläubigers vorgehenden Rechte sowie die aus dem Versteigerungserlös zu entnehmenden Kosten des Verfahrens gedeckt werden.

Der Ersteher braucht die im geringsten Gebot enthaltenen Rechte nicht durch Zahlung zu befriedigen. Sie werden von ihm übernommen. Den Zuschlag erhält der Meistbietende. Hierdurch wird der Ersteher Eigentümer des Grundstückes kraft Hoheitsaktes.

§ 52 Abs. 1 ZVG
§ 81 Abs. 1 ZVG

Eigentumserwerb durch Zuschlag

§ 90 ZVG

(1) Durch den Zuschlag wird der Ersteher Eigentümer des Grundstückes, sofern nicht im Beschwerdeweg der Beschluss rechtskräftig aufgehoben wird.
(2) Mit dem Grundstück erwirbt er zugleich die Gegenstände, auf welche sich die Versteigerung erstreckt hat.

Zuschlag

Nachrangige Rechte erlöschen. Der Ersteher kann gegen den Besitzer des Grundstückes aus dem Zuschlagbeschluss die Zwangsvollstreckung auf Räumung und Herausgabe betreiben.

§ 91 ZVG
§ 93 ZVG

Abgeschlossen wird das Verfahren durch die Verteilung des Erlöses, wodurch, soweit es aus dem Versteigerungserlös möglich ist, die Forderung des Gläubigers befriedigt wird.

§§ 105 ff. ZVG

2.3.4. Zwangsverwaltung

Hierdurch wird die Verwaltung eines Grundstückes dem Schuldner genommen. Diese Funktion übernimmt der Zwangsverwalter, der vom Vollstreckungsgericht ernannt wird.

§ 150 Abs. 1 ZVG

Aufgaben des Verwalters

§ 152 ZVG

(1) Der Verwalter hat das Recht und die Pflicht, alle Handlungen vorzunehmen, die erforderlich sind, um das Grundstück in seinem wirtschaftlichen Bestande zu erhalten und ordnungsgemäß zu benutzen; er hat die Ansprüche, auf welche sich die Beschlagnahme erstreckt, geltend zu machen und die für die Verwaltung entbehrlichen Nutzungen in Geld umzusetzen.
(2) Ist das Grundstück vor der Beschlagnahme einem Mieter oder Pächter überlassen, so ist der Miet- oder Pachtvertrag auch dem Verwalter gegenüber wirksam.

Zwangsverwalter

Aus den Überschüssen der Verwaltung wird dann die Forderung des Gläubigers befriedigt.

§ 155 ZVG

3. Durchsetzung anderer Ansprüche

In der Praxis seltener aber ebenso wichtig sind Vollstreckungsmaßnahmen zur Herausgabe von Sachen, Erwirkung von Handlungen, Unterlassungen oder Duldungen sowie die Abgabe einer Willenserklärung.

3.1. Herausgabe von Sachen

§§ 811, 812 ZPO
§ 893 ZPO

Bei dieser Herausgabevollstreckung gibt es den Pfändungsschutz, wie er bei der Pfändung beweglicher Sachen möglich ist, nicht. Sofern der Schuldner die herauszugebende Sache nicht mehr besitzt, haftet er dem Gläubiger auf Schadensersatz.

§ 894 ZPO
§ 897 ZPO

Hat der Schuldner die Sache dem Gläubiger auch zu übereignen, gilt mit Rechtskraft des Urteils die Einigungserklärung des Schuldner als abgegeben. Die Übergabe wird durch die Wegnahme der Sache durch den Gerichtsvollzieher ersetzt.

Der Gerichtsvollzieher räumt die Wohnung
§ 885 Abs. 1 ZPO

Bei Herausgabe von Grundstücken und Grundstücksteilen (Räumung von Wohnung) setzt der Gerichtsvollzieher den Schuldner aus dem Besitz und weist den Gläubiger in den Besitz ein.

§ 883 ZPO

Herausgabe bestimmter beweglicher Sachen

(1) Hat der Schuldner eine bewegliche Sache oder Menge bestimmter beweglicher Sachen herauszugeben, so sind sie von dem Gerichtsvollzieher ihm wegzunehmen und dem Gläubiger zu übergeben.
(2) Wird die herauszugebende Sache nicht vorgefunden, so ist der Schuldner verpflichtet, auf Antrag des Gläubigers zu Protokoll an Eides statt zu versichern, dass er die Sache nicht besitze auch nicht wisse, wo die Sache sich befindet.

Besonders problematisch ist die Räumung von Mietwohnungen. Es ist streitig, ob der Räumungstitel gegen den Mieter auch zur Räumung gegen Familienangehörige, die nicht Mieter sind, berechtigt. Entsprechendes gilt für die Ehefrau des Mieters. Bei nichtehelichen Lebensgemeinschaften ist ein eigener Räumungstitel gegen den Lebensgefährten des Mieters erforderlich. Entsprechendes gilt bei Wohngemeinschaften.

3.2. Erwirkung von Handlungen

Hierbei ist zunächst zu unterscheiden, ob es sich um eine vertretbare oder unvertretbare Handlung, die der Schuldner zu erbringen hat, handelt. Vertretbar ist eine Handlung, wenn es für den Gläubiger ohne Bedeutung ist, dass gerade der Schuldner oder ein Dritter sie vornimmt (Arbeits- und Dienstleistungen).

Für den Gläubiger ist es letztlich gleich, wer die Handlung vornimmt

Richtet sich der vollstreckungsfähige Titel auf die Vornahme einer vertretbaren Handlung, ermächtigt das Prozessgericht der ersten Instanz den Gläubiger, die Handlung auf Kosten des Schuldners vornehmen zu lassen.

§ 887 ZPO

Handelt es sich dagegen um einen Anspruch auf Vornahme einer unvertretbaren Handlung, wird der Schuldner auf Antrag des Gläubigers vom Prozessgericht der ersten Instanz durch die Verhängung von Zwangsgeld oder Zwangshaft zur Vornahme der Handlung angehalten. Dies gilt auch für die Vollstreckung auf Widerruf verletzender Äußerungen gerichteter Titel.

§ 888 ZPO

Für den Gläubiger kommt es entscheidend darauf an, dass der Schuldner die Handlung vornimmt

Die Beitreibung des Zwangsgeldes hat durch den Gläubiger zu erfolgen.

3.3. Erwirkung von Unterlassungen oder Duldungen

Vor Festsetzung der Ordnungsmittel hat eine entsprechende Androhung vorauszugehen. Es reicht eine Zuwiderhandlung des Schuldners, wobei die Verletzung des Kernes der Unterlassungsverpflichtung bereits ausreichend ist (z.B. Wiederholung einer vom Gericht untersagten Behauptung).

Erzwingung von Unterlassungen und Duldungen § 890 ZPO

(1) Handelt der Schuldner der Verpflichtung zuwider, eine Handlung zu unterlassen oder die Vornahme einer Handlung zu dulden, so ist der wegen einer Zuwiderhandlung auf Antrag des Gläubigers von dem Prozessgericht des ersten Rechtszuges zu einem Ordnungsgeld und für den Fall, dass dieses nicht beigetrieben werden kann, zu Ordnungshaft oder zu Ordnungshaft bis zu 6 Monaten zu verurteilen. Das einzelne Ordnungsgeld darf den Betrag von 500.000,00 DM, die Ordnungshaft insgesamt 2 Jahre nicht übersteigen.

3.4. Abgabe einer Willenserklärung

Hierzu gehören sachlich-rechtliche Willenserklärungen wie die Verpflichtung des Schuldners zur Abgabe einer Auflassungserklärung bei der Übertragung eines Grundstückes sowie Willenserklärungen gegenüber Behörden, insbesondere Registerbehörden.

§ 894 ZPO

Fiktion der Abgabe einer Willenserklärung

> (1) Ist der Schuldner zur Abgabe einer Willenserklärung verurteilt, so gilt die Erklärung als abgegeben, sobald das Urteil die Rechtskraft erlangt hat. Ist die Willenserklärung von einer Gegenleistung abhängig gemacht, so tritt diese Wirkung ein, sobald nach den Vorschriften der §§ 756, 730 eine vollstreckbare Ausfertigung des rechtskräftigen Urteils erteilt ist.

4. Rechtsbehelfe

Für alle Vollstreckungsverfahren stehen den Betroffenen besondere Rechtsbehelfe zur Verfügung, die eine auf das gleiche Ziel gerichtete materiell-rechtliche Klage ausschließen.

4.1. Vollstreckungserinnerung

§ 766 ZPO

Erinnerung gegen Art und Weise der Zwangsvollstreckung

Hier geht es um die Rechtmäßigkeit einer einzelnen Vollstreckungsmaßnahme, also die Art und Weise der Vollstreckung

> (1) Über Anträge, Einwendungen und Erinnerungen, welche die Art und Weise der Zwangsvollstreckung oder das vom Gerichtsvollzieher bei ihr zu beobachtende Verfahren betreffen, entscheidet das Vollstreckungsgericht. Es ist befugt, die im § 732 Abs. 2 bezeichneten Anordnungen zu erlassen.
>
> (2) Dem Vollstreckungsgericht steht auch die Entscheidung zu, wenn ein Gerichtsvollzieher sich weigert, einen Vollstreckungsauftrag zu übernehmen oder eine Vollstreckungshandlung dem Auftrag gemäß auszuführen, oder wenn wegen der von dem Gerichtsvollzieher in Ansatz gebrachten Kosten Erinnerungen erhoben werden.

§ 764 ZPO
§ 20 Nr. 17 a RPflG

In diesem Verfahren wird die Art und Weise der Zwangsvollstreckung gerügt. Es erfolgt eine Überprüfung der Vollstreckungsmaßnahme. Zuständig ist das Amtsgericht als Vollstreckungsgericht. Funktional zuständig ist der Richter und nicht der Rechtspfleger.

Zulässigkeit:
1. Die Vollstreckungserinnerung ist statthaft
   - gegen das gesamte Verhalten des Gerichtsvollziehers
   - gegen Vollstreckungsmaßnahmen des Vollstreckungsgerichts. Hier sind Maßnahmen und Entscheidungen des Vollstreckungsgerichts auseinanderzuhalten. Gegen Entscheidungen findet die sofortige Beschwerde statt. Vollstreckungsmaßnahmen sind solche, die ohne Anhörung des Betroffenen angeordnet werden. Entscheidungen ergehen nach Anhörung des Betroffenen. Ferner durch Ablehnung und Aufhebung von Vollstreckungsmaßnahmen. Maßnahmen und Entscheidungen des Vollstreckungsgerichts sind zu unterscheiden
   - Nicht gegen Vollstreckungsmaßnahmen des Prozessgerichtes. Dies sind immer Entscheidungen, die mit der sofortigen Beschwerde anzugreifen sind. § 793 ZPO
2. Die Erinnerung ist unbefristet zulässig. Sie wird grundsätzlich erst dann statthaft, wenn die Zwangsvollstreckung begonnen hat. Sie wird mit deren Ende wegen fehlenden Rechtsschutzbedürfnisses unzulässig.
3. Erinnerungsbefugnis haben alle, die von der durchzuführenden oder unterbliebenen Maßnahme betroffen sind.
   - Der Schuldner kann grundsätzlich gegen jede gegen ihn gerichtete Vollstreckungsmaßnahme Erinnerung einlegen. Er ist durch die Zwangsvollstreckung als solche beschwert. Dies gilt etwa, wenn eine unpfändbare Sache vom Gerichtsvollzieher gepfändet wurde. Der Schuldner kann Erinnerung einlegen § 811 ZPO
   - Der Gläubiger ist erinnerungsbefugt, wenn der Gerichtsvollzieher die Durchführung des Vollstreckungsantrages ablehnt, verzögert, oder von diesem abweicht.
   - Ein nachpfändender Gläubiger ist durch eine vorrangige Pfändung beschwert. Ein nachpfändender Gläubiger ist beschwert § 804 Abs. 3 ZPO
   - Der Drittschuldner ist durch die Pfändung als solche betroffen. Ihn treffen besondere Pflichten sowie die Haftung. Er darf nur noch an den Gläubiger leisten. Den Drittschuldner treffen besondere Pflichten sowie Haftung § 840 ZPO
   - Sonstige Dritte sind erinnerungsbefugt, wenn durch eine Vollstreckungsmaßnahme eine Verfahrensvorschrift verletzt wird, die mindestens auch ihren Interessen oder ihrem Schutz dient. Dies gilt etwa dann, wenn gegen einen Dritten vollstreckt wird, obwohl dieser nicht vom Titel erfasst ist. Erinnerungsbefugnis sonstiger Dritter

Begründetheit:

Eine Erinnerung ist begründet, wenn eine Verfahrensvorschrift verletzt wurde. Dies ist der Fall, wenn die Vollstreckungsmaßnahme oder deren Ablehnung durch den Gerichtsvollzieher verfahrensfehlerhaft ist.

Das Vollstreckungsgericht prüft daher, ob

- die allgemeinen und besonderen Vollstreckungsvoraussetzungen vorliegen
- keine Vollstreckungshindernisse vorliegen
- der Vollstreckungsakt als solcher ordnungsgemäß durchgeführt wurde.

Maßgebend ist dabei der Zeitpunkt der Entscheidung. Ein Vollstreckungsmangel kann daher geheilt werden, so dass eine zunächst begründete Erinnerung unbegründet wird. Das Vollstreckungsgericht erlässt einen Beschluss. Dagegen richtet sich die sofortige Beschwerde.

4.2. Sofortige Beschwerde

Eine Entscheidung liegt vor, wenn ein Pfändungs- und Überweisungsbeschluss nach Anhörung erging

Dieser Rechtsbehelf ist nur statthaft bei einer wirklichen Entscheidung. Diese liegt vor, wenn eine Anhörung der Beteiligten stattgefunden hat. Bei einer bloßen Vollstreckungsmaßnahme ist die Vollstreckungserinnerung einzulegen.

§ 793 ZPO

Sofortige Beschwerde

(1) Gegen Entscheidungen, die im Zwangsvollstreckungsverfahren ohne mündliche Verhandlung ergehen können, findet sofortige Beschwerde statt.

(2) Hat das Landgericht über die Beschwerde entschieden, so findet, soweit das Gesetz nicht etwas anderes bestimmt, die sofortige weitere Beschwerde statt.

§ 567 ZPO

Eine Entscheidung, die vor dem Beginn der Zwangsvollstreckung ergangen ist, kann nur mit der einfachen Beschwerde angefochten werden. Hierzu gehört etwa die Entscheidung über die Art und die Höhe einer Sicherheitsleistung.

§ 577 Abs. 2 ZPO

Beschwerdebefugt ist jeder, der durch die angefochtene Entscheidung beeinträchtigt wird. Die sofortige Beschwerde ist innerhalb von zwei Wochen einzulegen. Die Frist beginnt mit der Zustellung der anzufechtenden Entscheidung. Zuständig ist das nächst höhere Gericht als Beschwerdegericht, also das Landgericht.

Gegen diese Entscheidung ist die sofortige weitere Beschwerde zulässig. Gegen eine Entscheidung eines Oberlandesgerichtes ist eine Beschwerde nicht zulässig.

§ 567 Abs. 4 ZPO

4.3. Vollstreckungsgegenklage

Es handelt sich um eine prozessuale Gestaltungsklage. Der Schuldner verfolgt die Beseitigung der Vollstreckbarkeit des Titels. Hierzu erhebt er materiell-rechtliche Einwendungen oder Einreden gegen den bereits titulierten Anspruch. Die Vollstreckbarkeit des Titels soll insgesamt beseitigt werden. Der Klageantrag zielt darauf ab, dass die Vollstreckung aus dem Titel insgesamt für unzulässig erklärt wird.

Vollstreckungsabwehrklage

(1) Einwendungen, die den durch das Urteil festgestellten Anspruch selbst betreffen, sind von dem Schuldner im Wege der Klage bei dem Prozessgericht des ersten Rechtszuges geltend zu machen.

(2) Sie sind nur insoweit zulässig, als die Gründe, auf denen sie beruhen, erst nach dem Schluss der mündlichen Verhandlung, in der Einwendungen nach den Vorschriften dieses Gesetzes spätestens hätten geltend gemacht werden müssen, entstanden sind und durch Einspruch nicht mehr geltend gemacht werden können.

(3) Der Schuldner muss in der von ihm zu erhebenden Klage alle Einwendungen geltend machen, die er zur Zeit der Erhebung der Klage geltend zu machen imstande war.

§ 767 ZPO

Hier geht es um Einwendungen gegen den zu vollstreckenden Titel, also um den materiell-rechtlichen Anspruch als solchen

Zulässigkeit:

Die Vollstreckungsgegenklage (Vollstreckungsabwehrklage) ist gegen Urteile und alle sonstigen Vollstreckungstitel wie Vollstreckungsbescheide, Prozessvergleiche und vollstreckbare Urkunden statthaft.

Die allgemeinen Sachurteilsvoraussetzungen müssen vorliegen. Ausschließlich zuständig ist das Prozessgericht des ersten Rechtszuges. Dies gilt unabhängig vom Streitwert. Wendet sich der Schuldner gegen ein erstinstanzliches Urteil eines Landgerichts, das

§§ 767 Abs. 1, 797 Abs. 5, 802 ZPO

ihn zur Zahlung von 3.000,00 DM verurteilt hat, ist dieses Landgericht ausschließlich zuständig.

Kläger ist der Vollstreckungsschuldner. Beklagter ist der Vollstreckungsgläubiger. Ist der titulierte Anspruch abgetreten worden, ist der neue Gläubiger der Beklagte. Das Rechtsschutzbedürfnis besteht so lange der Gläubiger vollstrecken kann.

Begründetheit:
Die Klage ist begründet, wenn der titulierte Anspruch materiellrechtlich vom Gläubiger nicht mehr, nicht mehr vollständig oder nur noch eingeschränkt durchgesetzt werden darf. Dies ist etwa der Fall bei Erfüllung der Forderung, Erlass oder Verzicht. Entsprechendes gilt bei Pfändung der titulierten Forderung. Der bisherige Gläubiger darf dann nicht mehr vollstrecken.

Änderung der Rechtsprechung reicht nicht

Hingegen begründet eine Änderung der Rechtsprechung oder Rechtsauffassung eine Vollstreckungsgegenklage nicht.

Der Schuldner darf nur solche Einwendungen oder Einreden geltend machen, die erst nach dem Schluss der letzten mündlichen Verhandlung entstanden sind. Andernfalls würde die Rechtskraft des Titels berührt. Für die Rechtskraft maßgebend ist der Schluss der letzten Tatsachenverhandlung. Nur aufgrund dieser Tatsachen wurde entschieden. Nur spätere Änderungen der Tatsachen werden von der Rechtskraft nicht berührt.

Entscheidend kommt es daher darauf an, ob die jetzt vom Schuldner geltend gemachte Einrede bereits vor dem Schluss der letzten mündlichen Tatsachenverhandlung entstanden war oder erst nachher. Es kommt nicht darauf an, ob der Schuldner die Einrede kannte oder beweisen konnte. Allein die objektive Möglichkeit ihrer Geltendmachung im früheren Verfahren schließt das nachträgliche Vorbringen aus.

Beispiel: Krafft vollstreckt gegen Sauer auf Grund eines Zahlungstitels. Sauer erhebt Vollstreckungsgegenklage mit dem Antrag, die Zwangsvollstreckung für unzulässig zu erklären. Er trägt vor, dass Krafft die Schuld für die zwei Jahre gestundet habe. Die Stundung könne er erst jetzt beweisen, da er einen Zeugen ermittelt habe.

Wie wird das Gericht entscheiden?

Die Vollstreckungsgegenklage wird keinen Erfolg haben. Die Einrede des Sauer ist bereits vor der letzten mündlichen Verhandlung entstanden. Daran ändert nichts, dass Sauer die Stundung damals nicht beweisen konnte. Im Urteil wurde über alle Einwendungen und Einreden des Schuldners entschieden. Das Urteil kann im Hinblick auf die Rechtskraft nicht mehr angefochten werden. Für § 767 Abs. 2 ZPO kommt es nur darauf an, ob vor Schluss der letzten mündlichen Verhandlung die Einrede entstanden war oder nicht. Unerheblich ist, ob der Schuldner die Einrede kannte oder beweisen konnte. Bereits die objektive Möglichkeit der Geltendmachung im früheren Verfahren schließt das nachträgliche Vorbringen aus.

Das Gericht wird daher die Klage abweisen.

Dies gilt nach der Rechtsprechung auch für ein später ausgeübtes Gestaltungsrecht, wie etwa die Erklärung einer Anfechtung. Die Rechtsprechung stellt hier auf den Zeitpunkt der objektiven Entstehung des Gestaltungsrechts ab. Danach kommt es nur darauf an, ob die Einwendung bereits vor Schluss der letzten mündlichen Tatsachenverhandlung objektiv hätte geltend gemacht werden können.

Wird die Zwangsvollstreckung für unzulässig erklärt, ist eine Vollstreckung aus dem angegriffenen Urteil nicht mehr möglich. Die Vollstreckung ist einzustellen. Bislang durchgeführte Vollstreckungsmaßnahmen sind aufzuheben.

§ 775 Nr. 1 ZPO
§ 776 ZPO

Vielfach wird das Gericht während der Durchführung des Prozesses die Vollstreckung einstweilen einstellen. Dies geschieht regelmäßig gegen Sicherheitsleistung. Diese vorläufige Maßnahme ist bis zum Erlass des Urteils gültig.

§ 769 ZPO

4.4. Drittwiderspruchsklage

Es handelt sich hierbei ebenfalls um eine prozessuale Gestaltungsklage. Sie gibt einem berechtigten Dritten die Möglichkeit, die Zwangsvollstreckungsmaßnahme anzugreifen, damit die Vollstreckung in einen bestimmten Gegenstand für unzulässig erklärt wird.

Widerspruchsklage

(1) Behauptet ein Dritter, dass ihm an dem Gegenstand der Zwangsvollstreckung ein die Veräußerung hinderndes Recht zustehe, so ist der Widerspruch gegen die Zwangsvollstreckung im Wege der Klage bei dem Gericht geltend zu machen, in dessen Bezirk die Zwangsvollstreckung erfolgt.

§ 771 ZPO

Ein Dritter will die Vollstreckung in einen Gegenstand insgesamt verhindern

Zwangsvollstreckung

Zulässigkeit:

Dritter kann weder der Vollstreckungsgläubiger noch der Vollstreckungsschuldner sein

§ 771 Abs. 2 ZPO

Dritter kann weder der Vollstreckungsgläubiger noch der Vollstreckungsschuldner sein.

Gegen den vollstreckenden Gläubiger ist die Klage zu richten. Sie kann verbunden werden mit einer Klage auf Herausgabe gegen den Schuldner.

Der Klageantrag zielt auf die Unzulässigerklärung der Zwangsvollstreckung in den betroffenen Gegenstand. Nicht angestrebt werden kann die Unzulässigerklärung der Zwangsvollstreckung insgesamt.

§ 802 ZPO

Ausschließlich zuständig ist das Gericht, in dessen Bezirk die betreffende Vollstreckungsmaßnahme erfolgt ist. Die sachliche Zuständigkeit richtet sich nach dem Streitwert.

Begründetheit:

Wenn der klagende Dritte am Vollstreckungsgegenstand ein die Veräußerung hinderndes Recht besitzt, ist die Klage begründet

Die Klage ist begründet, wenn der klagende Dritte an dem Vollstreckungsgegenstand ein die Veräußerung hinderndes Recht besitzt. Ein solches Recht liegt vor, wenn der Dritte eine Berechtigung an dem Vollstreckungsgegenstand besitzt, aufgrund derer die Veräußerung der Sache durch den Schuldner dem berechtigten Dritten gegenüber als rechtswidrig anzusehen wäre.

Dabei ist darauf abzustellen, dass der Schuldner im Verhältnis zu dem klagenden Dritten nicht berechtigt ist, die Sache zu veräußern oder zu verwerten.

Solche, die Veräußerung hindernde Rechte sind:
- alle dinglichen Rechte (Eigentum, Miteigentum und alle sonstigen dinglichen Rechte), besitzverbundene Pfandrechte (Unternehmerpfandrecht; besitzlose Pfandrechte berechtigen nur zur Klage auf vorzugsweise Befriedigung), das Vorbehaltseigentum, das Sicherungseigentum, sicherungsabtretungsberechtigter Inhaber einer gepfändeten Forderung,
- schuldrechtliche Herausgabeansprüche, wenn sie auf einer dem Schuldner nicht zu Eigentum überlassenen Sache gerichtet sind (Miete).

Die Geltendmachung eines die Veräußerung hindernden Rechtes durch den Dritten kann rechtsmissbräuchlich sein, wenn der Dritte die von dem Beklagten betriebene Zwangsvollstreckung in den streitigen Gegenstand dulden muss.

Dies wird in folgen Fällen angenommen:

- Der Dritte muss das Eigentum an dem Pfandgegenstand an den die Vollstreckung betreibenden Gläubiger (Beklagter) oder an dessen Vollstreckungsschuldner rückübertragen (Erfüllung der durch die Sicherungsübereignung gesicherten Forderung);
- der beklagte Gläubiger kann die Überlassung der Sache vom Schuldner an den Dritten anfechten;
- der beklagte Gläubiger hat ein Pfandrecht an der streitigen Sache, das dem Recht des Dritten im Rang vorgeht;
- der klagende Dritte stützt seinen Anspruch auf eine unerlaubte Handlung;
- der klagende Dritte haftet gegenüber dem beklagten Gläubiger wegen der Vollstreckungsforderung als Gesamtschuldner.

Ist die Drittwiderspruchsklage begründet, wird die Zwangsvollstreckung in den betreffenden Gegenstand für unzulässig erklärt. Bereits getroffene Vollstreckungsmaßnahmen sind aufzuheben.

4.5. Klage auf vorzugsweise Befriedigung

Die Klage dient dazu, einen an dem Gegenstand der Vollstreckung Berechtigten eine Befriedigung aus dem Gegenstand zeitlich vor dem vollstreckenden Gläubiger zu verschaffen. Dies kann derjenige geltend machen, der an der Sache ein besitzloses Pfandrecht hat, das dem vollstreckenden Gläubiger im Rang vorgeht.

Besonderer Schutz für besitzlosen Pfandgläubiger

Klage auf vorzugsweise Befriedigung

§ 805 ZPO

(1) Der Pfändung einer Sache kann ein Dritter, der sich nicht im Besitz der Sache befindet, aufgrund eines Pfand- und Vorzugsrechts nicht widersprechen; er kann jedoch seinen Anspruch auf vorzugsweise Befriedigung aus dem Erlös im Wege der Klage geltend machen, ohne Rücksicht darauf, ob seine Forderung fällig ist oder nicht.

Besondere Bedeutung hat diese Klage für Vermieter, die das Vermieterpfandrecht ausgeübt haben. Es handelt sich um ein besitzloses Pfandrecht, so dass eine Drittwiderspruchsklage des Vermieters unbegründet wäre.

§ 559 BGB

Vermieterpfandrecht

4.6. Vollstreckungsschutzantrag

Hierbei handelt es sich um eine Ausnahmeregelung. Untragbare Ergebnisse einer Zwangsvollstreckung sollen verhindert werden. Bedeutung hat dieser Antrag vornehmlich bei Räumungsschutz (Räumungsschuldner ist schwer krank oder suizidgefährdet).

§ 765 a ZPO

Vollstreckungsschutz

(1) Auf Antrag des Schuldners kann das Vollstreckungsgericht eine Maßnahme der Zwangsvollstreckung ganz oder teilweise aufheben, untersagen oder einstweilen einstellen, wenn die Maßnahme unter voller Würdigung des Schutzbedürfnisses des Gläubigers wegen ganz besonderer Umstände eine Härte bedeutet, die mit den guten Sitten nicht vereinbar ist. ...

§ 793 ZPO

Zuständig ist der Rechtspfleger. Gegen seine Entscheidung ist die sofortige Beschwerde möglich. Bei der Entscheidung sind die Interessen des Gläubigers und des Schuldners gegeneinander abzuwägen.

In Räumungssachen ist der Antrag spätestens zwei Wochen vor dem festgesetzten Räumungstermin zu stellen, es sei denn, der Schuldner war ohne sein Verschulden gehindert, rechtzeitig einen Antrag zu stellen.

Das Vollstreckungsgericht hebt seinen Beschluss auf Antrag auf oder ändert ihn, wenn die Sachlage sich entsprechend geändert hat.

Alle Entscheidungen ergehen durch einen Beschluss.

§ 765 a Abs. 1 S. 2, § 732 Abs. 2 ZPO

In besonderen Eilfällen ist der Erlass einer einstweiligen Anordnung möglich.

Rechtsbehelfe in der Zwangsvollstreckung

I. Vollstreckungserinnerung (§ 766):
Richtet sich gegen <u>Vollstreckungsmaßnahmen</u> (Rüge der »Art und Weise« der Vollstreckung). Verfahrensfehler durch Gerichtsvollzieher.

II. Sofortige Beschwerde (§ 793):
Richtet sich gegen <u>Entscheidungen</u> im Vollstreckungsverfahren

III. Vollstreckungsgegenklage (§ 767):
1. Richtet sich als prozessuale Gestaltungsklage des Vollstreckungschuldners auf Unzulässigerklärung der Vollstreckung insgesamt wegen materiell-rechtlicher Einwendungen oder Einreden gegen den zu vollstreckenden materiellen Anspruch.
2. Klage kann nur auf solche Umstände gestützt werden, die nach der letzten mündlichen Tatsachenverhandlung entstanden sind (§ 767 Abs. 2). Entscheidend ist die objektive Möglichkeit der Geltendmachung der Einwendung oder Einrede.

IV. Drittwiderspruchsklage (§ 771):
1. Richtet sich als prozessuale Gestaltungsklage eines Dritten auf Unzulässigerklärung der Vollstreckung in einen bestimmten Gegenstand.
2. Ein die Veräußerung hinderndes Recht, insbesondere dingliches Recht des Dritten an der Sache (wie Eigentum, auch Vorbehalts- und Sicherungseigentum) und schuldrechtlicher Herausgabeanspruch.

V. Klage auf vorzugsweise Befriedigung (§ 805):
Richtet sich auf Befriedigung am Vollstreckungsgegenstand berechtigten Dritten vor dem Vollstreckungsgläubiger.

VI. Vollstreckungsschutzantrag (§ 765 a)
Richtet sich auf Aussetzung der Vollstreckung (Räumungsschutz) zur Vermeidung untragbarer Ergebnisse (subsidiärer Rechtsbehelf).

Wiederholungsfragen

1. Was sind die allgemeinen Voraussetzungen für jede Zwangsvollstreckungsmaßnahme?
   Lösung Seite 119
2. Wie wird eine titulierte Zug um Zug-Leistung vollstreckt?
   Lösung Seite 123
3. Was versteht man unter Mobiliarvollstreckung und wer ist für deren Durchführung zuständig?
   Lösung Seite 128
4. Unter welchen Voraussetzungen ist eine Pfändung wirksam?
   Lösung Seite 129
5. Was ist die Rechtsfolge der Pfändung?
   Lösung Seite 133
6. Wie erfolgt die Verwertung gepfändeter Gegenstände?
   Lösung Seite 134
7. Wozu dient eine Gläubigeranfechtung?
   Lösung Seite 135
8. Was versteht man unter einem vorläufigen Zahlungsverbot?
   Lösung Seite 140
9. Welche Wirkung hat ein Pfändungs- und Überweisungsbeschluss?
   Lösung Seite 137, 140
10. Wie erfolgt die Zwangsvollstreckung in das unbewegliche Vermögen des Schuldners?
    Lösung Seite 144
11. Was sind die Voraussetzungen einer Zwangsversteigerung?
    Lösung Seite 146
12. Wie erfolgt die Räumung von Wohnraum?
    Lösung Seite 148
13. Was ist Gegenstand einer Vollstreckungserinnerung?
    Lösung Seite 150
14. Wann ist eine Vollstreckungsgegenklage begründet?
    Lösung Seite 153
15. Was ist Gegenstand einer Drittwiderspruchsklage?
    Lösung Seite 155

Freiwillige Gerichtsbarkeit

1. Allgemein   162
2. Einzelne Angelegenheiten   163
3. Verfahrensgang   163

162   Freiwillige Gerichtsbarkeit

1. Allgemein

Sie stellt ein besonderes gerichtliches Verfahren zur Erledigung bestimmter privatrechtlicher Angelegenheiten dar.

Die freiwillige Gerichtsbarkeit gehört zur ordentlichen Gerichtsbarkeit	Die freiwillige Gerichtsbarkeit gehört ebenfalls zur ordentlichen Gerichtsbarkeit. Per gesetzlicher Zuweisung sind bestimmte Angelegenheiten der freiwilligen Gerichtsbarkeit zugewiesen. Dies beruht im wesentlichen auf Zweckmäßigkeitserwägungen. Das Verfahren der Zivilprozessordnung ist in diesen Fällen wenig geeignet. Vielfach stehen sich nicht zwei Parteien gegenüber. Vielmehr wendet sich oft nur ein Beteiligter an das Gericht, wie etwa in Grundbuchsachen.
Grundlage ist das FGG	Die freiwillige Gerichtsbarkeit ist geregelt im Gesetz über die Angelegenheiten der freiwilligen Gerichtsbarkeit.

Freiwillige Gerichtsbarkeit

2. Einzelne Angelegenheiten

Die wichtigsten Bereiche der freiwilligen Gerichtsbarkeit sind:
- Vormundschafts- und Betreuungssachen
- Unterbringungssachen
- Bestimmte Familiensachen
- Hausratsteilung
- Personenstandssachen
- Nachlasssachen
- Registersachen   *Handelsregister*
- Angelegenheiten des Wohnungseigentums

3. Verfahrensgang

Zuständig sind die Gerichte der ordentlichen Gerichtsbarkeit. Dies sind die Amtsgerichte. Teilweise werden Verfahren von Amts wegen eingeleitet. Dies gilt etwa für Vormundschaftssachen. Im übrigen werden Verfahren nur auf Antrag durchgeführt. Dies gilt etwa für Grundbuchangelegenheiten sowie Verfahren nach dem Wohnungseigentumsgesetz. Die Verhandlungen sind nichtöffentlich. Es gibt keine sich gegenüberstehenden Parteien. Das Gesetz spricht vielmehr von gleichberechtigten »Beteiligten«. Diese haben allesamt Anspruch auf rechtliches Gehör.   *Zuständig sind die Amtsgerichte*

Es gilt der Grundsatz der Amtsermittlung. Die Bestimmungen der ZPO gelten für die Beweisaufnahme. Das Gericht kann jedoch nach pflichtgemäßem Ermessen entscheiden, ob der Freibeweis erhoben werden soll.   § 12 FGG § 15 FGG

Die Entscheidung des Gerichts ergeht durch Beschluss. Hiergegen ist die Beschwerde an das Landgericht gegeben. Gegen dessen Entscheidung ist die weitere Beschwerde möglich. Sie ist an das Oberlandesgericht zu richten.   § 19 FGG § 27 Abs. 1 FGG § 28 Abs. 1 FGG

Es handelt sich um eine Rechtsbeschwerde. Sie hat nur dann Aussicht auf Erfolg, wenn der betreffende Beteiligte durch die Beschwerdeentscheidung des Landgerichts erneut beschwert wurde.

Unter bestimmten Voraussetzungen können ergangene Entscheidungen abgeändert werden. Bei entsprechender Veränderung der Umstände können sie durch neue Entscheidungen ersetzt werden.   § 18 FGG

Freiwillige Gerichtsbarkeit

Vormundschafts- und Betreuungssachen	Anordnung und Überwachung von Vormundschaften, Betreuungen und Pflegschaften, Bestellung von Vormündern, Betreuern und Pflegern, Genehmigung wichtiger Rechtsgeschäfte. Zuständig ist das Amtsgericht als Vormundschaftsgericht. Gegen Entscheidungen des Amtsgerichts findet die Beschwerde statt.	§§ 35 ff. FGG; §§ 69 ff. FGG §§ 1773 ff. BGB, 2896 ff. BGB, 1909 ff. BGB § 19 FGG
Unterbringungssachen	Hier gelten Unterbringungsgesetze der einzelnen Bundesländer für psychisch Kranke.	§§ 70 ff. FGG
Bestimmte Familiensachen	Zuständig ist das Familiengericht. Gegen seine Entscheidungen findet die befristete Beschwerde an das Oberlandesgericht statt.	§§ 621, 621 a ZPO § 621 e ZPO
Hausratsteilung	Hier ist ebenfalls das Familiengericht zuständig. Dieses hat die Hausratsverordnung anzuwenden.	§ 621 Abs. 1 Nr. 7 ZPO
Personenstandssachen	Hier wird der Standesbeamte als Organ der freiwilligen Gerichtsbarkeit tätig. Die Zuständigkeiten des Amtsgerichts richten sich nach dem Personenstandsgesetz.	§§ 45 ff. PersonenstandsG
Nachlasssachen	Hier geht es um die Sicherung von Nachlässen. Die Eröffnung von Testamenten, die Erbscheinserteilung, sowie die Vermittlung der Erbauseinandersetzung.	§§ 72 ff. FGG §§ 1960 ff. BGB §§ 260 ff. BGB §§ 2352 ff. BGB §§ 86 ff. FGG
Registersachen	Hier geht es um Streitigkeiten mit dem Handelsregister, Genossenschaftsregister, Vereinsregister, Partnerschaftsregister, Güterrechtsregister und Grundbuchsachen nach der Grundbuchordnung.	§§ 125 ff. FGG § 147 FGG §§ 159 ff. FGG § 150 b FGG §§ 161, 162 FGG
Angelegenheiten des Wohnungseigentums	Hier geht es um Streitigkeiten zwischen Wohnungseigentümern oder dem Verwalter. Der häufigste Fall ist die Anfechtung von Beschlüssen der Eigentümerversammlung.	§ 43 ff. WEG

Klausurfälle

1. Tipps für Klausuren — 165
2. Tipps für Hausarbeiten — 170
3. Ein Fall zum Erkenntnisverfahren — 171
4. Ein Fall aus der Zwangsvollstreckung — 176

1. Tipps für Klausuren

Bereits in der Einführung dieses Buches wurden die wichtigsten Schritte zur erfolgreichen Fallbearbeitung dargestellt. In einer Klausur oder Hausarbeit kommen aber noch weitere Schwierigkeiten dazu. Folgende Prämisse ist dabei zu beachten: Treffende Antworten ordentlich und in der knappen Zeit zu Papier zu bringen.

Treffende Antworten: Um eine erfreuliche Note zu erlangen, ist die Fähigkeit erforderlich, den vorhandenen juristischen Sachverstand in geeigneter Weise umzusetzen. Auch enzyklopädisches Wissen garantiert keinen Erfolg, vielmehr wird die Transferleistung honoriert. Die Honorarausschüttung übernimmt der Korrektor. Infolge dessen sollte man das zu Papier bringen, was er vermutlich positiv bewerten wird – nicht mehr und nicht weniger. Positiv bewerten wird er nur das juristische Know-how, welches aufgrund des vorgegebenen Falles gefordert ist, nicht dagegen ungefragtes Lehrbuchwissen.

Ordentliche Form: Der Korrektor wird immer – zumindest unterbewusst – von der äußeren Form beeinflusst. Dem sollte hinreichend Rechnung getragen werden.

Tempo: Gerade in Klausuren herrscht erheblicher Zeitdruck. Damit ist präzises, aber auch schnelles Arbeiten gefordert. Jeder wird im Laufe der Zeit seine eigenen Methoden entwickeln. Die folgenden Hinweise sind als erste Orientierung gedacht.

Erfassen des Sachverhaltes

Der Schlüssel zur guten Klausur ist die wirkliche Durchdringung des Sachverhaltes, die nur durch mehrfaches, analytisches Lesen möglich ist. Gehen Sie davon aus, dass alle Sachverhaltsangaben wichtig sind, auch wenn sie auf den ersten Blick unbedeutend erscheinen.

Bei zivilrechtlichen Arbeiten sind meistens mehrere Personen im Spiel. Um die Übersicht nicht zu verlieren, empfiehlt es sich, die rechtlichen Beziehungen der Personen untereinander zu skizzieren. Die Namen der Personen kürzt man mit ihrem Anfangsbuchstaben ab. Die rechtlichen Beziehungen symbolisiert man mit den einschlägigen Paragraphen. Ereignisse zu verschiedenen Zeitpunkten listet man in einer Zeittafel auf.

Bearbeitervermerk

Jetzt kann zur Lösung des Falles geschritten werden, wobei der Befolgung des Bearbeitervermerkes höchste Priorität einzuräumen ist. Beantworten Sie wirklich nur das, was gefragt ist. Sehr häufig gibt der Bearbeitervermerk Hilfestellungen, in dem die einzelnen Fragen schon eine Grobgliederung vorzeichnen. Deshalb sollte auch nicht von der Reihenfolge der Beantwortung der Fragen abgewichen werden, außer, es ist zugelassen oder es besteht offensichtlich kein Zusammenhang zwischen den Fragen.

Lösungsskizze

Die zentrale Frage heisst meistens: »Wie hat das Gericht zu entscheiden?« Damit muss man sich auf die Suche nach Zulässigkeitsnormen und möglichen Anspruchsgrundlagen machen. Suchen Sie nach allen rechtlich erwägenswerten Anspruchsgrundlagen, auch wenn sie wirtschaftlich gesehen zunächst untergeordnet erscheinen. Ordnen Sie die für das materielle Recht in Frage kommenden Anspruchsgrundlagen nach vertraglichen, dann vertragsähnlichen, dann außervertraglichen Ansprüchen.

Während dieser »Orientierungsphase« sollten Sie bereits einen Blick auf die in Frage kommenden Gegennormen und Definitionsnormen werfen.

Es folgt die eigentliche Subsumtion, deren Qualität Ihnen besonders am Herzen liegen sollte. Zu prüfen ist danach, ob sich alle gesetzlichen Voraussetzungen der anzuwendenden Norm im Sachverhalt wiederfinden. Nur wenn alle Voraussetzungen tatsächlich erfüllt sind, können Sie die Rechtsfolge bejahen.

Das Hin- und Hergeblätter in der ZPO ist zeitintensiv; schnelles Arbeiten ist daher ein Schlüssel zum Erfolg. Ein gewisser Zeitdruck für die Fallösung ist von den Prüfungsstellern beabsichtigt, um die Spreu vom Weizen zu trennen. Deshalb sollte das Blättern möglichst überflüssig werden.

Markieren Sie sich die wichtigsten Paragraphen der ZPO-Textausgabe vorab durch Registeretiketten und »beschildern« Sie die in der konkreten Klausur immer wieder benötigten Stellen mit Klebezetteln.

Kontrolllesen: Bevor Sie mit der Niederschrift starten, sollten Sie mit der Lösungsskizze im Hinterkopf noch einmal den Sachverhalt durchlesen. Denn nun, nach der juristischen Aufbereitung des Falles, wird so manches klarer, oder es zeigt, dass vermeintliche Nebensächlichkeiten doch eine tiefere Bedeutung haben. Möglich ist auch, dass Sie Probleme übersehen haben. Das jetzige Durchlesen sollte auch der Kontrolle dienen, ob Sie jede Sachverhaltsinformation in der Lösungsskizze untergebracht haben.

Vergegenwärtigen Sie sich, dass der Klausurersteller alles mit Hintersinn konstruiert hat. Es gilt das »Echoprinzip« – jedes Stück Sachverhalt muss juristisch Sinn machen und sich in der Lösung wiederfinden.

Gliederung

Hat man den Fall gedanklich gelöst, kann die Gliederung erstellt werden, die essentiell für die Qualität der Arbeit ist. Alles, was später aufs Papier gebracht wird, kann nur so gut sein, wie die Gliederung es vorgibt. Die Gliederung ist zwingende Voraussetzung für ein strukturiertes Vorgehen, das in Jura so unerlässlich ist. Die Gliederung in juristischen Arbeiten richtet sich im allgemeinen nach folgendem Muster:

    1. Teil...
      A. ....
        I. ....
          1. ....
            a) ....
              aa) ....
                (1) ....
                  (a) ....
                    (aa) ....
                      (aaa) ....

Niederschrift

Nach einem Drittel der Arbeitszeit sollten die Lösungsskizze und die Gliederung stehen. Jetzt empfiehlt es sich, mit der Niederschrift zu beginnen. Peilen Sie auf alle Fälle diese Zeiteinteilung an! Abstriche in Richtung auf einen späteren »Schreibstart« stellen sich meist von ganz alleine ein. Zu vermeiden ist jedenfalls das Ärgernis, die Klausur vorzüglich gelöst und durchdacht zu haben, aber dann nur die Hälfte hinschreiben zu können. Wenn Sie an irgendeinem Problem nicht weiterkommen, das nicht unabdingbar für die Gesamtlösung ist, schieben Sie es lieber auf. Wenn Sie die Niederschrift des Restes beendet und noch Zeit übrig haben, können Sie sich noch immer näher damit befassen.

Der Zeitdruck sollte auch bei der Ausführlichkeit der Niederschrift im Hinterkopf bleiben. Natürlich muss der Subsumtionsvorgang wiedergegeben werden, doch darf das nicht dazu führen, jede Selbstverständlichkeit auszubreiten. Wenn der Sachverhalt die Tatsache mitteilt, dass ein Kaufvertrag geschlossen wurde, soll nicht über die vorangegangenen Willenserklärungen nach §§ 145 ff. spekuliert werden. In diesen Fällen liegen die Probleme mit Gewissheit ganz woanders. Das Echoprinzip schlägt sich insoweit bei der Benotung nieder; nur die sachgemäße Gewichtung in der Klausurlösung führt zum Bestehen bzw. zu guten Noten. Darüber hinaus führt die falsche Schwerpunktbildung unweigerlich zu neuen Zeitzwängen.

Von Vorbemerkungen, welcher Art auch immer, ist grundsätzlich abzusehen. Aufbau und System einer Arbeit müssen aus sich heraus verständlich sein. Vorbemerkungen sind meist ein Zeichen dafür, dass der Verfasser die Arbeit ungenügend strukturiert hat.

»Adeln« Sie Ihre Klausur durch die Verwendung der gebotenen juristischen Terminologie und vermeiden Sie alle laienhaften Ausdrücke. Formulieren Sie knapp und präzise.

Unverzichtbar ist der Gutachtenstil: Es darf nie das Ergebnis vorweggenommen, sondern es muss im Konjunktiv darauf hingeführt werden. Andererseits sollte bei Selbstverständlichkeiten die Subsumtion auf ein Minimum reduziert werden.

Alle Behauptungen, Zwischen- und Endergebnisse sollten mit den einschlägigen Paragraphenzitaten versehen werden. Die beste Argumentation taugt nichts, wenn sie »in der Luft hängt«. Außerdem geben Sie dem Korrektor die Gelegenheit, hinter die so untermauerten Ergebnisse ein Häkchen zu machen.

Formalien

Bemühen Sie sich um eine leserliche Schrift. Die Bedeutung der äusseren Form bei Klausuren wird häufig unterschätzt, doch kann man ihren Stellenwert nicht hoch genug ansetzen. Denn ein Korrektor, der mitunter hunderte von Klausuren auf dem Schreibtisch hat, wird zunächst unterbewusst von der Form beeinflusst.

Achten Sie stets auf Übersichtlichkeit der Falllösung und stellen Sie Gliederungspunkte deutlich als Überschriften heraus. So merkt auch der Korrektor, dass die Linie stimmt und dass die Schlüsselbegriffe vorhanden sind.

Geizen Sie nicht mit den Absätzen – der Korrektor will nicht 10 oder 20 Seiten Fließtext lesen. Beschreiben Sie das Papier nur einseitig und lassen Sie ein Drittel Rand. So können Sie auf der Rückseite noch Zusätze anfügen.

Numerieren Sie die Seiten, damit der Korrektor auch beim Auseinanderfallen der Klausur die Reihenfolge nachvollziehen kann. Insoweit ist es sinnvoll, die Klausur mit einem Schnellhefter zusammenzuklammern.

2. Tipps für Hausarbeiten

Der große Unterschied der Hausarbeit zur Klausur ist, dass der Zeitdruck nicht in diesem Maße auf dem Bearbeiter lastet. Dem müssen Sie in der Weise Rechnung tragen, dass Sie um so sorgfältiger bei der Ausarbeitung vorgehen.

Literatur

Es genügt nicht die nackte – wenn auch richtige – Lösung des Falles, gefordert sind Quellennachweise. Das bedeutet zum einen, dass auch relativ eindeutige juristische Beurteilungen mit Verweisen auf Lehrbücher (z.B. Paulus: Zivilprozessrecht), Kommentare (z.B. der »Palandt« zum BGB) oder Zeitschriften (z.B. Neue Juristische Wochenschrift – NJW) untermauert werden. Dabei ersetzt jedoch ein Zitat keine Begründung. Zum anderen wird man auf Probleme stoßen, die ohne Literaturstudium überhaupt nicht lösbar sind. Diese rechtlichen Klippen sind dann meistens zwischen den juristischen Fachautoren umstritten. Allerdings kann es einem auch die Sicht verbauen, wenn nach dem ersten Lesen der Angabe in die Bibliothek gestürzt wird, um Berge von Entscheidungen und Aufsätzen zu kopieren, die entweder überhaupt nichts mit dem Thema zu tun haben oder letztendlich nicht gelesen werden.

Beginnen Sie daher die Recherche nur mit dem Gesetz und eventuell mit einem Standardkommentar. In diesem Stadium werden häufig die besten Ideen entwickelt. Prüfen Sie stets, ob eine Literaturstelle den zu lösenden Fall konkret betrifft. Auch von »heissen« Ideen der Studienkollegen sollten Sie sich nicht verrückt machen lassen. Setzen Sie auf sich selbst.

Formalien

Dass Hausarbeiten mit Computer angefertigt werden, ist inzwischen üblich. Außerdem ermöglichen Textverarbeitungssysteme eine schöne Formatierung, Seitenaufteilung, Fehlerkorrektur u.v.m.

Jeder Hausarbeit sind das Deckblatt, die Gliederung und das Literaturverzeichnis voranzustellen. Das Deckblatt enthält Namen, Vornamen und Anschrift des Verfassers. Es folgt das Semester, die Bezeichnung der Übung, der Name des Dozenten etc.

Nach dem Deckblatt kommt die Gliederung. Sie sollte keine ausformulierten Sätze, aber aussagekräftige Überschriften enthalten. Der Korrektor sollte schon aus der Gliederung die Lösung in groben Zügen entnehmen können. Am rechten Rand sind die Seitenzahlen der einzelnen Gliederungspunkte anzugeben.

Auf die Gliederung folgt das Literaturverzeichnis. Es muss alle Quellen enthalten. Lehrbücher und Kommentare müssen mit Autor, Titel, Auflage, Erscheinungsort und –datum zitiert werden. Beispiel: Baumbach-Lauterbach, Zivilprozessrecht, 58. Auflage, München 2000.

Im eigentlichen Gutachten werden die dargestellten Auffassungen mit Fußnoten, die auf die Literaturquellen verweisen, belegt. Bei Kommentaren arbeiten häufig mehrere Autoren mit, so dass auch der Name des konkreten Verfassers auftauchen muss. Beispiel: Baumbach-Lauterbach-Hartmann, § 253 Rdn. 13.

Die Hausarbeit sollte in einem Schnellhefter abgegeben werden.

3. Ein Fall zum Erkenntnisverfahren

Sachverhalt

Kraus (K) aus Münster wollte 1997 sein in Steinfurt gelegenes Grundstück verkaufen. Er fragte Winter (W) aus Rheine, der die Verhältnisse in Steinfurt gut kannte, ob das Grundstück im Bebauungsplan als Baugrundstück ausgewiesen sei. W, der ein Baugrundstück in Steinfurt suchte, erklärte in Täuschungsabsicht, an eine Bebauung des Grundstückes sei nicht zu denken. Das Gelände sei als Naturschutzgebiet vorgesehen. Er suche schon lange ein entsprechendes Grundstück und werde es deshalb kaufen. K entschloss sich, das Grundstück an W zu einem viel zu niedrigen Preis von 12.000,00 DM zu veräussern. Im kurz darauf abgeschlossenen no-

tariellen Kaufvertrag ist bestimmt: »Über Streitigkeiten aus diesem Vertrag entscheidet Josef Schwarz in Rheine«. Im Grundbuch wurde W dann als neuer Eigentümer eingetragen.

K erfuhr 1999, dass W auf dem Grundstück bauen wollte. Er brachte in Erfahrung, dass bereits seit 1995 das Grundstück zur Bebauung anstand und W dies bei Vertragsabschluss wusste.

K erklärte deshalb gegenüber W die Anfechtung des Kaufvertrages und der Auflassung. W war nicht bereit, das Grundstück wieder herauszugeben und in die Berichtigung des Grundbuches einzuwilligen. Er klagte vor dem Landgericht Münster auf Feststellung, dass K nicht Eigentümer des Grundstückes sei.

K erhob seinerseits Klage beim Amtsgericht Steinfurt gegen W und beantragte die Herausgabe des Grundstückes an sich und W zur Einwilligung in die Berichtigung des Grundbuches zu verurteilen. Im Termin zur mündlichen Verhandlung erschien K mit seinem Anwalt. K hatte seinem Anwalt keine schriftliche Vollmacht erteilt. Seine Bevollmächtigung erklärte er zu Protokoll des Gerichts. W war anwaltlich nicht vertreten. Er beantragte Klageabweisung und wies darauf hin, dass die Klage wegen der Schiedsvereinbarung im notariellen Vertrag und wegen der beim Landgericht Münster anhängigen Feststellungsklage unzulässig sei. Im übrigen bestehe kein Anfechtungsrecht für K. In einem weiteren Verhandlungstermin rügte W dann noch die örtliche Unzuständigkeit des Amtsgerichts Steinfurt.

Wie hat das Amtsgericht Steinfurt zu entscheiden?

Lösungsvorschlag

I. Zulässigkeit der Klage

1. Klage auf Herausgabe des Grundstückes: Die Klageerhebung durch den Anwalt für K war zulässig, wenn der Anwalt zur Zeit der Klageerhebung Prozessbevollmächtigter des K war und als Münsteraner Anwalt vor dem Amtsgericht Steinfurt Anträge stellen durfte.

Das Amtsgericht Steinfurt hat gem. § 88 ZPO zu prüfen, ob der Anwalt wirksam bevollmächtigt war. Bei Einreichung der Klage war der nach § 80 Abs. 1 ZPO erforderliche Nachweis der Bevollmächtigung durch Vorlage einer schriftlichen Urkunde nicht erbracht. K hat jedoch mündlich zu Protokoll erklärt, dass er seinen Anwalt bevollmächtige. § 80 Abs. 1 ZPO hat den Zweck sicherzustellen, dass die Bevollmächtigung für alle Beteiligten als nachgewiesen feststeht. Daher ist es wegen der Beweiskraft des Sitzungsprotokolles nicht mehr nötig, dass der Anwalt über die Erklärung des K hinaus seine Bevollmächtigung durch schriftliche Vollmacht zur Urkunde nachweist. Der Mangel der fehlenden Vollmacht ist durch ihren späteren Nachweis geheilt worden. Die Klage ist daher als von vornherein wirksam erhoben anzusehen.

Das Amtsgericht Steinfurt ist als Ort, in dessen Bezirk sich das Grundstück befindet, gem. § 24 ZPO örtlich zuständig.

Das Amtsgericht Steinfurt könnte jedoch sachlich nicht zuständig sein, da der Wert des Grundstückes mindestens 12.000,00 DM beträgt und deshalb gem. § 23 Ziffer 1 GVG das Landgericht Münster zuständig wäre. Das Amtsgericht Steinfurt könnte jedoch gem. § 39 ZPO zuständig geworden sein, wenn W zur Hauptsache verhandelt hätte. Dies hat er durch seine Antragstellung getan. Daher ist das Amtsgericht Steinfurt zuständig, wenn kein wirksamer Schiedsvertrag vorliegt und die Rechtshängigkeit der Klage des W vor dem Landgericht Münster hier nicht entgegensteht.

Die Einrede des W, dass Schwarz als Schiedsrichter zu entscheiden habe, kann begründet sein, wenn der entsprechende Passus im notariellen Kaufvertrag ein wirksamer Schiedsvertrag im Sinne des § 1025 ZPO wäre. Die Regelung ist als Schiedsvertrag anzusehen, da die Vertragsparteien vereinbart haben, dass Schwarz über rechtliche Streitigkeiten zwischen ihnen entscheiden solle. Die Regelung ist daher ein Schiedsvertrag im Sinne von § 1025 ZPO. Dieser bezieht sich auf den Grundstückskauf und somit auf ein konkretes Rechtsverhältnis und die hieraus entstehenden Streitigkeiten im Sinne des § 1026 ZPO.

Der Wirksamkeit der Schiedsvereinbarung könnte § 1027 Abs. 1 Satz 1 ZPO entgegenstehen. Zwar ist die Schriftform gewahrt. Jedoch verlangt § 1027 Abs. 1 Satz 1 ZPO darüber hinaus, dass die Schiedsvereinbarung auf einer von den übrigen Vertragsbestimmungen getrennten Urkunde enthalten sein muss. Die Schiedsabrede ist jedoch im Kaufvertrag enthalten, so dass sie gegen § 1027 Abs. 1 Satz 1 ZPO verstößt und daher unwirksam ist. Die Einrede des Schiedsvertrages ist daher nicht begründet.

Die Klage des K könnte jedoch unzulässig sein, wenn der Rechtsstreit durch die erhobene Feststellungsklage vor dem Landgericht Münster bereits anhängig wäre. Die anderweitige Rechtshängigkeit setzt Identität der Parteien und der Streitgegenstände voraus. Die

Parteien in beiden Verfahren sind identisch, lediglich die Parteirollen sind vertauscht. Der Streitgegenstand im Rechtsstreit des K gegen W ist die Verurteilung des W zur Herausgabe des Grundstückes. Bei der Klage des W gegen K ist die Feststellung des Nichteigentums des K Streitgegenstand. Identisch sind diese Klagebegehren, wenn sie inhaltlich vollkommen übereinstimmen. Dies ist der Fall, wenn bei rechtskräftiger Entscheidung über beide Klagebegehren der selbe Umfang der Rechtskraft herbeigeführt würde. Das Urteil des Amtsgerichts Steinfurt würde gem. § 322 ZPO nur die Verpflichtung oder Nichtverpflichtung des W feststellen, das Grundstück an K herauszugeben. Die Entscheidungsgründe erwachsen nicht selbständig in Rechtskraft. Deshalb würde das Urteil des Amtsgerichts Steinfurt rechtskräftig nichts darüber feststellen, ob K Eigentümer des Grundstückes ist oder nicht. Das Feststellungsurteil des Landgerichts Münster würde dagegen rechtskräftig feststellen, ob K Eigentümer des Grundstückes ist oder nicht. Über die Verpflichtung oder Nichtverpflichtung des W zur Herausgabe des Grundstückes ergäbe sich aus diesem Urteil nichts. Das Urteil des Amtsgerichts Steinfurt hätte daher eine andere Rechtskraftwirkung als das Urteil des Landgerichts Münster. Beide Klagebegehren stimmen daher nicht überein. Eine Identität der Streitgegenstände ist somit nicht gegeben. Die Einrede der Rechtshängigkeit ist deshalb nicht begründet. Da W zur Hauptsache verhandelt hat, ist das Amtsgericht Steinfurt gem. § 39 ZPO zuständig.

2. Klage auf Einwilligung in die Grundbuchberichtigung: Für die Zulässigkeit dieser Klage gelten die vorstehenden Überlegungen. Zwar richtet sich das Interesse des K auf die Berichtigung des Grundbuches, was dem Wert des Grundstückes entspricht. Deshalb wäre die sachliche Zuständigkeit des Landgerichts Münster gegeben. Das Amtsgericht Steinfurt ist jedoch durch die rügelose Einlassung des W gem. § 39 ZPO zuständig geworden.

Die beantragte Bewilligung zur Grundbuchberichtigung hat eine andere Rechtskraftwirkung als ein Feststellungsurteil hinsichtlich der Eigentumsverhältnisse an dem Grundstück. Deshalb steht die Rechtshängigkeit der vor dem Landgericht Münster erhobenen Feststellungsklage dieser Klage nicht entgegen.

Daher ist die Klage zulässig.

3. Da für beide Klagen das Amtsgericht Steinfurt zuständig ist, konnte K sie gem. § 260 ZPO verbinden und eine Klage erheben.

II. Begründetheit der Klage

1. Anspruch auf Grundstücksherausgabe: K könnte die Herausgabe des Grundstückes gem. § 985 BGB verlangen, wenn er noch dessen Eigentümer wäre. Durch die zunächst wirksame Veräußerung an W hat K das Eigentum verloren. Er könnte jedoch rückwirkend wieder Eigentümer geworden sein, wenn er die Auflassung des Grundstückes wirksam angefochten hätte. K könnte die Auflassung gem. § 122 Abs. 1 BGB anfechten, wenn W ihn bewusst über die Bebaubarkeit des Grundstückes getäuscht hätte, um das Grundstück günstig zu erwerben. K wäre dann rückwirkend gem. § 142 Abs. 1 BGB wieder Eigentümer des Grundstückes geworden und könnte die Herausgabe von W verlangen, falls dieser kein Besitzrecht gem. § 986 BGB hätte. Da W den K arglistig getäuscht hat, konnte K den Vertrag und die Auflassung wirksam anfechten. Ein Besitzrecht des W ist nicht ersichtlich. Daher ist der Anspruch auf die Herausgabe des Grundstückes gem. § 985 BGB begründet.

Da K den Kaufvertrag wirksam angefochten hat, hat W den Besitz des Grundstückes ohne Rechtsgrund erlangt. Er muss daher das Grundstück gem. § 812 Abs. 1 Satz 1 BGB an K herausgeben.

Der Herausgabeanspruch könnte auch gem. §§ 992 BGB i.V.m. 823 BGB, 263 StGB begründet sein. W hat K vorsätzlich und in Betrugsabsicht getäuscht und ihn somit zur Besitzübertragung und zur Vermögensverfügung gebracht. Er hat daher den Besitz durch Betrug erlangt. W hat nach §§ 992, 823 BGB K den Schaden zu ersetzen. Dieser besteht im Besitzverlust. Nach § 249 BGB hat W das Grundstück an K herauszugeben.

Die Klage auf Herausgabe des Grundstückes ist daher begründet.

2. Anspruch auf Einwilligung zur Grundbuchberichtigung: Als nicht eingetragener Eigentümer des Grundstückes kann K gem. § 894 BGB verlangen,. dass W zur Berichtigung des Grundbuches seine Zustimmung erteilt.

Der Anspruch des K ist auch gem. § 812 Abs. 1 Satz 1 BGB begründet, da W um die Stellung als Bucheigentümer auf Kosten des K ohne Rechtsgrund bereichert ist.

Dieser Anspruch kann auch auf § 823 Abs. 2 BGB i.V.m. § 263 StGB gestützt werden. Nach § 249 BGB muss W bei der Grundbuchberichtigung mitwirken. Hierdurch wird der Zustand hergestellt, der vor Veräußerung des Grundstückes bestanden hat.

Der zweite Klageantrag ist daher auch begründet.

Ergebnis: Das Gericht wird der Klage in vollem Umfang stattgeben und die Kosten des Rechtsstreites dem Beklagten auferlegen. Das Urteil wird gegen Sicherheitsleistung für vorläufig vollstreckbar erklärt.

4. Ein Fall aus der Zwangsvollstreckung

Sachverhalt

Hotelier Schulten (S) erstritt gegen den Handelsvertreter Zobel (Z) beim Landgericht Cottbus ein Wechselvorbehaltsurteil. Er betrieb hieraus die Zwangsvollstreckung. Auf die Berufung des Z hob das Oberlandesgericht Brandenburg das Wechselvorbehaltsurteil auf. Die Klage wurde abgewiesen. Gleichzeitig wurde S auf die von Z im Berufungsverfahren erhobene Widerklage rechtskräftig verurteilt, an Z Schadensersatz in Höhe von 80.000,00 DM zu zahlen. Dies wurde mit §§ 600 II, 302 IV, 717 ZPO begründet, da die ursprüngliche Verurteilung des Z aufgehoben worden war. Z wurde die Vollstreckungsklausel erteilt.

S erhebt nunmehr beim Landgericht Cottbus Klage mit dem Antrag, die Zwangsvollstreckung aus dem Urteil des Vorprozesses (Az.: 4 O 200/99) für unzulässig zu erklären.

Zur Begründung weist S darauf hin, dass ihm zwischenzeitlich von Krüger mitgeteilt worden sei, dass Z die Schadensersatzforderung schon während des Vorprozesses an Krüger in Höhe von 50.000,00 DM abgetreten habe. Ferner rechnet S mit einer Forderung in Höhe von 30.000,00 DM gegen Z auf, die ihm Niemann schon während des Vorprozesses abgetreten hätte.

Die Klageschrift wird dem Rechtsanwalt, der Z bereits im Vorprozess vertrat, zugestellt. Dieser beantragt Klageabweisung. Der Sachvortrag des S wird nicht bestritten. Es wird jedoch die Ansicht vertreten, dass S mit der Geltendmachung seiner Einwendungen ausgeschlossen sei.

Wie wird das Gericht entscheiden?

Lösungsvorschlag

Das Landgericht Cottbus wird der Klage stattgeben, wenn sie zulässig und begründet ist.

I. Zulässigkeit der Klage

Die von Z erhobene Vollstreckungsgegenklage gem. § 767 ZPO ist zulässig, wenn ein vollstreckungsfähiger Titel vorliegt. Ein vollstreckungsfähiger Titel liegt vor, wenn er nach Form und Inhalt zur Zwangsvollstreckung geeignet ist und mit einer Vollstreckungsklausel versehen ist oder versehen werden kann. Das auf die Widerklage des Z ergangene Urteil ist vollstreckungsfähig. Eine Vollstreckungsklausel ist bereits erteilt worden. Daher liegt ein vollstreckungsfähiger Titel vor.

Die Vollstreckungsgegenklage müsste statthaft sein. Dies ist der Fall, wenn materiell rechtliche Einwendungen oder Einreden, die den im Titel rechtskräftig zugesprochenen Anspruch nachträglich vernichten oder in seiner Durchsetzbarkeit hemmen. S macht durch die Behauptung der Abtretung und Aufrechnung materiell rechtlich Einwendungen geltend, die den Anspruch vernichten bzw. hemmen. Daher ist die erhobene Vollstreckungsgegenklage statthaft.

Ferner müssten die allgemeinen Zulässigkeitsvoraussetzungen vorliegen, damit die Vollstreckungsgegenklage zulässig ist.

Es muss der richtige Antrag gestellt worden sein. Der Klageantrag muss sich dahingehend richten, dass die Zwangsvollstreckung aus dem genau bezeichneten Titel für unzulässig erklärt wird, wobei die Zwangsvollstreckung insgesamt für unzulässig zu erklären ist. Der Antrag darf sich nicht gegen einzelne Vollstreckungsmaßnahmen richten. Diese Voraussetzungen sind erfüllt. Daher ist der richtige Antrag gestellt worden.

Die Parteien sind richtig benannt worden. Kläger ist der Vollstreckungsschuldner, während Beklagter der Vollstreckungsgläubiger ist.

Ferner muss die Klageschrift ordnungsgemäß zugestellt worden sein. Der Beklagte war im vorangegangenen landgerichtlichen Verfahren, aus dem das jetzt angegriffene Urteil herrührt, anwaltlich vertreten. Die seinerzeitige Vollmacht des Rechtsanwaltes erfasst gem. § 81 auch die aus dem Prozess entstehenden Zwangsvollstreckungsklagen. Hierzu gehört auch die Vollstreckungsgegenklage. Nach §§ 176, 178 ZPO muss daher die Vollstreckungsgegenklage dem Prozessbevollmächtigten des damaligen Klägers und jetzigen

Beklagten zugestellt werden. Dies ist geschehen. Daher ist die Klage ordnungsgemäß zugestellt worden.

Das Landgericht Cottbus müsste örtlich und sachlich zuständig sein. Nach §§ 767 Abs. 1, 802 ZPO ist das Prozessgericht des ersten Rechtszuges örtlich und sachlich ausschließlich zuständig. Dies gilt unabhängig vom Streitwert des jetzt eingeleiteten Verfahrens. Das Gericht, dass den Vollstreckungstitel im Ausgangsverfahren geschaffen hat, ist als Prozessgericht im Sinne des § 767 ZPO zu verstehen. Der in diesem Verfahren angegriffene Zahlungstitel ist im Wege der Widerklage in der Berufungsinstanz vom Oberlandesgericht Brandenburg erlassen worden. Deshalb könnte das angerufene Landgericht Cottbus unzuständig sein. Eine Widerklage setzt voraus, dass ein Verfahren anhängig ist. Dieses Verfahren war mit der Klage im ersten Rechtszug beim Landgericht Cottbus gewesen. Prozessgericht des ersten Rechtszuges ist daher das Landgericht Cottbus. Daher ist das angerufene Landgericht Cottbus zuständig.

Ferner müsste Z ein Rechtsschutzbedürfnis für die Vollstreckungsgegenklage haben. Dies besteht immer dann, wenn ein Vollstreckungstitel bereits vorliegt. Es ist nicht erforderlich, dass die Vollstreckungsklausel bereits erteilt oder die Zwangsvollstreckung begonnen wurde. Diese Voraussetzung liegt vor, so dass S das Rechtsschutzbedürfnis zur Erhebung der Klage hat.

Daher ist die Klage zulässig.

II. Begründetheit der Klage

Die Klage wäre begründet, wenn dem S ein materiell rechtlicher Einwand gegen den titulierten Anspruch zusteht und dieser die Wirkung hat, dass der Anspruch nicht oder nur noch eingeschränkt durchgesetzt werden kann. Dieser Einwand müsste gegenüber dem Titel berücksichtigt werden können. Deshalb muss es sich um materiell rechtliche Einwendungen handeln. Hierzu zählen alle rechtshemmenden und rechtsvernichtenden Einwendungen und Einreden des materiellen Rechtes.

1. Die geltend gemachte Abtretung

Die Geltendmachung des Einwandes der Abtretung müsste gem. § 767 Abs. 2 zulässig sein. Im vorliegenden Fall ist die Abtretung der Schadensersatzforderung schon während des Vorprozesses erfolgt. Daher bestand objektiv die Möglichkeit, bereits im vorhergehenden Verfahren die Einwendung geltend zu machen. Bei der

Abtretung des materiellen Anspruches besteht die Besonderheit, dass S, bevor er von der Abtretung Kenntnis erlangt hat, gem. § 407 Abs. 1 BGB mit befreiender Wirkung an den Z als Widerkläger im Vorprozess hätte zahlen können. Jetzt hat S jedoch Kenntnis von der Abtretung erhalten. Dies ist nach der letzten mündlichen Tatsachenverhandlung erfolgt. Er kann nunmehr nicht mehr mit befreiender Wirkung an Z zahlen. Daher ist nach der letzten mündlichen Verhandlung ein Umstand eingetreten, der die Vollstreckung des titulierten Anspruches durch den bisherigen Gläubiger Z entgegensteht. S hatte erst nach der mündlichen Verhandlung Kenntnis erlangt. Daher steht § 767 Abs. 2 ZPO der Vollstreckungsgegenklage nicht entgegen.

Die Abtretung von Z an Krüger ist wirksam in Höhe von 50.000,00 DM erfolgt. Daher ist in dieser Höhe die Vollstreckungsgegenklage des S begründet.

2. Die erklärte Aufrechnung

Die Einwendung der Aufrechnung ist zulässig, wenn die Gründe, auf denen sie beruht, erst nach dem Schluss der mündlichen Verhandlung, in der Einwendungen nach den Vorschriften der ZPO spätestens hätten geltend gemacht werden müssen, entstanden sind und durch Einspruch nicht mehr geltend gemacht werden können. S hat die Aufrechnungserklärung zusammen mit der Vollstreckungsgegenklage abgegeben. Das Gestaltungsrecht der Aufrechnung hat er daher erst nach der letzten mündlichen Tatsachenverhandlung des Ursprungsprozesses ausgeübt. Daher fragt es sich bei der Ausübung eines Gestaltungsrechtes, wann die Einwendung im Sinne des § 767 Abs. 2 ZPO entstanden ist. Diese Frage ist streitig:

In der Literatur wird die Auffassung vertreten, dass die Einwendung erst mit der Ausübung des Gestaltungsrechtes entsteht. Erst durch die Ausübung werde der Anspruch vernichtet. Daher stellt die Literatur entscheidend darauf ab, wann die Aufrechnung erklärt worden ist.

Nach der Rechtsprechung wird auf den Zeitpunkt der objektiven Entstehung des Gestaltungsrechts abgestellt. Bei der Aufrechnung ist daher entscheidend, wann die Aufrechnungslage entstand, ob also das Gestaltungsrecht bereits vor Schluss der letzten mündlichen Verhandlung hätte ausgeübt werden können. Da Niemann seine Forderung bereits während des laufenden Vorprozesses an Z abgetreten hatte, bestand die Aufrechnungslage bereits vor Beendigung des früheren Rechtsstreites, so dass der Kläger mit dieser Einwendung ausgeschlossen wäre. Für die von der Rechtsprechung vertretene Auffassung spricht, dass die Rechtskraft unanfechtbar gewordene Urteile im Interesse des Rechtsfriedens aufrecht erhalten bleibt. Daher ist dieser Auffassung zu folgen.

Es kommt daher darauf an, wann sich die Schadensersatzforderung des Z und die Forderung, die Niemann an S abgetreten hatte, erstmalig aufrechenbar im Sinne des § 387 BGB gegenübergestanden haben.

Die Gegenseitigkeit der Forderungen ist seit der Abtretung des Niemann an S gegeben. Seither besteht Identität der an der Aufrechnung beteiligten Personen.

Da beide Forderungen auf Geld gerichtet sind, sind sie gleichartig.

Die Gegenforderung des S ist fällig und einredefrei. Sie ist daher durchsetzbar.

Daher ist zu prüfen, wann die Hauptforderung erfüllbar war.

Hierzu ist festzustellen, wann der Schadensersatzanspruch des Z aus § 717 entstanden ist. Wer aus einem später aufgehobenen Titel vollstreckt, hat der materiellen Rechtslage zuwider gehandelt. Das unrichtige Urteil hat dem Kläger die Möglichkeit eröffnet, auf eigenes Risiko zu vollstrecken. Das materielle Recht ist hierdurch nicht tangiert worden. Wenn daher durch die Vollstreckung der Beklagte geschädigt wird, entsteht ein sofort erfüllbarer Schadensersatzanspruch. Dies gilt auch, wenn erst später die Aufhebung des Titels erfolgt und die Voraussetzungen des Schadensersatzanspruches herbeigeführt werden. Daher war der Schadensersatzanspruch bereits im Vorprozess entstanden. Im Vorprozess war somit die Aufrechnungslage bereits gegeben.

Die Vollstreckungsgegenklage hat daher hinsichtlich des Einwandes der Aufrechnung keine Erfolgsaussicht.

Das Landgericht Cottbus wird daher die Zwangsvollstreckung aus dem Urteil des Oberlandesgerichts Brandenburg in Höhe von 50.000,00 DM für unzulässig erklären. Im übrigen wird die Klage abgewiesen. Die Kosten des Rechtsstreites werden dem Kläger zu 3/8 und dem Beklagten zu 5/8 auferlegt.

Register

Abänderungsklage
Korrektur eines Urteils auf wiederkehrende Leistungen (§ 323 ZPO) ⇨ 91

Abtretung
Vertrag, durch den der bisherige Gläubiger eine Forderung auf einen neuen Gläubiger überträgt (§ 398 BGB) ⇨ 54, 156

Actio pro socio
Klagemöglichkeit einzelner Gesellschafter auf Beitragsleistungen der Mitgesellschafter ⇨ 54

Aktivlegitimation
Rechtsinhaber nach materiellem Recht kann die Forderung geltend machen ⇨ 53

Amtsgericht
Unterste Instanz der ordentlichen Gerichte, zuständig für Streitwerte bis 10.000,00 DM ⇨ 32

Analogie
Füllen einer Gesetzeslücke mit Hilfe der entsprechenden Anwendung einer gleichgelagerten Norm ⇨ 141

Anerkenntnis
Prozesshandlung des Beklagten zwecks Zustimmung zur Klageforderung ⇨ 77

Anerkenntnisurteil
Entsprechendes Urteil nach Erklärung durch den Beklagten ⇨ 61, 77

Anfechtung
Schutz vor Vermögensverschiebungen durch den Schuldner ⇨ 135

Anhängigkeit
Einreichung der Klageschrift bei Gericht ⇨ 35

Anschlussberufung
Eigene Berufung nach Einlegung der Berufung durch den Gegner ⇨ 86

Anspruchsgrundlage
Rechtsnorm, die einen Anspruch zuspricht ⇨ 4

Anwalt
Selbständiges Organ der Rechtspflege ⇨ 38

Arrest
Sicherung künftiger Vollstreckungsmaßnahmen ⇨ 107, 112

Arrestanspruch
Anspruch auf Geldforderung ⇨ 107

Arrestgrund
Objektive Besorgnis der Gefährdung künftiger Vollstreckungsmaßnahmen ⇨ 107

Arrestprozess
Verfahren auf Erlass eines Arrestbeschlusses ⇨ 107

Aufenthaltsort
Lebensmittelpunkt einer Prozesspartei ⇨ 57

Aufrechnung
Rechtsgeschäft, bei dem zwei sich Gegenüberstehende Forderung wechselseitig getilgt werden (§§ 387 ff. BGB) ⇨ 62, 64

Ausforschung
Befragung eines Zeugen ohne konkrete Beweisfrage ⇨ 72

Auskunftspflicht
Mitteilung des Drittschuldners nach Forderungspfändung über Bestand der gepfändeten Forderung ⇨ 140

Bauhandwerkersicherungshypothek
Sicherung des Werklohnanspruches des Unternehmers im Grundbuch ⇨ 109

Berufung
Rechtsmittel, das gegen das Urteil der 1. Instanz gegeben ist ⇨ 84

Berufungsbegründungsfrist
Monatsfrist zur Begründung der Berufung nach deren Einlegung ⇨ 85

Berufungsfrist
Monatsfrist nach Zugang der anzufechtenden Entscheidung ⇨ 85

Beschlagnahme
Pfändung eines Gegenstandes in Form staatlichen Hoheitsaktes durch Vollstreckungsorgan ⇨ 129, 133

Beschleunigungsgrundsatz
Dient dem Ziel, ein Verfahren möglichst in einem einzigen Verhandlungstermin zu erledigen ⇨ 29

Beschwer
Voraussetzung für die Einlegung eines Rechtsmittels ⇨ 84

Beschwerde
Rechtsmittel zur selbständigen Anfechtung von Entscheidungen ⇨ 88, 152

Besondere Verfahrensarten
Dienen der Beschleunigung zur Durchsetzung bestimmter Ansprüche ⇨ 93

Bestreiten
Entgegengesetzte Darstellung des Sachverhaltes durch eine Partei ⇨ 62

Bestreiten mit Nichtwissen
Verneinen eines behaupteten Sachvortrages, wenn die Prozesspartei bei diesem Vorgang nicht anwesend war ⇨ 63

Betragsverfahren
Entscheidung über die Höhe eines Anspruches, wenn der Anspruchsgrund zuvor bejaht wurde ⇨ 83

Bewegliche Sachen
Körperliche Gegenstände, die nicht Grundstücke oder Häuser sind (§ 90 BGB) ⇨ 128

Beweis des ersten Anscheins
Eine Form des Indizienbeweises auf der Grundlage von Erfahrungssätzen ⇨ 69

Beweisantrag
Benennung eines Beweismittels zu einem konkreten Tatsachenvortrag ⇨ 72

Beweisaufnahme
Feststellung des objektiv richtigen Sachverhaltes grundsätzlich durch das Prozessgericht ⇨ 69, 72

Beweisbedürftigkeit
Des Beweises bedarf alles, was nicht unstreitig, anerkannt, offenkundig oder zu unterstellen ist ⇨ 69

Beweisbeschluss
Beschluss des Gerichtes, bestimmten Beweisanträgen zu konkreten Tatsachenbehauptungen nachzugehen (§ 284) ⇨ 72, 74

Beweislast
Aufgabe einer Prozesspartei, die Tatsachen zu beweisen, die ihr vorbringen tragen ⇨ 73

Beweismittel
Augenschein, Parteivernehmung, Sachverständigengutachten, Urkunden und Zeugen ⇨ 70

Beweiswürdigung
Entscheidung des Gerichtes nach freier Überzeugung unter Berücksichtigung des gesamten Inhaltes der Verhandlung und der Beweisaufnahme, ob eine tatsächliche Behauptung für wahr zu erachten ist (§ 286) ⇨ 73

BGB
Bürgerliches Gesetzbuch ⇨ 4

BGB-Gesellschaft
Gesellschaft des bürgerlichen Rechts ist eine auf Vertrag beruhende Vereinigung von Personen zur Förderung eines von ihnen gemeinsamen verfolgten Zwecks (§ 705 BGB) ⇨ 52

Briefhypothek
Regelfall der Hypothek, die durch Einigung und Übergabe des Hypothekenbriefes übertragen wird (§ 1116 BGB) ⇨ 142

Buchhypothek
Hypothek, bei der die Erteilung eines Hypothekenbriefes ausgeschlossen ist (§ 1116 BGB) ⇨ 142

Bundesgerichtshof
Oberster Gerichtshof des Bundes für das Gebiet der ordentlichen Gerichtsbarkeit (Revisionsinstanz) ⇨ 32

Computer
Programmgesteuerte, elektronische Rechenanlage ⇨ 96

Dauerschuldverhältnis
Schuldverhältnis, dessen Rechte und Pflichten über einen längeren Zeitraum bestehen (vgl. Dienstvertrag, Mietvertrag) ⇨ 91

Deutsche Gerichtsbarkeit
Experitoriale (wie etwa Diplomaten) unterfallen nicht der von Amts wegen zu beachtenden Prozessvoraussetzung ⇨ 14

Devolutiveffekt
Rechtsstreit wird zur Entscheidung in die höhere Instanz verbracht ⇨ 83

Dinglicher Arrest
Eingriff in das Vermögen des Schuldners zur Sicherung der Durchsetzung eines Anspruches ⇨ 107

Dispositionsmaxime
Die Prozessparteien bestimmen als Herren des Verfahrens den Streitgegenstand und können über ihn verfügen ⇨ 22, 103

Dritter
Ein am Prozess Unbeteiligter ⇨ 64, 135

Drittschuldner
Der Schuldner eines Schuldners ⇨ 151

Drittwiderklage
Einbeziehung eines Dritten als weiteren Beklagten bei Erhebung der Widerklage durch den Beklagten ⇨ 64

Drittwiderspruchsklage
Prozessuale Gestaltungsklage eines berechtigten Dritten zwecks Angriffs einer einzelnen Vollstreckungsmaßnahme ⇨ 155

Duldung
Das wissentliche und widerspruchslose Geschehenlassen eines bestimmten Vorganges ⇨ 149

Duldungsverfügung
Gerichtliche Entscheidung, wonach der Schuldner eine Handlung dulden muss ⇨ 109

Durchlauftermin
Termin zur mündlichen Verhandlung beim Prozessgericht, in dem nur die Anträge gestellt werden und das Gericht einen Beweisbeschluss erlässt ⇨ 31

Durchsuchung
Der Gerichtsvollzieher ist berechtigt, die Wohnung des Schuldners zu durchsuchen (§ 758 ZPO) ⇨ 131

Ehegatte
Hat ein Zeugnisverweigerungsrecht im Rechtsstreit seines Ehegatten (§ 383 ZPO) ⇨ 54, 70

Ehesachen
Verfahren auf Scheidung, Aufhebung oder Nichtigerklärung, Feststellung des Bestehens oder Nichtbestehens einer Ehe (§§ 622, 632 ZPO) ⇨ 102

Eidesstattliche (Offenbarungs-) Versicherung
Der Schuldner hat auf Antrag des Gläubigers ein Vermögensverzeichnis zu erstellen, wenn eine Pfändung nicht zur vollständigen Befriedigung der Forderung führt (§ 889 ZPO) ⇨ 135

Eidesstattliche Versicherung
Tatsachenerklärung zur Glaubhaftmachung vor allem beim vorläufigen Rechtsschutz (§ 294 ZPO) ⇨ 72

Eigentum
Umfassendes Recht zur rechtlichen und tatsächlichen Nutzung einer Sache (§§ 903 ff. BGB) ⇨ 156

Einlassungsfrist
Frist zur Stellungnahme auf die Klage für den Beklagten von mindestens 2 Wochen (§ 274 Abs. 3 ZPO) ⇨ 30

Einreden
Gegenrechte, die die Durchsetzbarkeit des Rechts eines anderen hindern, ohne das Recht selbst zu beseitigen ⇨ 15, 63

Einspruch
Rechtsbehelf gegen ein echtes Versäumnisurteil (§ 338 ZPO) ⇨ 89

Einspruchsfrist
Die Notfrist beträgt 2 Wochen und beginnt mit der Zustellung des Versäumnisurteils (§ 339 ZPO) ⇨ 89

Einstweilige Anordnung
Vorläufiger Rechtsschutz im Familienrecht (§§ 620 ff. ZPO) ⇨ 111

Einstweilige Verfügung
Vorläufiger Rechtsschutz zur Sicherung eines Anspruches oder Regelung eines einstweiligen Zustandes (§§ 935, 940 ZPO) ⇨ 109

Eintragung
Niederlegung eines rechtserheblichen Umstandes in einem öffentlichen Register (z.B. Grundbuch, Handelsregister) ⇨ 144

Einwendungen
Vorschriften, die einen Anspruch nie zum Entstehen kommen lassen oder nachträglich vernichten ⇨ 15

Endurteil
Endgültige Entscheidung über die Klage oder ein Rechtsmittel ⇨ 81

Entscheidung nach Lage der Akten
Endurteil als Versäumnisfolge, jedoch keine eigentliche Versäumnisentscheidung (§§ 251 a, 331 a ZPO) ⇨ 76

Entscheidungsgründe
Mitteilung des Gerichts über die entscheidungserheblichen Erwägungen (§ 313 ZPO) ⇨ 46, 80

Erbe
Die Person, auf die mit dem Tod des Erblassers sein Vermögen als Ganzes übergeht (§§ 1922 Abs. 1 BGB) ⇨ 54, 67

Erbengemeinschaft
Mehrere Erben steht der gesamte Nachlass gemeinschaftlich zur gesamten Hand zu (§ 2032 Abs. 1 BGB) ⇨ 54

Erfolgshonorar
Unzulässige Beteiligung eines Rechtsanwaltes am ausgeurteilten Betrag ⇨ 38

Erinnerung
Rechtsbehelf gegen Maßnahmen des Rechtspflegers oder Urkundsbeamten oder Gerichtsvollziehers (§ 766 ZPO) ⇨ 90

Erkenntnisverfahren
Feststellung des Anspruches durch Urteil ⇨ 6 7

Erledigung der Hauptsache
Verfahren wird durch ein Ereignis nach Eintritt der Rechtshängigkeit gegenstandslos (§ 91 a ZPO) ⇨ 78

Erledigungserklärung
Prozesshandlung, durch die Rechtsstreit erledigt wird ⇨ 78

Ersatzzustellung
Zustellung an vertretungsberechtigte Person, wenn der Zustellungsempfänger nicht anwesend ist (§§ 181 ff. ZPO) ⇨ 39

Eventualaufrechnung
Hilfsweise Aufrechnungserklärung für den Fall, dass die Klage nicht aus anderen Gründen abgewiesen wird ⇨ 64

Fälligkeit
Zeitpunkt, von dem an der Gläubiger vom Schuldner die Erbringung der geschuldeten Leistung verlangen darf (§ 271 Abs. 1 BGB) ⇨ 61

Falllösung
Methodisches Vorgehen zur Klärung rechtlicher Problemstellungen ⇨ 10

Familiensache
Ehesachen nebst Scheidungsfolgesachen (Unterhalt, Versorgungsausgleich, elterliche Sorge § 620 ZPO) ⇨ 102

Feststellungsklage
Antrag auf Feststellung des Bestehens oder Nichtbestehens eines Rechts oder Rechtsverhältnisses (§ 56 ZPO) ⇨ 59

Feststellungsurteil
Eine Feststellungsklage stattgebendes und alle klageabweisenden Urteile ⇨ 81

FGG
Gesetz über die Angelegenheiten der freiwilligen Gerichtsbarkeit ⇨ 162

Firma
Name des Kaufmannes, unter dem er sein Geschäft betreibt (§ 17 Abs. 1 HGB) ⇨ 52

Formelles Recht
Verfahrensrecht ⇨ 4, 6

Fragestellung
Zu beurteilende Problematik des Sachverhaltes ⇨ 18

Freibeweis
Das Gericht kann mit von ihm für sachdienlich gehaltenen Mitteln, etwa durch Einholen schriftlicher Auskünfte von Behörden Beweis erheben ⇨ 70, 72, 163

Freiwillige Gerichtsbarkeit
Teil der ordentlichen Gerichtsbarkeit, in dem bestimmte privatrechtliche Angelegenheiten geregelt sind ⇨ 162

Früchte
Erzeugnisse einer Sache oder sonstige bestimmungsgemäße Ausbeute (§ 99 BGB) ⇨ 129

Früher erster Termin
Rasche Bestimmung eines Termines zur mündlichen Verhandlung, wenn eine schnelle Erledigung geboten und möglich erscheint (§§ 272 Abs. 2, 275 ZPO) ⇨ 41

Funktionale Zuständigkeit
Welches Rechtspflegeorgan in ein und demselben Rechtsstreit tätig zu werden hat ⇨ 55

Fürsorgepflicht
Pflicht des Richters, auf die Parteien einzuwirken, um eine sachlich richtige Entscheidung herbeizuführen ⇨ 25

GbR
Gesellschaft bürgerlichen Rechts (§§ 705 ff. BGB) ⇨ 144

Gegennorm
Vorschrift, die einen möglichen Anspruch vernichten oder verhindern kann ⇨ 167

Genehmigung
Nachträgliche Zustimmung ⇨ 53

Genehmigung der Prozessführung
Nachträgliche Billigung der bisherigen Prozesshandlungen einer Partei ⇨ 53

Gerichtsbarkeit
Ausübung der Rechtspflege (Gerichtshoheit) ⇨ 14, 32

Gerichtskosten
Gebühren und Auslagen, die einem gerichtlichen Verfahren anfallen (Gerichtskostengesetz) ⇨ 37, 39, 96

Gerichtsstand
Pflicht, eine Streitsache vor das Gericht eines bestimmten Bezirkes zu bringen ⇨ 57, 96

Gerichtsstandvereinbarung
Vereinbarung der Parteien des Rechtsstreites über die örtliche und/oder sachliche Zuständigkeit des Gerichtes (§ 38 ZPO) ⇨ 57

Gerichtsvollzieher
Person, die Vollstreckungsmaßnahmen hoheitlich durchführt ⇨ 128, 134

Gesamtschuldner
Mehrere Personen schulden eine Leistung derart, dass der Gläubiger von jedem einzelnen, insgesamt jedoch nur einmal verlangen kann (§ 421 BGB) ⇨ 18

Geschäftsfähigkeit
Fähigkeit, Willenserklärung wirksam abzugeben und entgegenzunehmen (§§ 104 ff. BGB) ⇨ 52

Geschäftsführer
Gesetzlicher Vertreter einer GmbH (§ 35 Abs. 1 GmbHG) ⇨ 53

Gesellschafter
Mitglied einer Gesellschaft, das aufgrund eines Gesellschaftsvertrages bestimmte Rechte und Pflichten hat ⇨ 54

Gesellschaftsanteil
Gesellschafter ist zur einer bestimmten Quote an der Gesellschaft beteiligt ⇨ 144

Gesetzlicher Vertreter
Person, deren Vertretungsmacht sich aus dem Gesetz ergibt und nicht erst bevollmächtigt werden muss ⇨ 53

Gestaltungsklage
Bestreben des Klägers, die bestehende Rechtslage mit Hilfe des Gerichtes umzugestalten ⇨ 60

Gestaltungsurteil
Mit Rechtskraft des Urteils tritt die begehrte Wirkung der Änderung der Rechtslage ein ⇨ 81

Geständnis
Eine von anderer Seite behauptete Tatsache wird von der anderen Partei als wahr bezeichnet (§ 288 ZPO) ⇨ 62

Glaubhaftmachung
Beweisführung, die dem Gericht einen geringeren Grad von Wahrscheinlichkeit vermitteln soll als der volle Beweis (§ 294 ZPO) ⇨ 70, 72, 108

GmbH
Gesellschaft mit beschränkter Haftung ⇨ 51

GmbH & Co. KG
Kommanditgesellschaft, deren meist einzig vollhaftender Gesellschafter eine GmbH ist ⇨

Grundbuch
Ein vom Grundbuchamt (Amtsgericht) zugeführtes öffentliches Register, in dem alle Grundstücke des Amtsgerichtsbezirkes und die sie betreffenden Rechtsverhältnisse aufgenommen werden ⇨ 146

Grundurteil
Zwischenurteil, in dem über den Grund des prozessualen Anspruches vorab entschieden wird (§ 304 ZPO) ⇨ 82

Gutachtenstil
Formulierungsstil, bei dem das Ergebnis einer rechtlichen Bewertung erst am Ende festgestellt wird
⇨ 19

GVG
Gerichtsverfassungsgesetz ⇨ 33

Haftbefehl
Richterliche Anordnung zur Inhaftnahme einer Person (§ 901 ZPO) ⇨ 135

Handelsgeschäft
Jedes Geschäft eines Kaufmannes, das zum Betrieb seines Handelsgewerbes gehört (§ 343 Abs. 1 HGB)
⇨ 34

Handelsgesellschaft
Personengesellschaften des Handelsrechts (oHG, KG) sowie Kapitalgesellschaften (GmbH, AG)

Handelsrecht
Sonderrecht für Kaufleute, geregelt im HGB; im weiteren Sinne gehört auch das Gesellschaftsrecht dazu ⇨ 10

Handelsregister
Öffentliches Verzeichnis beim Amtsgericht, das über die Verhältnisse der Kaufleute und Handelsgesellschaften Auskunft gibt ⇨ 163, 164

Hauptantrag
Vorrangig verfolgtes Klageziel1 ⇨ 14, 60

Haupttermin
Mündliche Verhandlung, in der nach umfassender Vorbereitung die Entscheidungsreife eintreten soll ⇨ 41

Hausrat
Die nach den Verhältnissen von Ehegatten für ihre Wohnung und Hauswirtschaft erforderlichen und nicht zum persönlichen Gebrauch bestimmten Gegenstände
⇨ 131

Hausratsteilung
Aufteilung der Hausratsgegenstände bei Trennung von Eheleuten ⇨ 163, 164

Heilung
Unschädlichkeit von Verfahrensmängeln durch Rügeverzicht des Gegners ⇨ 53

Herausgabe
Übertragung des unmittelbaren Besitzes an einer Sache
⇨ 143, 148

Herausgabetitel
Urteilsmäßige Feststellung des Bestehens des Herausgabeanspruches ⇨ 143

Hilfsantrag
Wird nur für den Fall gestellt, dass der in 1. Linie verfolgte Antrag erfolglos bleibt ⇨ 14, 60

Hinterlegung
Ist die Person des Gläubigers ungewiss, ohne dass den Schuldner hieran ein Verschulden trifft, kann er Geld und Wertpapiere bei einer dazu bestimmten öffentlichen Stelle hinterlegen (§ 372 BGB) ⇨ 63

Hypothek
Belastung eines Grundstückes in der Weise, dass gegenüber demjenigen, zu dessen Gunsten die Belastung erfolgt, wegen einer bestimmten Forderung das Grundstück haftet (§ 1113 BGB) ⇨ 128

Immobiliarvollstreckung
Zwangsvollstreckung in das unbewegliche Vermögen (§ 864 ff. ZPO) ⇨ 145

Inaugenscheinnahme
Beweismittel, bei dem das Gericht durch unmittelbare Wahrnehmung Beweis über eine Tatsache erhebt (§ 144 ZPO) ⇨ 71

Innenverhältnis
Beziehung zwischen Rechtsanwalt und Mandant ⇨ 38

Insolvenz
Verfahren zur gleichmäßigen Befriedigung aller Gläubiger eines zahlungsunfähigen Schuldners
⇨ 53, 133

Insolvenzmasse
Gesamtes Vermögen des Schuldners zum Zeitpunkt der Eröffnung des Verfahrens ⇨ 53

Insolvenzverwalter
Organ zur Durchführung eines Insolvenzverfahrens ⇨ 53

InsO
Insolvenzverordnung ⇨ 118

Instanzenzug
Aufbau und Zuständigkeit der Gerichte für Rechtsmittel und Rechtsbehelfe ⇨ 34

Internationales Recht
Regeln der zwischenstaatlichen Beziehungen, die teilweise auch im innerstaatlichen Bereich wirken ⇨ 3

Juristische Person
Vereinigung (Verein, Stiftung, GmbH, Aktiengesellschaft usw.) mit eigener Rechtsfähigkeit ⇨ 52

Justizgewährungsanspruch
Verfassungsrechtlich gewährleisteter Anspruch des Einzelnen, in Streitigkeiten ein staatliches Gericht anrufen zu können ⇨ 2

Justizgewährungspflicht
Verpflichtung des Staates, den Bürgern Gerichte zur Entscheidung über Streitigkeiten zur Verfügung zu stellen ⇨ 2

Kindschaftssache
Verfahren über die Feststellung des Bestehens oder Nichtbestehens eines Eltern-Kind-Verhältnisses, Vaterschaftsanerkennung und deren Anfechtung ⇨ 103

Klage auf vorzugsweise Befriedigung
Bevorrechtigte Befriedigung einer Forderung aus dem gepfändeten Gegenstand vor dem vollstreckenden Gläubiger (§ 805 ZPO) ⇨ 157

Klageänderung
Kläger ändert seinen Antrag oder stützt seinen Anspruch auf einen anderen Grund (§§ 263 ff. ZPO) ⇨ 60

Klageerhebung
Einreichung der Klage beim zuständigen Gericht (§ 253 ZPO) ⇨ 39

Klageinhalt
Notwendige Ausführungen in der Klageschrift (§ 253 Abs. 2 ZPO) ⇨ 58

Klagerücknahme
Prozessbeendigung durch einseitige Erklärung des Klägers ⇨ 76

Klageschrift
Schriftsatz an das Gericht mit genauer Bezeichnung der Parteien, der Angabe des Streitgegenstandes, des Anspruchsgrundes sowie eines bestimmten Antrages ⇨ 51

Klausel
Notwendiger Bestandteil einer vollstreckbaren Ausfertigung zur Zwangsvollstreckung ⇨ 121

Konzentrationsmaxime
Verfahrensgrundsatz, wonach ein Rechtsstreit möglichst in einer Verhandlung erledigt werden soll ⇨ 29

Kammern für Handelssachen
Fruchtkörper eines Landgerichts für die Entscheidung in Handelssachen ⇨ 34

KG
Kommanditgesellschaft ⇨ 52

Ladung
Aufforderung, zu einem bestimmten gerichtlichen Termin zu erscheinen ⇨ 41

Ladungsfrist
Mindestzeitraum zwischen Zustellung und anberaumten Termin (§ 217 ZPO) ⇨ 95

Landgericht
Ordentliches Gericht, das im Aufbau zwischen dem Amtsgericht und dem Oberlandesgericht steht ⇨ 32

Leistungsklage
Klage, die auf eine bestimmte Leistung des Beklagten gerichtet ist ⇨ 58

Leistungsurteil
Gerichtliche Entscheidung, wonach der Beklagte etwas zu tun oder zu unterlassen hat ⇨ 81

Lohnpfändung
Staatliche Beschlagnahme des Arbeitseinkommens in gesetzlich vorgesehenem Umfang (§ 850 ZPO) ⇨ 141

Lüge
Wahrheitswidriger Sachvortrag oder Äusserung vor Gericht ⇨ 24

Mahnbescheid
Aufforderung an den Antragsgegner, zur Zahlung eines bestimmten Betrages im formalisierten Verfahren (§ 692 ZPO) ⇨ 96

Mahnverfahren
Rasche Schaffung eines Titels ohne mündliche Verhandlung auf Zahlung eines bestimmten Geldbetrages (§§ 688 ff. ZPO) ⇨ 96

Materielles Recht
Normen, die die rechtlichen Beziehungen zwischen den Rechtssubjekten, unabhängig von einem evtl. gerichtlichen Verfahren, ordnen und bestimmen ⇨ 4

Mediator
Aussergerichtliche Streitbeilegung durch Einschaltung eines unparteiischen Vermittlers ⇨ 2

Miteigentümer
Das Eigentum an einer Sache steht mehreren Personen zu ⇨ 54

Miterbe
Mitglied einer Erbengemeinschaft ⇨ 54

Mitgläubiger
Mehrere Personen haben Anspruch auf eine unteilbare Leistung (§ 432 BGB) ⇨ 54

Mobiliarvollstreckung
Zwangsvollstreckung in das bewegliche Vermögen ⇨ 128

Mündliche Verhandlung
Durchführung des Termins vor dem Gericht bei Anwesenheit der Beteiligten (§ 128 ZPO) ⇨ 44

Mündlichkeit
Grundsätzlich muss vor dem Gericht mündlich verhandelt werden ⇨ 27

Nachlasssachen
Angelegenheiten auf dem Gebiet des Erbrechts ⇨ 163

Nachlassverwalter
Vertritt die Erben als gesetzlicher Vertreter, der den Nachlass in Besitz nimmt und Nachlassverbindlichkeiten aus dem Nachlass zu berichtigen hat (§ 1985 BGB) ⇨ 53

Nachverfahren
Verfahrensabschnitt, der in einem Rechtsstreit nach einem Vorbehaltsurteil erfolgt (§§ 302, 600 ZPO) ⇨ 94

Nebenintervenient
Beigetretener Streitgehilfe oder Streithelfer zur Unterstützung einer der Parteien (§ 70 ZPO) ⇨ 66

Nebenintervention
Beteiligung eines Dritten an einem zwischen anderen rechtshängigen Zivilprozess (§ 66 ZPO) ⇨ 66

Nichtbestreiten
Zustimmung zum gegnerischen Tatsachenvortrag durch Schweigen ⇨ 62

Nichtigkeit
Die für und gegen alle wirkende Unwirksamkeit eines Rechtsgeschäftes oder einer Prozesshandlung ⇨ 60

Nichtigkeitsklage
Wiederaufnahme eines Zivilprozesses bei besonders bezeichneten Verfahrensverstößen (§ 579 ZPO) ⇨ 90

Non liquet
Der Sachverhalt kann für eine Entscheidung wesentliche Behauptung nicht aufgeklärt werden ⇨ 73

Notwehr
Erforderliche Verteidigung, um einen gegenwärtigen, rechtswidrigen Angriff von sich oder einem anderen abzuwenden (§ 227 BGB) ⇨ 2

Oberlandesgericht
Ordentliches Gericht, das im Gerichtsaufbau über dem Landgericht und unter dem Bundesgerichtshof steht ⇨ 32

Öffentliches Recht
Regelungen über die Beziehungen Bürger-Staat, wenn der Staat aufgrund seiner Hoheitsbefugnisse tätig wird ⇨ 3

Öffentlichkeit
Die Verhandlung vor dem erkennenden Gericht muss unbeteiligten Personen zugänglich sein ⇨ 29

OHG
Offene Handels-Gesellschaft ⇨ 52

Ordnungsgeld
Ordnungsmittel zum Zweck, Personen zu bestimmten Handlungen, Duldungen oder Unterlassungen zu zwingen oder ungebühr in einem Verfahren zu ahnden (§ 890 ZPO, § 178 GVG) ⇨ 149

Ordnungshaft
Ordnungmittel durch Inhaftnahme der betroffenen Person ⇨ 149

Ortstermin
Inaugenscheinnahme durch das Gericht oder Sachverständige in Anwesenheit der Prozessbeteiligten ⇨ 71

Partei
Derjenige, von dem oder gegen den bei Gericht Rechtsschutz gewährt wird (Kläger oder Beklagter) ⇨ 51

Parteifähigkeit
Fähigkeit, in einem Rechtsstreit Partei zu sein; deckt sich mit der Rechtsfähigkeit (§ 50 ZPO) ⇨ 51, 52

Parteiherrschaft
Parteien bestimmen über den Prozessbeginn und dessen Verlauf ⇨ 103

Parteivernehmung
Beweismittel, bei dem eine Partei vernommen wird (§§ 445 ff. ZPO) ⇨ 71

Parteiwechsel
Neue Partei tritt an Stelle einer ausscheidenden Partei in den Rechtsstreit ein ⇨ 67

Partielle Prozessfähigkeit
Beschränkt geschäftsfähiger Ehegatte ist im Eheverfahren prozessfähig (§ 607 ZPO) ⇨ 52

Passivlegitimation
Stellung als richtiger Beklagter ⇨ 53

Personenstandssachen
Erteilung von Personenstandsurkunden ⇨ 163

Persönlicher Arrest
Sicherung künftiger Zwangsvollstreckungsmaßnahmen durch Zugriff auf den Schuldner selbst (§ 918 ZPO) ⇨ 107

Pfändbare Gegenstände
Ausschluss des Pfändungsschutzes (§ 811 ZPO) ⇨ 128

Pfändbarkeit
Umfang der möglichen Forderungspfändung ⇨ 141

Pfandrecht
Recht, eine bewegliche Sache zur Erfüllung einer Verbindlichkeit zu verwerten (§ 804 ZPO) ⇨ 134

Pfändung
Staatliche Beschlagnahme zum Zweck der Befriedigung einer Geldforderung des Gläubigers (§ 808 ZPO) ⇨ 129

Pfändungs- und Überweisungsbeschluss
Beschluss des Vollstreckungsgerichts zur Beschlagnahme von Forderungen und anderen Rechten (§§ 829, 857 ZPO) ⇨ 136

Pfändungspfandrecht
Der Gläubiger erwirbt durch die Pfändung ein Pfandrecht an dem beschlagnahmten Gegenstand (§ 804 ZPO) ⇨ 143

Postulationsfähigkeit
Fähigkeit, Prozesshandlungen wirksam vornehmen zu können ⇨ 38

Privatrecht
Rechtsnormen, die die Beziehungen privater Personen zueinander regeln (Zivilrecht) ⇨ 3

Prozesshindernisse
Einreden, die auf Rüge des Beklagten zu berücksichtigen sind ⇨ 47

Prozessurteil
Abweisung einer Klage oder eines Rechtsmittels als unzulässig ⇨ 47, 81

Prozessfähigkeit
Fähigkeit, Prozesshandlungen selbst oder durch bestellte Vertreter wirksam vorzunehmen oder entgegenzunehmen ⇨ 52

Prozessförderungspflicht
Parteien haben nach Kräften dazu beizutragen, dass der Prozessstoff unverzüglich vorgetragen wird ⇨ 30

Prozessführungsbefugnis
Recht, einen Prozess als richtige Partei im eigenen Namen zu führen ⇨ 14, 49, 53

Prozesshandlung
Jede prozessgestaltende Betätigung einer Partei oder des Gerichts sowie Dritter ⇨ 64, 76 79

Prozesskostenhilfe
Vollständige oder teilweise Befreiung einer minderbemittelten Partei von den Prozesskosten (§§ 114 ff. ZPO) ⇨ 38

Prozessstandschaft
Befugnis, im eigenen Namen einen Prozess über ein fremdes Recht zu führen (§ 265 ZPO) ⇨ 53

Prozessvollmacht
Die auf Prozesshandlung oder Rechtsgeschäft beruhende Vertretungsmacht im Prozess (§§ 78 ff. ZPO) ⇨ 38

Prozessvoraussetzungen
Prozessrechtliche Bedingungen der Zulässigkeit eines Verfahrens ⇨ 47

Räumung
Zwangsweise Besitzentziehung von Wohnraum ⇨ 110

Rechtliches Gehör
Einer gerichtlichen Entscheidung dürfen nur solche Tatsachen und Beweisergebnisse zugrunde gelegt werden, zu denen die Beteiligten Stellung nehmen konnten ⇨ 27

Rechtsbehelf
Jedes von der Rechtsordnung zugelassene Gesuch, eine gerichtliche Entscheidung anzufechten (Oberbegriff). Förmliche und formlose Gesuche, über die im gleichen Rechtszug entschieden wird (Einspruch, Widerspruch, Erinnerung) ⇨ 83, 113

Rechtsfähigkeit
Fähigkeit, selbständiger Träger von Rechten und Pflichten zu sein ⇨ 52

Rechtsfolge
Rechtliche Konsequenz, die gegeben ist, wenn durch Subsumtion ermittelt wurde, dass die tatsächlichen Gegebenheiten den Tatbestandsvoraussetzungen entsprechen ⇨ 13

Rechtshängigkeit
Zustellung der Klage beim Beklagten durch das Gericht ⇨ 39, 61, 76

Rechtskraft
Gerichtliche Entscheidung kann nicht mehr angefochten werden ⇨ 46

Rechtsmittel
Einspruchsmöglichkeit gegen eine gerichtliche Entscheidung, die den Prozess eine Instanz höher führt und den Eintritt der Rechtskraft hindert (Berufung, Revision und Beschwerde) ⇨ 83

Rechtspflegemonopol
Alleiniger Anspruch des Staates, Gerichte zur Verfügung zu stellen ⇨ 2

Rechtspfleger
Beamter des gehobenen Dienstes bestimmte Aufgaben der Rechtspflege selbständig wahrzunehmen ⇨ 98, 158

Rechtsschutzbedürfnis
Berechtigtes Interesse eines in seinen Rechten Beeinträchtigten, ein Gericht in Anspruch zu nehmen ⇨ 54

Rechtsverhindernd
Eine Einwendung ist rechtsverhindernd, wenn sie in Recht nie zur Entstehung kommen ließ ⇨ 63

Rechtsvernichtend
Eine Einwendung ist rechtsvernichtend, wenn das Recht zwar zur Entstehung gekommen ist, dann aber durch die Einwendung wieder vernichtet wird ⇨ 63

Registersachen
Angelegenheiten um das Handelsregister, Vereinsregister, Grundbuch usw. ⇨ 163

Restitutionsklage
Wiederaufnahmeverfahren gegen ein rechtskräftiges Urteil (§ 580 ZPO) ⇨ 90

Revision
Rechtsmittel gegen Berufungsurteil, das nur auf eine Rechtsverletzung gestützt werden kann (§ 545 ZPO) ⇨ 86

Richter
Organ der Rechtspflege, das über Rechtsstreitigkeiten entscheidet ⇨ 28

Rubrum
Urteilskopf, der die am Prozess beteiligten aufführt. Name rührt daher, dass er früher in rot geschrieben wurde ⇨ 46

Rügelose Einlassung
Heilung eines prozessualen Mangels, da er nicht gerügt wird ⇨ 61

Sachliche Zuständigkeit
Klärt die Frage, welches erstinstanzliche Gericht nach der Art der Angelegenheit ⇨ 55

Sachurteil
Urteil über die vom Kläger behauptete Rechtsfolge, also Entscheidung in der Sache selbst ⇨ 75, 81

Sachurteilsvoraussetzung
Voraussetzungen, die vorliegen müssen, damit eine Sachentscheidung ergehen kann ⇨ 14, 49

Sachverhalt
Das konkrete tatsächliche Geschehen, das durch die Subsumtion rechtliche bewertet wird ⇨ 12

Sachverständigengutachten
Der vom Gericht beauftragte Sachverständige hat seine Begutachtung regelmäßig schriftlich zu erstellen (§ 411 ZPO) ⇨ 71

Sachverständiger
Personen besonderer Sachkunde, die für das Gericht Tatsachen und Erfahrungssätze beurteilen oder feststellen sollen ⇨ 71

Säumnis
Fernbleiben einer Partei vom durch das Gericht bestimmten Termin ⇨ 75

Schadensersatz
Anspruch auf Ausgleich eines Schadens, den eine Person durch eine andere Person erlitten hat (§§ 717, 893, 945, ZPO) ⇨ 112

Schadensschätzung
Das Gericht kann in bestimmten Fällen den Schaden schätzen, ohne ein Sachverständigengutachten einzuholen (§ 287 ZPO) ⇨ 69

Scheidung
Auflösung einer gescheiterten Ehe durch Urteil (§ 1564 BGB) ⇨ 102

Scheidungsverbund
In Familiensachen soll über die Scheidung möglichst nur dann entschieden werden, wenn auch die Folgesachen geregelt sind (§ 623 ZPO) ⇨ 103

Schiedsgericht
Privates Gericht, das über eine Streitigkeit entscheidet ⇨ 101

Schiedsrichterliches Verfahren
Selbständiges Seitenstück zur ZPO, das die Organe der Justiz durch frei gewählte Schiedsrichter ersetzt (§§ 1025 ff. ZPO) ⇨ 101

Schiedsspruch
Entscheidung des Schiesrichterkollegiums (§ 1052 ZPO) ⇨ 102

Schiedsvereinbarung
Vertrag, wonach mehrere Schiedsrichter private Streitigkeiten entscheiden sollen ⇨ 101

Schlichtungsstelle
Von der Landesjustizverwaltung oder berufsständischen Kammern eingerichtete Gremien, die eine aussergerichtliche Erledigung suchen ⇨ 2

Schlüssigkeit
Schlüssig ist eine Klage, wenn das tatsächliche Klagevorbringen, als richtig unterstellt, den Klageantrag rechtfertigt ⇨ 6, 42

Schlussurteil
Urteil nach vorangegangenem Teilurteil, das über den rechtshängig gebliebenen Rest entscheidet ⇨ 82

Schmerzensgeld
Angemessene Entschädigung in Geld für Schäden, die nicht Vermögensschäden sind (§ 847 BGB) ⇨ 51

Schriftliches Vorverfahren
Bei umfangreichen Streitigkeiten lässt das Gericht die Parteien zunächst ausführlich schriftsätzlich vortragen, damit ein Termin zur mündlichen Verhandlung vorbereitet werden kann (§ 276 ZPO) ⇨ 41

Selbständiges Beweisverfahren
Rechtzeitige Klärung von Tatsachen mit den üblichen Beweismitteln, um einen drohenden Verlust des Beweismittels zu verhindern (§§ 485 ff. ZPO) ⇨ 73, 99

Selbsthilfe
Eigenmächtige Sicherung oder Befriedigung eines Anspruches (§ 229 BGB) ⇨ 2

Sequester
Hinterlegung einer Sache bei einem Verwahrer im Rahmen des vorläufigen Rechtsschutzes (§ 938 ZPO) ⇨ 143

Sicherheitsleistung
soll den Schuldner vor Schäden schützen und den Gläubiger in die Lage versetzen, aus einem noch nicht rechtskräftigen Urteil die Zwangsvollstreckung zu betreiben (§ 717 ZPO) ⇨ 123

Sicherungshypothek
Das Recht des Hypothekengläubigers bestimmt sich allein nach der zugrunde liegenden Forderung (§ 1184 BGB) ⇨ 145

Siegel
Marke, die der Gerichtsvollzieher bei Pfändung von Sachen, die im Gewahrsam des Schuldners bleiben, anbringt (§ 808 Abs. 2 ZPO) ⇨ 129

Sofortige Beschwerde
Unterart der einfachen Beschwerde in den vom Gesetz besonders bezeichneten Fällen (§ 577 ZPO) ⇨ 152

Sofortige weitere Beschwerde
Zulässig, wenn die Beschwerdeentscheidung den Beschwerdeführer zusätzlich belastet ⇨ 153

Spruchkörper
Einzelne Abteilungen der Gerichte (Kammer, Senat) (§ 21 f. GVG) ⇨ 35

Sprungrevision
Einlegung der Revision an Stelle einer Berufung (§ 566 a ZPO) ⇨ 34

Statthaftigkeit
Rechtsbehelf gegen eine Entscheidung muss vom Gesetz überhaupt vorgesehen sein ⇨ 83

Strafrecht
Teil des öffentlichen Rechts, das Strafen für bestimmte Verhalten vorsieht ⇨ 133

Streitgegenstand
Der im Rechtsstreit geltend gemachte Anspruch ⇨ 51, 60

Streitgenossenschaft
Liegt vor, wenn in einem Rechtsstreit auf einer Seite mehr als eine Partei auftritt (§§ 59 ff. ZPO) ⇨ 65

Streithelfer
Beitritt eines Dritten zur Unterstützung einer Partei (§ 66 ZPO) ⇨ 67

Streitverkündung
Einbeziehung eines Dritten durch eine Partei in den Rechtsstreit, wenn die Partei glaubt, im Unterliegensfall Regressansprüche gegen den Dritten zu haben (§ 72 ZPO) ⇨ 66

Streitwert
In Geld bemessener Wert des Streitgegenstandes Zur Ermittlung der Kosten und Gebühren ⇨ 34

Strengbeweis
Bezweckt die volle Überzeugungsbildung des Gerichts (§ 286 ZPO) ⇨ 70

Subsumtion
Unterordnung eines Sachverhaltes unter eine Rechtsnorm. Dabei ist zu prüfen, ob die Fakten die gesetzlichen Voraussetzungen erfüllen ⇨ 10

Suspensiveffekt
Wirkung des Rechtsmittels, dass der Eintritt der Rechtskraft gehemmt wird ⇨ 83

Taschenpfändung
Pfändung von Sachen, die der Schuldner in Taschen oder ähnlichen Behältnissen bei sich führt durch den Gerichtsvollzieher (§ 808 ZPO) ⇨ 130

Tatbestand
Bestandteil des Urteils, der den Tatsachenvortrag und die Anträge der Parteien enthält ⇨ 46

Tatsache
Die Tatsachen eines Sachverhaltes werden unter den Tatbestand der Normen der subsumiert ⇨ 63

Teilklage
Kläger macht nur einen erstrangigen Teil seiner Forderung geltend ⇨ 60

Teilurteil
Endurteil, in dem über einen selbständigen Teil des Streitgegenstandes entschieden wird ⇨ 82

Teilverzicht
Kläger verzichtet auf einen Teil der Klageforderung
⇨ 77

Testamentsvollstrecker
Der Erblasser setzt ihn für den Fall seines Todes zur Fürsorge über den Nachlass ein (§§ 2197 ff. BGB) ⇨ 54

Titel
Vollstreckungsfähiger Inhalt einer gerichtlichen Entscheidung, Vergleiches oder notariellen Vertrages
⇨ 120

Titelumschreibung
Die vollstreckbare Ausfertigung kann für den Rechtsnachfolger des im Urteil bezeichneten Gläubigers umgeschrieben werden (§ 727 ZPO) ⇨ 54

Überpfändung
Pfändung wird weiter ausgedehnt, als es zur Befriedigung des Gläubigers erforderlich ist (§ 803 Abs. 1 ZPO) ⇨ 131

Umkehr der Beweislast
Aufbürdung der Beweislast auf den grundsätzlich nicht Beweisbelasteten (Beweisvereitelung, Produzentenhaftung) ⇨ 73

Unerlaubte Handlung
Jeder rechtswidrige, verschuldete Eingriff in ein geschütztes Rechtsgut, der einen Schaden verursacht hat und zu einer Ersatzpflicht führt (§§ 823 ff. BGB) ⇨ 157

Unmittelbarkeit
Verhandlung und Beweisaufnahme müssen unmittelbar vor dem erkennenden Gericht stattfinden (§ 309 ZPO)
⇨ 28

Unpfändbarkeit
Der Schuldner wird in bestimmtem Umfang aus sozialen Gründen hinsichtlich bestimmter Gegenstände, die der Zwangsvollstreckung unterliegen, geschützt (§ 811 Abs. 1 ZPO) ⇨ 132

Unterbringungssachen
Einweisung psychiatrisch erkrankter Menschen durch Unterbringung in entsprechenden Häusern ⇨ 163

Unterlassen
Nichtvornahme einer bestimmten Handlung ⇨ 109

Unterlassungsverfügung
Untersagung bestimmter Handlungen im Rahmen des vorläufigen Rechtsschutzes

Untersuchungsgrundsatz
Das Gericht hat die für die Entscheidung des Rechtsstreites erheblichen Tatsachen von Amts wegen zu ermitteln ⇨ 25

Unterwerfungserklärung
Erklärung des Schuldners in einer Urkunde, dass er sich wegen der darin enthaltenen Ansprüche der sofortigen Zwangsvollstreckung unterwirft (§ 794 Abs. 1 Nr. 5 ZPO) ⇨ 121

Unvertretbare Handlung
Die durch den Schuldner zu erbringende Handlung kann durch keinen Dritten erbracht werden ⇨ 149

Urkundsbeweis
Beweisführung durch Vorlage von Urkunden
(§§ 415 ff. ZPO) ⇨ 71

Urkundsprozess
Der Kläger kann durch Vorlage bestimmter Beweismittel (Urkunden) beschleunigt sich einen Vollstreckungstitel verschaffen, während Einwendungen nur auf gleichartige Beweismittel gestützt werden können (§§ 592 ff. ZPO)
⇨ 94

Urteil
Gerichtliche Entscheidung (§ 300 ZPO) ⇨ 28, 80

Urteilsberichtigung
Offensichtliche Fehler wie Schreib- oder Rechenfehler können seitens des Gerichts jederzeit von Amts wegen berichtigt werden (§ 319 ZPO) Eine Partei kann die Berichtigung des Tatbestandes innerhalb von 2 Wochen beantragen, wenn dieser unrichtig ist (§ 320 ZPO) ⇨ 81

Urteilsstil
Beurteilung eines rechtlichen Problems, beginnend mit dem Ergebnis (Urteil). Darauf folgt die Begründung
⇨ 19

Vaterschaftsfeststellung
Besteht keine Vaterschaft durch Bestand der Ehe bei Geburt oder wird durch Ehe begründet, ist diese gerichtlich festzustellen (§§ 1592 Nr. 3, 1600 d I BGB)
⇨ 102

Vergleich
Gegenseitiger Vertrag, durch den Streit der Parteien im Wege gegenseitigen Nachgebens beseitigt wird ⇨ 76, 80

Verhandlungsmaxime
Die Parteien bestimmen, welche Tatsachen sie dem Gericht zur Entscheidung vortragen ⇨ 24

Verhandlungsprotokoll
Über jede mündliche Verhandlung und Beweisaufnahme ist eine Niederschrift aufzunehmen (§ 159 ZPO) ⇨ 45

Verkündungstermin
Unmittelbar nach der mündlichen Verhandlung anberaumter Termin, in dem das Gericht eine Entscheidung verkündet (§§ 310, 311 ZPO) ⇨ 44, 80

Vermieterpfandrecht
Pfandrecht des Vermieters an Sachen des Mieters, das die Forderungen aus dem Mietverhältnis sichert (§ 559 BGB) ⇨ 157

Versäumnisurteil
Gegen die säumige Partei ergehendes Urteil, weil dieser einen Termin zur mündlichen Verhandlung versäumt hat (§§ 330 ff. ZPO) ⇨ 75, 103

Versteigerung
Öffentlicher Verkauf an den meistbietenden (§§ 814, 816 ff. ZPO) ⇨ 134

Verstrickung
Folge einer staatlichen Beschlagnahme, wodurch die Verfügungsmacht des Staates über den beschlagnahmten Gegenstand begründet wird ⇨ 134

Vertretbare Handlung
Die vom Schuldner zu erbringende Handlung kann auch durch einen Dritten erfolgen (§ 887 ZPO) ⇨ 149

Verwertung
Versteigerung der gepfändeten Sache ⇨ 134

Verzicht
Erklärung, einen Anspruch nicht mehr durchsetzen zu wollen ⇨ 77

Vollmacht
Durch Rechtsgeschäft erteilte Vertretungsmacht (§ 166 Abs. 2 BGB, § 80 ZPO) ⇨ 38

Vollmachtloser Vertreter
Handelt jemand ohne Auftrag für eine Partei, kann er einstweilen zur Prozessführung zugelassen werden (§ 89 ZPO) ⇨ 53

Vollstreckbare Ausfertigung
Die dem Gläubiger zur Verfügung zu stellende Ausfertigung des Titels mit dem ausdrücklichen Vermerk zum Zweck der Zwangsvollstreckung (§ 724 ZPO) ⇨ 121

Vollstreckungsbescheid
Legt der Antragsgegner gegen den Mahnbescheid nicht rechtzeitig Widerspruch ein, ergeht ein Vollstreckungsbescheid, der einem vorläufig vollstreckbaren Versäumnisurteil gleich steht (§§ 699 Abs. 1, 700 Abs. 1 ZPO) ⇨ 98

Vollstreckungserinnerung
Richtet sich als Rechtsbehelf gegen das Verfahren der Vollstreckungsorgane (§ 766 ZPO) ⇨ 150

Vollstreckbarerklärung
Der Schiedsspruch eines Schiedsgerichtes wird zum Zwecke der Zwangsvollstreckung durch das Oberlandesgericht für vollstreckbar erklärt (§ 1060 ZPO) ⇨ 102

Vollstreckungsgegenklage
Verfahren, das sich gegen den im Urteil festgestellten Anspruch beim Prozessgericht richtet (§ 767 ZPO) ⇨ 153

Vollstreckungsgericht
Amtsgericht, das funktional zuständig für bestimmte Maßnahmen als Vollstreckungsorgan ist und über die Vollstreckungserinnerung entscheidet (§ 764 ZPO) ⇨ 119, 146, 151

Vollstreckungshindernisse
Bestehen, wenn die Zwangsvollstreckung nicht durchgeführt werden darf ⇨ 119, 124

Vollstreckungsschuldner
Derjenige, gegen den die Vollstreckungsmaßnahmen sich richten ⇨ 137

Vollstreckungsschutz
Dient der Vermeidung von Härten, die mit den guten Sitten nicht vereinbar sind (§ 765 A ZPO) ⇨ 158

Vollstreckungstitel
Urteil, Prozessvergleich oder vollstreckbare Urkunde (§§ 704, 722 f., 928, 936, 794 ZPO) ⇨ 118, 120

Vollziehung
Durchsetzung des im Wege des vorläufigen Rechtsschutzes erlassenen Titels etwa durch Zustellung mittels des Gerichtsvollziehers (§ 928 ff. ZPO) ⇨ 106

Vorbehaltsurteil
Verurteilung des Beklagten unter dem Vorbehalt, seine Einwendungen noch im Nachverfahren geltend machen zu können (§ 599 ZPO) ⇨ 95

Vorläufige Vollstreckbarkeit
Urteile, die nicht mit Verkündung rechtskräftig werden, sind für vorläufig vollstreckbar zu erklären (§§ 708 f. ZPO) ⇨ 123

Vorläufiger Rechtsschutz
Vorläufige Sicherung von Ansprüchen oder Sicherung des Rechtsfriedens (§§ 916 ff. ZPO) ⇨ 106

Vorläufiges Zahlungsverbot
Verbot des Gläubigers gegenüber dem Drittschuldner, an den Schuldner Zahlungen zu leisten (§ 845 ZPO) ⇨ 140

Vormundschaftssachen
Angelegenheiten im Zusammenhang mit Vormundschaften, Betreuungen und Pflegschaften (§§ 1773 ff., 1896 ff., 1909 ff. BGB) ⇨ 163

Wahrheitspflicht
Die Parteien müssen ihre Erklärungen über Tatsachen vollständig und wahrheitsgemäß abgeben (§ 138 Abs. 1 ZPO) ⇨ 24

Wechselprozess
Rasche gerichtliche Entscheidung über Ansprüche aus Wechseln (§§ 602 ff. ZPO) ⇨ 95

Weitere Beschwerde
Anfechtung einer Entscheidung, die vom Beschwerdegericht über eine Erstbeschwerde erlassen wurde (§ 793 Abs. 2 ZPO) ⇨ 89

Werkvertrag
Vertrag, bei dem sich der Unternehmer zur Herstellung eines bestimmten Werkes und der Besteller zur Zahlung einer Vergütung (Werklohn) verpflichtet (§ 631 BGB) ⇨ 100

Wesentlicher Bestandteil
Bestandteile einer Sache, die nicht ohne Schaden voneinander getrennt werden können (§§ 93, 94 BGB) ⇨ 128

Widerklage
Beklagter wendet sich mit eigener Klage im selben Verfahren gegen den Kläger (§ 33 ZPO) ⇨ 62, 64

Widerspruch
Rechtsbehelf gegen Mahnbescheid (§ 694 ZPO) ⇨ 98
Arrest und einstweilige Verfügung (§§ 924 Abs. 1, 936 ZPO) ⇨ 113
Gegen die Verpflichtung zur Abgabe der eidesstattlichen Offenbarungsversicherung (§ 900 Abs. 4 ZPO) ⇨ 135

Wiederaufnahme
Ein rechtskräftig beendetes Verfahren kann nur unter bestimmten Voraussetzungen wieder aufgenommen und neu durchgeführt werden (§ 578 ff. ZPO) ⇨ 90

Wiedereinsetzung in den vorherigen Stand
Bei Versäumung einer prozessualen Frist oder Termines kann die Wirkung der Säumnis hierdurch beseitigt werden (§§ 233 ff. ZPO) ⇨ 90

Wiedereinsetzungsfrist
2 Wochen ab Bekanntwerden der Säumnis (§ 234 Abs. 2 ZPO) ⇨ 90

Wiederkehrende Leistungen
Fällig werdende Leistungen, die in gewissen Zeitabschnitten aus dem selben Schuldverhältnis fällig werden (§ 258 ZPO) ⇨ 80

Willenserklärung
Äußerung eines auf die Herbeiführung einer bestimmten Rechtswirkung gerichteten Willens ⇨ 150

Wohnungseigentum
Sondereigentum an einer Wohnung in Verbindung mit dem Miteigentumsanteil an dem Haus (§ 1 WEG) ⇨ 144, 163

Zeuge
Person, die über Tatsachen, die sie wahrgenommen hat, aussagen soll (§§ 373 ff. ZPO) ⇨ 70

Zeuge vom Hörensagen
Derjenige, der die Angaben bekundet, die ein Dritter ihm gegenüber zu einem bestimmten Ereignis gemacht hat ⇨ 70

Zeugnisverweigerungsrecht
Bestimmte Personen können aufgrund persönlicher Beziehungen oder zur Wahrung des Berufsgeheimnisses die Aussage verweigern (§§ 383 ff. ZPO) ⇨ 70

Zivilgerichtsbarkeit
Zivilgerichte, die zur ordentlichen Gerichtsbarkeit gehören (§§ 12, 13 GVG) ⇨ 32

Zivilrecht
Privatrecht ⇨ 3

Zubehör
Bewegliche Sache, die ohne Bestandteil der Hauptsache zu sein, dem wirtschaftlichen Zweck der Hauptsache zu dienen bestimmt ist (§ 97 BGB) ⇨ 128

Zug um Zug
Erbringung der einen Leistung nur bei Leistung der anderen ⇨ 123

Zulässigkeit der Klage
Notwendige Voraussetzung für die Ingangsetzung eines Rechtsstreites ⇨ 49

Zurückverweisung
Aufhebung eines Urteils durch das Rechtsmittelgericht unter Rückgabe des Verfahrens an die Vorinstanz (§§ 538 ff., 565 ff. ZPO) ⇨ 86

Zuschlag
Annahme des Meistgebotes bei einer Versteigerung (§ 817 ZPO) ⇨ 147

Zuständigkeitsbestimmung
Das zuständige Gericht wird durch das im Rechtszug zunächst höhere Gericht bestimmt (§ 36 ZPO) ⇨ 57

Zustellung
Übermittlung eines Schriftstückes an eine bestimmte Person in gesetzlicher Form (§§ 166 ff. ZPO) ⇨ 39

ZVG
Gesetz über die Zwangsversteigerung und die Zwangsverwaltung ⇨ 118

Zwangshypothek
Sicherungshypothek, die auf Antrag des Gläubigers im Wege der Zwangsvollstreckung in das Grundbuch eingetragen wird (§§ 866 f. ZPO) ⇨ 145

Zwangsversteigerung
Dient der Befriedigung der Forderung des Gläubigers durch Verwertung eines Grundstückes ⇨ 145, 146

Zwangsverwalter
Hat die Forderung des Gläubigers aus den laufenden Erträgen des Grundstückes zu befriedigen (§ 150 Abs. 1 ZVG) ⇨ 53, 147

Zwangsverwaltung
Führt zur Beschlagnahme des Grundstückes und aller Gegenstände hierbei, auf die sich die Hypothek erstreckt (§ 148 ZVG) ⇨ 145, 147

Zwangsvollstreckung
Verwirklicht Leistungs- und Haftungsansprüche durch staatlichen Zwang ⇨ 6, 118

Zwei-Parteien-Prinzip
Durchsetzung privatrechtlicher Ansprüche ⇨ 3

Zweitschuldner
Kläger haftet bei Nichteinbringbarkeit der Gerichtskosten beim Beklagten selbst (§ 49 GKG) ⇨ 37

Zwischenfeststellungsklage
Entscheidung über ein vorgreifliches Rechtsverhältnis (§ 256 Abs. 2 ZPO) ⇨ 55

Zwischenurteil
Entscheidung über einen prozessualen Zwischenstreit, insbesondere Vorliegen der Prozessvoraussetzungen (§§ 303, 280 Abs. 2 ZPO) ⇨ 61, 82

IHR LERNPAKET
RECHT
SCHNELL ERFASST

▶ übersichtlich
▶ anschaulich
▶ prägnant
▶ preiswert

B. Müller

Verwaltungsrecht
Schnell erfaßt

2. Aufl. 1999. XII, 392 S. Brosch.
ISBN 3-540-65868-8

V. Kreft

Steuerrecht
Schnell erfaßt

3., vollst. überarb. Aufl. 2000. XII,
341 S. Brosch. ISBN 3-540-65864-5

**H. Kornbichler, J. Polster,
W. Tiede, A. Urabl**

Verfassungsrecht
Schnell erfaßt

2. Aufl. 2001. Etwa 240 S. Brosch.
ISBN 3-540-41309-X

C. Rohde, S. Lorenzmeier

Europarecht
Schnell erfaßt

2., vollst. überarb. Aufl. 1999. X,
350 S. Brosch. ISBN 3-540-63860-1

D. Kröger, I. Klauß

Umweltrecht
Schnell erfaßt

2001. Etwa 300 S. Brosch.
ISBN 3-540-65292-2

T. Wieske

Transportrecht
Schnell erfaßt

2001. Etwa 200 S. Brosch.
ISBN 3-540-41310-3

S. Lorenzmeier, C. Rohde

Völkerrecht
Schnell erfaßt

2001. Etwa 250 S. Brosch.
ISBN 3-540-41959-4

NEU im Lernpaket

Je Band
DM 29,90;
sFr 27,-;
ab 1.1.2002:
€ 14,95

Springer · Kundenservice
Haberstr. 7 · 69126 Heidelberg
Tel.: (0 62 21) 345 - 217/-218 · Fax: (0 62 21) 345 - 229
e-mail: orders@springer.de

Die €-Preise für Bücher sind gültig in Deutschland und enthalten 7% MwSt.
Preisänderungen und Irrtümer vorbehalten.   d&p · BA 41309/2

 Springer

IHR LERNPAKET
RECHT
SCHNELL ERFASST

▶ *übersichtlich*
▶ *anschaulich*
▶ *prägnant*
▶ *preiswert*

P. Katko

Bürgerliches Recht
Schnell erfaßt

3. überarb. u. aktualisierte Aufl.
1999. VIII, 309 S. Brosch.
ISBN 3-540-65865-3

R. Koitz

Informatikrecht
Schnell erfaßt

2001. Etwa 300 S. Brosch.
ISBN 3-540-65290-6

K. Kreutzer, U. Teschke-Bährle

Arbeitsrecht
Schnell erfaßt

3., aktualisierte Aufl. 2000. VIII,
211 S. Brosch.
ISBN 3-540-66928-0

H. Fenger

Zivilprozeßrecht
Schnell erfaßt

2001. Etwa 250 S. Brosch.
ISBN 3-540-41808-3

R. Leuschel

Handelsrecht
Schnell erfaßt

3., neubearb. u. aktualisierte Aufl.
2000. VIII, 242 S. Brosch.
ISBN 3-540-66821-7

F. Weller

Strafrecht
Schnell erfaßt

1995. VIII, 238 S. Brosch.
ISBN 3-540-58632-6

Je Band DM 29,90;
sFr 27,-;
ab 1.1.2002:
€ 14,95

NEU im Lernpaket

Springer · Kundenservice
Haberstr. 7 · 69126 Heidelberg
Tel.: (0 62 21) 345 - 217/-218 · Fax: (0 62 21) 345 - 229
e-mail: orders@springer.de

Die €-Preise für Bücher sind gültig in Deutschland und enthalten 7% MwSt.
Preisänderungen und Irrtümer vorbehalten. d&p · BA 41309/1

Dr. Hermann Fenger
Zivilprozessrecht – schnell erfasst
Nachtrag zur 1. Auflage
Das Gesetz zur Reform des Zivilprozesses

Am 01.01.2002 ist das Gesetz zur Reform des Zivilprozesses (BGBl. I, S. 1887) in Kraft getreten. Die zahlreichen und heftig umstrittenen Reformen sind derart bedeutsam, dass der Verfasser sich zur Herausgabe dieses Nachtrages entschlossen hat, um das Werk auf dem aktuellen Stand zu halten. Die Zivilprozessrechtsreform verfolgt folgende Ziele:

- der Schlichtungsgedanke im Zivilprozess soll durch die Einführung einer Güteverhandlung Eingang finden,
- durch die stärkere Betonung der richterlichen Aufklärungs- und Hinweispflichten soll die richterliche Entscheidungsfindung transparenter werden, damit die Akzeptanz steigt,
- Einführung des originär zuständigen Einzelrichters beim Landgericht,
- die vom Streitwert abhängigen Zugangsvoraussetzungen der Rechtsbehelfe sollen abgebaut werden, in dem ein Abhilfeverfahren sowie eine Zulassungsberufung gegen bisher unanfechtbare Urteile geschaffen werden,
- Abschaffung der Streitwertrevision,
- beschleunigte Erledigungsmöglichkeit bei offensichtlich erfolglosen Berufungen und damit verbunden die Stärkung der ersten Instanz.

Der Gesetzgeber sah sich zur Durchführung der Reform gehalten, da die bislang geltenden Verfahrensregelungen den Ansprüchen der Bürger und der Wirtschaft nicht mehr genügten. Der Zivilprozess müsse bügernäher, effizienter und durchschaubarer werden. Angesichts der angespannten Haushaltslage der Länder müsse die Ziviljustiz ohne zusätzliches Personal die zunehmende Verrechtlichung des Alltagslebens und den rasanten Fortschritt der Informations- sowie Kommunikationstechnologien bewältigen. Die Reform der Zivilprozessordnung soll den Gang des Verfahrens für die Parteien transparenter und nachvollziehbarer werden lassen. Die erstinstanzliche Entscheidung soll von den Parteien akzeptiert werden. Deshalb sollen sie schon im Laufe des Verfahrens erkennen, dass seitens des Gerichts alle Möglichkeiten ausgeschöpft wurden, eine umfassende Prüfung des vorgetragenen Sachverhaltes vorzunehmen. Hierdurch sollen mehr Rechtsstreitigkeiten als bisher in erster Instanz endgültig abgeschlossen werden. Von besonderer Bedeutung ist dabei die Prozessleitungs- und Hinweispflicht des Gerichtes. Dabei soll der Richter die Sach- und Rechtslage eingehend erörtern. Er hat darauf hinzuweisen, wenn er von der Beurteilung der Parteien abweichen will. Hierdurch soll die richterliche Entscheidungsfindung für die Parteien nachvollziehbarer werden, der Prozessstoff auf die entscheidungserheblichen Fragen beschränkt werden. Diesem Ziel dient auch die erweiterte Möglichkeit zur gütlichen Einigung, in dem der Gesetzgeber ein Güteverfahren eingeführt hat, das dem des arbeitsgerichtlichen Verfahrens angenähert ist.

Von Bedeutung ist auch das Gesetz zur Modernisierung des Schuldrechtes vom 26.11.2001, BGBl. I S. 3138 ff.

Bereits eingearbeitet ist ferner das am 1.7.2002 in Kraft tretende Zustellungsreformgesetz.

Münster, April 2002   Dr. Hermann Fenger

Zivilprozessrecht – schnell erfasst

Die Änderungen im Einzelnen

Bei den im Folgenden aufgeführten Seiten des Buches muss der Lehrbuchtext an die durch die Zivilprozessrechtsreform geänderte Rechtslage angepasst werden. Daher empfiehlt es sich, vor dem ersten Lesen die nachstehend vermerkten Seiten im Text entsprechend zu markieren, um zu verhindern, dass die Änderungen überlesen werden. Es empfiehlt sich weiter, den aktuellen Gesetzestext hinzuzuziehen.

Ergänze Ende 4. Absatz: Dieses Verfahren ist ausgeschlossen, wenn die Parteien in verschiedenen Bundesländern wohnen oder bereits einen Güteversuch unternommen haben. S. 2

Ergänze Punkt 8: Über Berufung und Revision entscheidet die nächste Instanz, während einer Beschwerde das Ausgangsgericht abhelfen kann. S. 5

Tausche die Grafik gegen nachstehende Grafik aus.

Einwendungen, Einreden

1. Rechtshindernde Einwendungen

Fehlende Geschäftsfähigkeit:
- dauernde Geschäftsunfähigkeit, § 105 I
- vorübergehende Geschäftsunfähigkeit, § 105 II
- beschränkte Geschäftsfähigkeit, §§ 106 ff.

Bewußt fehlender Wille:
- Mangel an Ernstlichkeit, § 118
- Scheingeschäft, § 117
- geheimer Vorbehalt, § 116

Verstoß
- gegen eine Formvorschrift § 125
- gegen ein gesetzliches Verbot § 134
- gegen die guten Sitten § 138

2. Rechtsvernichtende Einwendungen

Gläubiger- oder Schuldnerwechsel:
- Abtretung einer Forderung, § 398
- Gesetzlicher Forderungsübergang, § 412
- Schuldübernahme, §§ 414 ff.

Anfechtung
- Irrtum § 142 I i.V.m. § 119 I, II
- falsche Übermittlung § 142 I i.V.m. § 120
- arglistige Täuschung oder widerrechtliche Drohung § 142 I i.V.m. § 123

Rücktritt
- Rücktritt vom Vertrag § 346

Unmöglichkeit
- anfängliche oder nachträgliche Unmöglichkeit einer Leistung §§ 275, 311 a

Erlöschen des Schuldverhältnisses
- Erfüllung durch Leistung § 362
- Erfüllungssurrogate §§ 364 ff.
- Aufrechnung gleichartiger Leistungen, § 389
- Erlass § 397 I

Widerruf
- Widerruf und Rückgabe, §§ 355, 356 i.V.m. §§ 312, 312 d, 495

3. Einreden

Verjährung
- allg. Verjährung, §§ 195 ff. i.V.m. § 214
- kurze Verjährung der Gewährleistung bei:
  - Kauf, § 438 i.V.m. § 214
  - Miete, § 548 i.V.m. § 214
  - Werk, § 634 a i.V.m. § 214

Leistungsverweigerung
- Leistungsverweigerungsrecht, § 320
- Zurückbehaltungsrecht d. Schuldners, § 273
- Zurückbehaltungsrecht d. Besitzers, § 1000
- Einrede des Schenkers, § 519
- Einreden des Bürgen, §§ 770, 771
- Arglisteinrede, § 853
- Bereicherungseinrede, § 821

Tausche „Fürsorgepflicht" gegen „materielle Prozessleitung".

S. 25

Materielle Prozessleitung: (§ 139 ZPO)

(1) Das Gericht hat das Sach- und Streitverhältnis, soweit erforderlich, mit den Parteien nach der tatsächlichen und rechtlichen Seite zu erörtern und Fragen zu stellen. Es hat dahin zu wirken, dass die Parteien sich rechtzeitig und vollständig über alle erheblichen Tatsachen erklären, insbesondere ungenügende Angaben zu den geltend gemachten Tatsachen ergänzen, die Beweismittel bezeichnen und die sachdienlichen Anträge stellen.

(2) Auf einen Gesichtspunkt, den eine Partei erkennbar übersehen oder für unerheblich gehalten hat, darf das Gericht, soweit nicht nur eine Nebenforderung betroffen ist, seine Entscheidung nur stützen, wenn es darauf hingewiesen und Gelegenheit zur Äußerung dazu gegeben hat. Dasselbe gilt für einen Gesichtspunkt, den das Gericht anders beurteilt als beide Parteien.

(3) Das Gericht hat auf die Bedenken aufmerksam zu machen, die hinsichtlich der von Amts wegen zu berücksichtigenden Punkte bestehen.

(4) Hinweise nach dieser Vorschrift sind so früh wie möglich zu erteilen und aktenkundig zu machen. Ihre Erteilung kann nur durch den Inhalt der Akten bewiesen werden. Gegen den Inhalt der Akten ist nur der Nachweis der Fälschung zulässig.

(5) Ist einer Partei eine sofortige Erklärung zu einem gerichtlichen Hinweis nicht möglich, so soll auf ihren Antrag das Gericht eine Frist bestimmen, in der sie die Erklärung in einem Schriftsatz nachbringen kann.

Ergänze am Ende: Das Gericht hat auf Bedenken, Unklarheiten, übersehende Umstände und Unvollständigkeiten hinzuweisen.

S. 25

Ergänze als Letzten ●: Die Hinweise sind frühestmöglich zu geben und aktenkundig zu machen.

S. 26

S. 26   Ergänze 5. Absatz am Ende: Kann eine Partei sich nicht sofort erklären, so ist eine Schriftsatzfrist zu gewähren.

S. 34   Ergänze 7. Absatz nach 2. Satz: Dies gilt auch für Streitigkeiten, bei denen eine Partei zum Zeitpunkt der Rechtshängigkeit in 1. Instanz ihren allgemeinen Gerichtsstand im Ausland hatte (§ 119 Abs. 1 Nr. 1 b GVG) oder in der Entscheidung des Amtsgerichtes ausdrücklich ausländisches Recht Anwendung gefunden hat (§ 119 Abs. 1 Nr. 1 c GVG).

Die Bundesländer machen im Übrigen von der sog. Experimentierklausel (§ 119 Abs. 3 GVG) keinen Gebrauch, wonach durch Landesgesetz bestimmt werden kann, dass die Oberlandesgerichte für alle Berufungen und Beschwerden gegen amtsgerichtliche Entscheidungen zuständig sind.

S. 36   Ändere Schaubild „Oberlandesgericht":
Familiensenat § 119 Abs. 1 Nr. 1 a GVG
Zivilsenat § 119 Abs. 1 Nr. 1 b, c GVG
§ 119 Abs. 1 Nr. 2 GVG

S. 39   Ersetze in der Marginalienspalte zu den letzten beiden Absätzen §§ 211, 193 ZPO §§ 171, 208 ZPO durch 168 ZPO n.F.
§ 182 ZPO durch 178 ZPO n.F.
§ 203 ff ZPO durch 181 ZPO n.F.
Ergänze für die öffentliche Zustellung §§ 185 ZPO n.F.

S. 39   Ergänze am Ende: Die Zivilkammer des Landgerichtes entscheidet durch eines ihrer Mitglieder als Einzelrichter (originärer Einzelrichter § 348 ZPO), wenn nicht bestimmte Ausnahmen vorliegen. Dann kann der Rechtsstreit durch die Kammer auf den Einzelrichter übertragen werden (obligatorischer Einzelrichter, § 348 a ZPO), wenn die Sache nicht besonders schwierig ist und keine grundsätzliche Bedeutung hat. Ferner darf zuvor nicht vor der Zivilkammer in dieser Sache verhandelt worden sein.

S 40   Der Antrag lautet nur noch: den Beklagten zu verurteilen, an den Kläger 8.000,00 € nebst 5 % Zinsen über dem Basiszinssatz nach

§ 1 des Diskontsatzüberleitungsgesetzes seit Rechtshängigkeit zu zahlen.

Am Ende der Begründung ergänze: Im übrigen ergibt sich der Zinssatz aus § 288 Abs. 1 BGB.

Ergänze 1. Absatz: ... ein bestimmter Termin zur Güteverhandlung und mündlichen Verhandlung anberaumt worden ist.

S. 41

Ergänze: Der Prozessbevollmächtigte des Klägers wurde darauf hingewiesen, dass die Klageforderung verjährt sei. Ihm wurde die Möglichkeit zur Stellungnahme eingeräumt. Er gab keine Erklärung ab.

S. 45

Ergänze 1. Absatz: Des Tatbestandes bedarf es nicht, wenn ein Rechtsmittel unzweifelhaft nicht zulässig ist. Es bedarf in diesem Fall auch keiner Entscheidungsgründe, wenn die Parteien hierauf verzichten oder ihr wesentlicher Inhalt in das Protokoll aufgenommen wurde.

S. 46 zu § 313

Im Tatbestand lautet der Antrag des Klägers: Den Beklagten zu verurteilen, an den Kläger 8.000,00 € nebst 5 % Zinsen über dem Basiszinssatz nach § 1 DÜG seit Rechtshängigkeit zu zahlen.

S. 48

Die Entscheidungsgründe lauten: Die Klage ist unbegründet. Dem Kläger steht der geltend gemachte Werklohnanspruch nach §§ 631, 632 BGB nicht zu. Zwar hat der Kläger seine Leistungen ordnungsgemäß erbracht.

Seine Forderung ist jedoch verjährt. Nach § 195 BGB verjährt sein Anspruch binnen 3 Jahren. Die Verjährung beginnt gem. § 199 BGB mit dem Schluss des Jahres, in dem Anspruch entstanden ist und der Gläubiger von den den Anspruch begründenden Umständen und der Person des Schuldners Kenntnis erlangt oder ohne grobe Fahrlässigkeit erlangen müsste. Dem Kläger waren sämtliche die Forderung begründenden Umstände bekannt. Die Verjährung ist daher zum 31.12.1999 eingetreten.

Die Nebenentscheidungen des Urteils folgen aus den §§ 92, 709 ZPO.

S. 50 III, 3 lautet: Übertragung des Rechtsstreites auf den entscheidenden Einzelrichter (§ 348 a); dieser tritt an die Stelle der Kammer, wenn er nicht nach § 348 bereits berufen ist.

S. 56 Änderung. „Ausschließlicher Gerichtsstand: Punkt 4 lautet 29 c (Haustürgeschäft § 312 BGB).

S. 67 Änderung 2. Absatz: Ein weiterer Vorteil besteht darin, dass die Streitverkündung die Verjährung hemmt gem. §§ 204, Abs. 1 Nr. 6, 209 BGB.

S. 76 Ergänzung bei der Klagerücknahme 1. Absatz: Diese wird unterstellt, wenn der Beklagte nicht innerhalb einer Frist von 2 Wochen nach gerichtlicher Aufforderung reagiert (§ 269 Abs. 2 ZPO).

S. 76 Klagerücknahme 2. Absatz - Nach dem 2. Satz ist zu ergänzen: Ist jedoch der Anlass zur Klageerhebung vor Rechtshängigkeit weggefallen und erfolgt die Klagerücknahme daraufhin unverzüglich, bestimmt sich die Kostentragungspflicht unter Berücksichtigung des bisherigen Sach- und Streitstandes nach billigem Ermessen (§ 269 Abs. 3 ZPO).

S. 84 Ergänze nach • Beschwer des Rechtsmittelklägers:
- Zulassung: Die Zulassung des Rechtsmittels muss vom Gericht der anzufechtenden Entscheidung ausgesprochen sein. Dies kann beim BGH auch auf eine Nichtzulassungsbeschwerde hin erfolgen.
- Beschwerdewert: Bei der Berufung ist ein Wert von mehr als 600,00 € notwendig. Die frühere Streitwertrevision (60.000,00 DM) wurde abgeschafft.

S. 85 2. Absatz: Die Berufung ist nur zulässig, wenn der Wert des Beschwerdegegenstandes 600,00 € übersteigt oder das Gericht des ersten Rechtszuges die Berufung im Urteil zugelassen hat (§§ 511, 517 ZPO).

Berufungsbegründung: (§ 520 ZPO) S. 85

(1.) Der Berufungskläger muss die Berufung begründen.

(2.) Die Frist für die Berufungsbegründung beträgt 2 Monate und beginnt mit der Zustellung des in vollständiger Form abgefassten Urteils, spätestens aber mit Ablauf von 5 Monaten nach der Verkündung. Die Frist kann auf Antrag von dem Vorsitzenden verlängert werden, wenn der Gegner einwilligt. Ohne Einwilligung kann die Frist um bis zu einem Monat verlängert werden, wenn nach freier Überzeugung des Vorsitzenden der Rechtsstreit durch die Verlängerung nicht verzögert wird oder wenn der Berufungskläger erhebliche Gründe darlegt.

(3.) Die Berufungsbegründung ist, sofern sie nicht bereits in der Berufungsschrift enthalten ist, in einem Schriftsatz bei dem Berufungsgericht einzureichen. Die Berufungsbegründung muss enthalten:

1. Die Erklärung, inwieweit das Urteil angefochten wird und welche Änderungen des Urteils beantragt werden (Berufungsanträge);
2. die Bezeichnung der Umstände, aus denen sich die Rechtsverletzung und deren Erheblichkeit für die angefochtene Entscheidung ergibt;
3. die Bezeichnung konkreter Anhaltspunkte, die Zweifel an der Richtigkeit oder Vollständigkeit der Tatsachenfeststellungen im angefochtenen Urteil begründen und deshalb eine erneute Feststellung bieten;
4. die Bezeichnung der neuen Angriffs- und Verteidigungsmittel sowie der Tatsachen, aufgrund derer die neuen Angriffs- und Verteidigungsmittel nach § 531 Abs. 2 zuzulassen sind.

(4.) Die Berufungsbegründung soll ferner enthalten:

1. Die Angabe des Wertes des nicht in einer bestimmten Geldsumme bestehenden Beschwerdegegenstandes, wenn von ihm die Zulässigkeit der Berufung abhängt;
2. eine Äußerung dazu, ob eine Entscheidung der Sache durch den Einzelrichter Gründe entgegenstehen.

S. 85

Streiche den vorletzten Absatz. Dieser wird ersetzt: Die Berufung dient der Kontrolle des erstinstanzlichen Urteils auf Fehler. Der Prüfungsumfang ist daher begrenzt.

Prüfungsumfang des Berufungsgerichtes (§ 529 ZPO)

(1.) Das Berufungsgericht hat in seiner Verhandlung Entscheidungen zugrunde zu legen:
1. Die vom Gericht des ersten Rechtszuges feststellten Tatsachen, soweit nicht konkrete Anhaltspunkte Zweifel an der Richtigkeit oder Vollständigkeit der entscheidungserheblichen Feststellungen begründen und deshalb eine erneute Feststellung gebieten;
2. neue Tatsachen, soweit deren Berücksichtigung zulässig ist.

(2.) Auf einen Mangel des Verfahrens, der nicht von Amts wegen zu berücksichtigen ist, wird das angefochtene Urteil nur geprüft, wenn dieser nach § 520 Abs. 3 geltend gemacht worden ist. Im Übrigen ist das Berufungsgericht an die geltend gemachten Berufungsgründe nicht gebunden.

Die Berufungsbegründung muss daher neben dem konkreten Antrag nach § 520 Abs. 3 ZPO die Bezeichnung der Umstände, aus denen sich die Rechtsverletzung und deren Erheblichkeit für die angefochtene Entscheidung ergibt oder die Bezeichnung konkreter Anhaltspunkte, die Zweifel an der Richtigkeit oder Vollständigkeit der Tatsachenfeststellungen im angefochtenen Urteil begründen und deshalb eine neue Feststellung gebieten, enthalten (§ 520 Abs. 3 Nr. 1 ZPO).

Neuer Tatsachenvortrag ist nach §§ 520 Abs. 3 Nr. 4, 531 ZPO nur zulässig, wenn sie

- einen Gesichtspunkt betreffen, der vom Gericht des ersten Rechtszuges erkennbar übersehen oder für unerheblich gehalten wurde;
- infolge eines Verfahrensmangels nicht geltend gemacht wurden;
- im ersten Rechtszug nicht geltend gemacht wurden, ohne dass dies auf einer Nachlässigkeit der Partei beruht.

Dabei kann des Gericht die Glaubhaftmachung der Tatsachen verlangen, aus denen sich die Zulässigkeit der neuen Angriffs- oder Verteidigungsmittel ergibt (§ 531 Abs. 2 ZPO).

Ergänzung nach erstem Absatz: Sie ist zulässig bis zum Ablauf eines Monates nach der Zustellung der Berufungsbegründung und muss in der Anschlussschrift begründet werden. S. 86

Nach dem 3. Absatz ist zu ergänzen: Das Berufungsverfahren kann an den Einzelrichter verwiesen werden. S. 86

Das Berufungsgericht kann gem. § 522 ZPO folgende Entscheidungen treffen:

- Verwerfung der Berufung als unzulässig durch Beschluss.

- Hält das Berufungsgericht (nicht der Einzelrichter) die Berufung einstimmig für erfolglos und misst ihr keine grundsätzliche Bedeutung bei, auch nicht zur Fortbildung des Rechts oder Sicherung einer einheitlichen Rechtsprechung, wird die Berufung gem. § 522 Abs. 2, Abs. 3 ZPO sofort durch nicht anfechtbaren Beschluss zurückgewiesen.

- Zurückweisung der Berufung durch Urteil, wenn sie unbegründet ist.

- Ist die Berufung ganz oder teilweise zulässig und begründet, wird das erstinstanzliche Urteil insoweit aufgehoben oder abgeändert und durch ein neues Urteil ersetzt.

- Bei wesentlichen Verfahrensfehlern und bestimmten anderen Fällen kann gem. § 538 Abs. 2 ZPO der Rechtsstreit an das erstinstanzliche Gericht zur erneuten mündlichen Verhandlung zurückverwiesen werden.

Streiche den Text von § 546 ZPO und ergänze: S. 87

S. 86

Zulassungsrevision (§ 543 ZPO)

(1.) Die Revision findet nur statt, wenn sie
1. das Berufungsgericht in dem Urteil oder
2. das Revisionsgericht auf Beschwerde gegen die Nichtzulassung zugelassen hat.

(2.) Die Revision ist zuzulassen, wenn
1. Die Rechtssache grundsätzliche Bedeutung hat oder
2. die Fortbildung des Rechts oder die Sicherung an einer einheitlichen Rechtsprechung eine Entscheidung des Revisionsgerichtes erfordert.

Das Revisionsgericht ist an die Zulassung durch das Berufungsgericht gebunden.

S. 87

Streiche § 561 2. Absatz, Abs. 2 und ergänze § 559 Abs. 2 ZPO

S. 87

Streiche bei den absoluten Revisionsgründen ersatzlos Ziffer 4. Ziffer 6 lautet: Wenn die Entscheidung entgegen den Bestimmungen dieses Gesetzes nicht mit Gründen versehen ist.

S. 88

Ergänze Revisionsgründe (§ 545 ZPO)

(1.) Die Revision kann nur darauf gestützt werden, dass die Entscheidung auf der Verletzung des Bundesrechtes oder einer Vorschrift beruht, deren Geltungsbereich sich über dem Bezirk eines Oberlandesgerichts hinaus erstreckt.

(2.) Die Revision kann nicht darauf gestützt werden, dass das Gericht des ersten Rechtszuges seine Zuständigkeit zu Unrecht angenommen oder verneint hat.

S. 88

Streiche 1. Absatz

S. 88

Ergänze 4. Absatz: Der Bundesgerichtshof hat in der Sache selbst zu entscheiden, wenn die Aufhebung des Urteils nur wegen Gesetzesverletzung bei Anwendung des Gesetzes auf das festgestellte

Sachverhältnis erfolgt und nach Letzterem die Sache zur Entscheidung reif ist.

Gegen die im ersten Rechtszug erlassenen Endurteile, die ohne Zulassung der Berufung unterliegen, findet auf Antrag unter Übergehung der Berufungsinstanz unmittelbar die Revision statt, wenn der Gegner einwilligt und das Revisionsgericht die Sprungrevision zulässt. Sie ist nur zuzulassen, wenn die Rechtssache grundsätzliche Bedeutung hat oder die Fortbildung des Rechts oder Sicherung einer einheitlichen Rechtsprechung eine Entscheidung des Revisionsgerichtes erfordert (§ 566 ZPO).

Tausche 7.2.3 aus: Sofortige Beschwerde S. 88

Die sofortige Beschwerde ist ein Rechtsmittel zur selbstständigen Anfechtung von Entscheidungen der Amts- und Landgerichte. Sie ist statthaft, wo sie das Gesetz ausdrücklich zulässt (vgl. zB §§ 127, 380, 91 a ZPO).

Die sofortige Beschwerde ist weiter statthaft, wo das Gericht ein das Verfahren betreffendes Gesuch durch eine Entscheidung, die keine mündliche Verhandlung erfordert, zurückgewiesen wurde. Es kann sich dabei um einen Beschluss oder eine Verfügung des Richters handeln.

Die sofortige Beschwerde ist binnen einer Frist von 2 Wochen, die mit der Zustellung beginnt, einzulegen.

Ergänze: **7.2.4 Rechtsbeschwerde** S. 88

Gegen Beschwerdeentscheidungen, Beschlüsse von Berufungsgerichten und solche der Oberlandesgerichte ist bei gesetzlicher Bestimmung oder Zulassung die Rechtsbeschwerde möglich. Sie ist binnen eines Monats seit Zustellung einzulegen und zu begründen (§ 574 ZPO).

S. 89

Streiche Absätze 1-3:

S. 89

Statt dessen: Das Ausgangsgericht kann der Beschwerde abhelfen. Die Entscheidung ergeht durch Beschluss (§ 572 ZPO).

7.3 Die Rechtsbehelfe

Im Gesetz finden sich Abhilfeverfahren, Einspruch, Erinnerung, Wiedereinsetzung, Wiederaufnahme und die Abänderungsklage.

Der Rechtsstreit ist auf Rüge einer Partei vor dem Gericht des ersten Rechtszuges fortzusetzen, wenn eine Berufung nicht zulässig ist und das Gericht den Anspruch auf rechtliches Gehör in entscheidungserheblicher Weise verletzt hat. Hierdurch soll das Bundesverfassungsgericht entlastet werden.

S. 90

Streiche § 576

Statt dessen § 573 ZPO

S. 90

Wiedereinsetzung

War eine Partei ohne ihr Verschulden verhindert, eine Notfrist oder die Frist zur Begründung der Berufung, der Revision der Nichtzulassungsbeschwerde, der Rechtsbeschwerde oder Beschwerde einzuhalten, so ist ihr auf Antrag Wiedereinsetzung in den vorherigen Stand zu gewähren.

S. 96

Ergänze am Ende: Das Mahnverfahren findet nicht statt für Ansprüche eines Unternehmers aus einem Vertrag gem. §§ 491 ff. BGB, wenn der nach den §§ 492, 502 BGB anzugebende effektive oder anfängliche effektive Jahreszins den bei Vertragsschluss geltenden Basiszinssatz um mehr als 12 %-Punkte übersteigt (§ 688, Abs. 2 Nr. 1 ZPO).

If you have any concerns about our products,
you can contact us on
ProductSafety@springernature.com

In case Publisher is established outside the EU,
the EU authorized representative is:
**Springer Nature Customer Service Center GmbH
Europaplatz 3, 69115 Heidelberg, Germany**

Printed by Libri Plureos GmbH
in Hamburg, Germany